U0818437

导师引领

于立平：青岛市教育科学研究院副院长、研究员。长期从事教育实验、教育政策与战略研究及国内外教育比较研究，现任山东省人民政府第六届督学，山东师范大学、青岛大学师范学院硕士生导师。在《课程教材教法》《中国教育学刊》等国家级权威学术刊物和中文核心期刊发表研究成果21篇（17万余字），出版专著《探索与见证——一个教育研究者的科研笔记》（30万字）。获全国教育科研优秀成果三等奖1项，山东省省级教学成果二等奖1项、三等奖3项，山东省教育科研优秀成果一等奖2项，青岛市社科优秀成果二等奖1项、三等奖2项。2014年获青岛市拔尖人才称号。

邹欣：青岛市教育科学研究院初中语文教研员，中学高级教师，青岛市教学能手。曾获青岛市、山东省及全国优质课比赛一等奖。多年来潜心研究，在文言文教学、读写教学方面颇有建树，举行教育教学指导报告百余场，发表论文数十篇，以课题研究引领岛城语文教师专业成长，提升教师的学科素养，注重培养学生的核心素养。

杨宝春：文学博士，教授，青岛大学文学院副主任，硕士研究生导师。已出版《<琵琶记>的场上演变研究》等学术著作，在《学术论坛》《江淮论坛》《戏剧艺术》《戏曲研究》《四川戏剧》等刊物发表专业学术研究论文30余篇。曾获第五届中国（海宁）·王国维戏曲论文奖一等奖、山东省文化艺术优秀成果一等奖、青岛大学优秀教学成果奖一等奖、青岛大学师范学院“十佳”教师等多项奖项。主持、参与了教育部人文社科重点基地重大项目、教育部人文社科规划课题、山东艺术科学重点课题等多项课题研究。

团队聚力

冷爱霞名师工作室： 青岛市首批名师工作室中唯一的初中语文工作室。心怀憧憬，如大鹏展翅，为了珍重这份沉甸甸的荣誉，工作室全体成员深知任重而道远。全面规划，明确定位，制定目标；每一项任务都如一盏灯，将前行的路照得更亮；每一次研讨都像一壶茶，将教育情叙得更浓。

冷爱霞： 工作室主持人，青岛市胶州第七中学（2016年12月调至青岛市崂山区育才学校）语文高级教师，全国语文教育名师、国家教育科研优秀教师、山东省特级教师、首届青岛名师、青岛市政府特殊津贴专家、国家二级心理咨询师，青岛市基础教育学科指导委员会委员、青岛大学硕士研究生校外导师，多年进行个性化写作教学研究、学生心理健康教育及初中生学习方法指导研究，出版《个性化写作：为生命放歌》《感恩的心》《杏坛追梦》等专著，在全国核心刊物发表《个性化写作“8环节”教学策略刍议》等多篇论文，主持省、市级立项课题多项，分别获得课题研究优秀成果一、二等奖。

曹正昌：青岛市崂山区第四中学语文教师，青岛市基础教育学科指导委员会委员，先后获得中央教科所课题研究先进个人、山东省语文教师先进个人、山东省中小学校本研究先进个人、青岛市教学能手、青岛市学科带头人等称号。多年来致力于中学生学习方法研究及“三段六环节”语文课堂教学模式的研究。

姜丽丽：青岛市城阳区实验中学语文教师，全国优秀教师，山东省特级教师，青岛市教学能手，青岛市政府特殊津贴专家，青岛市基础教育学科教学指导委员会委员，青岛市第十一次、第十二次党代会代表。多年来致力于语文课程整合，提出了“以读写知识为先导、以方法点拨为特色、以能力提升为核心、以实践活动为载体”的多元立体整合方式。

李素玲：青岛市胶州第六中学语文教师，胶州市教学能手、优秀班主任、优秀教师、首席教师、胶州名师；青岛市第十二次党代会代表；青岛市学科带头人、教学能手、学生最喜爱的老师、专业技术人才。在教学实践中，摸索出了“课前预设情境，课内互动交流，课后强化练习”的教学路子，形成了独特的教学风格。

徐艳：青岛市即墨经济开发区中学语文教师，全国语文教育教学名师，山东省优秀语文教师，青岛市语文教学能手，从事语文教育教学工作26年。语文课，一个“简”，一个“精”，是徐艳老师一生的追求。

卢桂华：青岛市胶州初级实验中学语文教师，青岛市学科带头人，青岛市教学能手，青岛市青年教师优秀专业人才，胶州市语文名师工作室主持人，全国“十二五”信息技术课题《基于翻转课堂的语文教学设计的研究》课题主持人。多年来致力于语文“本真”教学研究。

李威：青岛市第二十七中学语文教师，青岛市李沧区优秀教师。奉行“兴趣是最好的老师”这一教学理念，教学中注重培养和激发学生的学习兴趣，使学生在语文学习中享受学习的乐趣，从而发展学生的语文素养。

薛洁：青岛市胶州第七中学语文教师，胶州市教学能手，先后获得青岛市优质课比赛二等奖、胶州市优质课比赛一等奖。以生为本，快乐教学，做一名快乐、智慧的语文教师是薛洁老师一直信奉的教育理念。

法洪雪：青岛市胶州第八中学语文教师，齐鲁名师培养工程人选，青岛市教学能手，青岛市优秀教师，国家二级心理咨询师。多年来致力于语文“趣读”教学法的实践和研究，总结出线式主问的阅读课设计理念。

诗情·远方

冷爱霞　主编

中国矿业大学出版社

内容简介

本书是首批青岛市冷爱霞名师工作室的成果专著，记录了工作室成立三年来成员成长历程及辐射带动情况，展现了青岛语文名师风采。

本书共分六部分，第一章众里寻他千百度 腾飞之地，第二章绝知此事要躬行 探索之路，第三章路漫漫其修远兮 实践之路，第四章吹尽狂沙始到金 提升之路，第五章洗尽铅华见真醇 读书之美，第六章守得云开见月明 收获之丰。

本书是既书写了一段语文教学研究的历程，又是语文教师手中的方向盘、指南针，在教改的航程中给予启迪和引领；既是长期在基础教育实践中结出的飘香的瓜果，又是一线语文教师能够分享的难得的赠礼。

图书在版编目(CIP)数据

诗情·远方/冷爱霞主编. —徐州：中国矿业大学出版社，2017.6

ISBN 978-7-5646-3587-9

Ⅰ. ①诗… Ⅱ. ①冷… Ⅲ. ①教育工作 Ⅳ. ①G51

中国版本图书馆 CIP 数据核字(2017)第 142673 号

书　　名 诗情·远方
主　　编 冷爱霞
责任编辑 于世连
出版发行 中国矿业大学出版社有限责任公司
（江苏省徐州市解放南路　邮编 221008）
营销热线 (0516)83885307　83884995
出版服务 (0516)83885767　83884920
网　　址 http://www.cumtp.com　**E-mail**：cumtpvip@cumtp.com
印　　刷 徐州中矿大印发科技有限公司
开　　本 787×1092　1/16　**印张** 19.75　**彩插** 4　**字数** 330 千字
版次印次 2017 年 6 月第 1 版　2017 年 6 月第 1 次印刷
定　　价 39.00 元
（图书出现印装质量问题，本社负责调换）

《诗情·远方》编委会名单

序　言

推动教师专业发展，培养更多名师，已成为教育改革与发展的重要主题。《国家中长期教育改革和发展规划纲要（2010—2020年）》明确提出，要通过研修培训等形式，“造就一批教学名师和学科领军人才”。

2014年11月，青岛市成立了首批名师名校长工作室。名师名校长工作室的成立，旨在发挥名师特色，立足教育教学实践，聚焦课堂教学，注重教育科研。通过名师引领、实践反思、团队合作、公益讲堂、帮扶薄弱学校，积极探索科学高效的优秀人才成长培养机制，让更多的学生、教师和家长受益。

名师名校长工作室成立以来，培养了一批有教育思想和教育情怀的学科领军人物和优秀骨干教师，冷爱霞初中语文名师工作室就是其中一支高质量的教师队伍。在这里，一批潜质优良、渴望进取的语文教师，在一位杰出特级教师的召唤与邀请下集合起来。这个组合超越了传统意义上的师徒关系，超越了简单形式上的培训交流，更超越了年龄的界限。这个组合，是有一根“价值线”把他们凝聚起来，用他们的话来说，那就是不仅是“人聚”，更是“心聚”，他们既有着共同的人生追求和专业理想，又有着“和而不同”的研究氛围。

工作室成立近三年来，在“提升自己，影响他人”方面取得了丰硕成果，成为在全市有一定影响力的名师工作室。他们开展课题研究，进行读书交流，撰写教育案例，组织送教下乡，进行课堂诊断，举行经验介绍，开设家长讲堂，进行学法指导……他们既参加高端层面的厦门核心素养论坛，又开展远涉贵州的基层学校辐射活动。在胶州，在城阳，在即墨市，在崂山市，在李沧区，在黄岛区……在工作室成员踏足的地方，教育的理想种子都扎根于现实的土地上。

“生活化取材，个性化写作”是他们的研究方向，这一研究打通了课堂教学、文本阅读体验与学生人生体验的路径与渠道；“诗意语文，诗意生活”是他们的教学理想和价值追求，把语文教师的眼光引向更大的世界和更远的人生。这样的“语文梦”，梦想花开，硕果飘香，三年辛苦，凝结而成《诗情·远方》一书。

《诗情·远方》即将于读者见面，其中凝结了冷爱霞团队老师们的很多心血。这是一本具有学术水平的书，它不是雾中花，水中月。它既记录了工作室每个人的成长足迹，又见证了工作室所发挥的辐射引领作用。它既书写了一段语文教学研究的历程，又是语文教师手中的方向盘、指南针，在教改的航程中给予启迪和引领。它是长期在基础教育实践中结出的飘香的瓜果，更是一线语文教师能够分享的难得的赠礼。

诗在心中，路向远方。愿冷爱霞团队与广大语文教师的工作与生活中诗趣更多，诗情更浓。

青岛大学文学院教授 杨宝春

2017 年 6 月

前 言

行走，在路上……

轻轻翻动书稿，一篇篇，一页页；

静静沉浸品读，一字字，一句句；

成长的足印，浓缩成三年一千多个日子；

深深浅浅地，一路延展向前，永不止步……

2014年11月24日，青岛市首批名师工作室主持人启动仪式，在青岛二中分校盛大开启，幸运"5+3"的我，在结束了首届为期五年的名师培养工程后，有幸被遴选担任岛城为期三年的初中语文名师工作室主持人；2015年1月16日，胶州市教体局又为陈凯功名校长工作室、逄伟艳和冷爱霞名师工作室举行了隆重的启动仪式，将一段忙碌却充实的时光汇成我们彼此间恒久的珍惜！

学习、提升、成长，引领、辐射、带动，"1+8"构成了一个优秀的团队，队员严谨的态度、忙碌的身影、坚实的脚步，将工作室"6+X"的职责完美地诠释，将三年时光的情谊密密地编织。

2014年12月9日至12日，深圳的风，吹拂喜悦的脸庞，沐浴第二届"中国未来教育家成长论坛"的智慧之光，我们置身宝安工业园区，感受"营造教育家成长的自由生态"的真知灼见；2015年11月28～29日，厦门的美，撩拨期待的心，主题是"核心素养与适合的教育"的第二十八次学术年会，团队携手同行，领悟当前基础教育改革发展的关键，落实"全面提高教育质量"这一教育改革发展的核心理念。一次次学习，主旨报告、对话教育专家、现场嘉宾访谈……让我们仰止教育大家、追踪教育风向、对话教育学者、剖析教育热点；沉浸分论坛、微论坛，多角度、多层面解读教育难点，聚焦教育实践，回味"大家"来谈的教育教学中的“小”实践，我们懂得了“核心素养体系”，关注到每一个学生共性并突出其个性，将“适合的教育”踏实地落地，采撷着大树枝桠间的硕硕果实，我们底气倍增，健康成长！

青岛市教育局多方搭建平台，30个主持人赴南开大学高端培训，接受系统的思想启迪；一次次调研，一回回分享，让我们将实践的智慧进行碰撞；不出国门看教育，有幸与美国专家面对面交流，为成员注入思想活水；在胶州三里河小学、广州路小学、向阳小学、常州路小学、振华小学、李哥庄小学和铺集镇教育办，我们送出教育的理念、家庭教育的经验、心理健康教育的大餐；在青岛二十七中、崂山四中、即墨经济技术开发区中学、萃英中学、黄岛区十中、黄岛区张家楼中心、青岛市三十三中、青岛市六十二中，胶州七中、胶州十八中、胶州十九中、胶州实验初中、胶州二十九中……所到之处，我们将语文阅读与写作教学进行分享，为中考助力，奉献无悔。受青岛市中小学教师培训中心之邀，出示示范课、举办讲座报告，我们担任省、市级专家和指导教师，在远程研修的平台上舞蹈歌唱……

2016年10月23日至28日受贵州省安顺市关岭县布依族苗族民族寄宿制学校邀请，我们的团队为关岭县的师生面对面，互动交流。沿途凸起的山包，远处绿意葱茏的山林，高处蓝莹莹的长天，驱车3个小时到贵阳机场接我们的刘校长和朱校长，将我们深深的打动。我们用“五月的风”“窗外的海”“崂山的绿”轻唤孩子走出大山、走向远方，到山的这边看看……我将百余本《个性化写作：为生命放歌》书籍赠与学校、法老师为学生邮购了阅读名著。

因为有工作室，我们的脚迈得更远，我们的心贴得更紧，我们的思想也渐次走向教育最前沿！2016年7月3日，我被青岛大学师训中心邀请，代表工作室为广东东莞名师工作室进行《翰墨杏坛梦，诗情人生路》的现场互动，工作室的境界再次提升。

再回眸，满眼已含喜悦的泪花。我们把工作室全体成员三年的成长，凝聚成《诗情·远方》，让我们的教学研究、课堂实践、培训感悟、教学随笔、读书感悟，载着我们对过往的珍惜，迈向绿意盎然、希望涌动的诗与远方吧！

工作室得到青岛市教育科学研究院于立平副院长、江守福主任、邹欣老师，青岛大学师范学院副主任杨宝春教授的理论引领、专业指导与热诚鼓励。我们成员所在的胶州市第七中学、第六中学、第八中学、实验初级中学、崂山四中、青岛二十七中、城阳实验中学、即墨经济技术开发区中学、即墨二十八中以及崂山区育才学校的校长，都给予了大力支持。同时，青岛市教师培训中心和青岛市人事处的领导们对我们工作室的成长更是给予全面、全员、全程的跟踪指导，在本书籍即将刊出之际，我谨代表全体成员，对来自多方的这份真情与鼓励致以最最真诚的敬意！

由于编写时间较短，活动事件较多，编写中难免有疏漏之处，敬请同仁海涵！

冷爱霞

2017 年 5 月 23 日

目　录

第一章　众里寻他千百度　腾飞之地…………………………………………………… 1

第二章　绝知此事要躬行　探索之路 ……………………………………………… 17

个性化写作教学的有效尝试/冷爱霞……………………………………………… 17

实施“三段六环节”课堂教学模式 提高课堂教学效率/曹正昌 ………… 23

走进语文教学的春天——初中语文课程整合初探/姜丽丽…………………… 27

在参与和深入社会实践中学习语文/李素玲……………………………………… 33

真正好课 从来都没有公论/法洪雪 ……………………………………………… 37

把浅文教深 让课堂促高效/李威 ……………………………………………… 43

叩响学生心灵之门 激发学习的正能量

——浅谈提升学生学习层次的策略/薛洁……………………………………… 48

快马扬鞭自奋蹄——浅谈小组合作学习有效性研究/李威…………………… 52

预习在初中文言文教学中的应用/冷爱霞………………………………………… 57

以读促写 打牢底子/徐艳 ………………………………………………………… 59

第三章　路漫漫其修远兮　实践之路 ……………………………………………… 62

《乡愁》教学设计/冷爱霞…………………………………………………………… 62

识得“情愁”面 伊人在水方

——语文研究性学习《诗词里的情愁》教学实录/法洪雪……………………… 72

《敬畏自然》教学实录——青岛市名师开放课课堂实录/曹正昌………… 77

《鸟儿中的理想主义》课堂教学实录及反思/姜丽丽…………………………… 82

《春酒》教学设计/李素玲…………………………………………………………… 89

《安塞腰鼓》课堂实录/徐艳 …… 91
《岳阳楼记》教学设计/曹正昌 …… 99
《陋室铭》教学设计/薛洁 …… 104
由“卖油郎”迸发的课堂教学小火花/冷爱霞 …… 109
以物为线 巧构思/李威 …… 112
《让插叙为作文添彩》导学案/李威 …… 119
《古诗苑漫步》教学设计/卢桂华 …… 126

第四章　吹尽狂沙始到金　提升之路 …… 131
暑期赴南开大学学习体会/冷爱霞 …… 131
小国大味道——我的新加坡之旅/姜丽丽 …… 135
大山里的教育情怀——到贵州省安顺市送课随感/李威 …… 138
嗨,教育家——“未来教育家”论坛深圳纪行/法洪雪 …… 140
访学印象/卢桂华 …… 144
百年老校的魅力——上海市卢湾区第二中心小学考察报告/曹正昌 …… 146
用优质教育托起孩子美好未来——厦门学术年会培训感悟/姜丽丽 …… 148
走在学习的路上——观摩山东省初中语文优质课评选活动有感/李素玲 …… 151
平凡的善举——学习“支教岛”团队事迹有感/徐艳 …… 154
水韵江南读教育——随胶州名师团赴苏州学习感悟/冷爱霞 …… 156
感受精彩——东北师大学习心得/李威 …… 161
我对自己有“三问”——参加青岛市乡村骨干教师培训有感/薛洁 …… 163
老师的老师/法洪雪 …… 166
教育任重道远 名师与我们同行
——烟台班主任专业成长培训感悟/姜丽丽 …… 169
听山大附中刘霞老师的课有感/徐艳 …… 171
归来笑拈梅花嗅 春在枝头已十分
——国内高级研修班华师大学习有感/李素玲 …… 173

海阔天空 学无止境——聆听省教研员张伟忠老师讲座有感/曹正昌 ……………… 176
谈吐之中见真功——听程翔老师的小说课《药》有感/曹正昌 ………… 178
高效课堂的动力之源——昌乐二中“271”小组建设启示/李威………… 181
浅谈语文教学中小组合作学习的实效性
——暑期远程培训观课有感/薛洁 ………………………… 184
做一朵自由行走的思想之花——常州之行的感悟/冷爱霞 ………… 187

第五章　洗尽铅华见真醇　读书之美 ………………………… 192
用爱与责任点亮学生生命的天空
——读李镇西《我的教育心》有感/卢桂华 ……………………… 192
夜读《高凤翰诗集笺注》/冷爱霞 ………………………… 195
梭罗的魅力/徐艳 ………………………………………… 198
做“天使”的天使——我读“雷夫”/法洪雪 ……………………… 202
走近名师 感悟教育智慧
——读《为什么是他们——来自名师的教育智慧》有感/姜丽丽 ……… 205
寻找遗失的美好——读《教育文摘》有感/李威 ………………… 208
兴趣永远是孩子主动学习的原动力
——读《成就每一个孩子》有感/曹正昌 ……………………… 210
让学生遇见最美的自己——读《教师的五重境界》有感/薛洁 ……… 211
诚信一生走天下——亲子共读《三国演义》有感/李素玲 ………… 214
阅读 从我做起——有感于崔校长日记之37则/冷爱霞 ………… 216
其实 我是一个文盲/法洪雪 ……………………………… 218
适合是最好的教育——读《教师的五重境界》有感/姜丽丽 ……… 219
李希贵《为了自由呼吸的教育》读书心得/李威 ………………… 222
做学生的知心人
——读李镇西的《心灵写诗——班主任日记》有感/曹正昌 ……… 223
准确定位 快乐明哲——读《做一个专业的班主任》有感/薛洁………… 226

让每个生命都绽放光彩——读《学校在窗外》有感/卢桂华 …………… 230
自立是打开成功之门的钥匙——读居里夫人的《写给女儿》有感/李素玲………………………………………………………… 233
生活才是精彩的课堂/冷爱霞 ………………………………… 236

第六章 守得云开见月明 收获之丰 ………………………… 239
工作室成员专业素质和能力提升 ………………………… 239
发挥辐射作用助推教师共同成长 ………………………… 255
所取得的可喜成绩 ………………………………………… 291

后记 由《追求自觉、自主的专业成长》引发的教育思考 …………… 300

第一章
众里寻他千百度
腾飞之地

岛城的初冬依旧和暖，风景宜人。几度寻觅，数年追求，教育路究竟该迈向何方？教师的教育青春如何能得以常驻？一次盛大的教育聚会，如约而至，青岛市教育局搭建的引领教师专业成长的平台——青岛市首批名师工作室，终于诞生了！于是，30 名来自各级各类的山东省特级教师便拥有了这方生机盎然的芳草地。一批渴望开拓进取的教育同仁，热诚地相聚在一起。

一、工作室简介

冷爱霞名师工作室有幸成为青岛市首批名师工作室中初中语文唯一的一个。心怀憧憬，如大鹏展翅，为了珍重这份沉甸甸的荣誉，我们深知任重而道远。全面规划，明确定位、制定目标，每一项任务都如一盏灯，将前行的路照得更亮；每一回研讨都像一壶茶，将教育情叙得更浓。

二、工作室定位

促进城乡教育均衡发展。我们工作室兼顾城区、城乡接合部和农村学校，这主要源于主持人冷老师的工作经历。工作之初，冷老师就在农村学校任教，深知农村教育的现状，农村孩子求学的愿望，农村教育的特点；来到城区之后，她依然牵挂着农村的孩子。2013 年 9 月，她回到农村支教，再次走进农村学校，进一步了解到农村教师与学生的精神需求。为此，所申报的工作室就有了明确的定位：在青岛—胶州—乡镇三级学校间开展活动，即高端层面走进优秀学校学习，县区域内立足所需学校活动，最终落脚点面向基层学校辐射。三年工作周期内，她和工作室成员愿尽她们一己之长，以对教育事业赤城的爱和较为精深的教学艺术，与一线教师面对面交流，发挥“传帮带”作用，通过听课、送课、现场诊断、个性化教学指导、专题讲座和课题课例研究等方式，言传身教，探索一条“名师带教，传递真经”的教师培训新途径，重点对农村教师进行引领，提高其授课水平，丰富其教育思想，促进中青年教师快速成长，为城乡教育均衡发展做出最大努力。

三、工作室目标

1. 强化成员所在学校的影响力

本工作室前期设在胶州七中，以七中浓厚的研究氛围和鲜明的科研特色带动工作室发展，积极推广“学法和教法指导”系列研究，开展“个性化写作教学”研究，促进所需学校的教育教学发展；后期工作室随主持人调动，落户崂山区育才学校，育才学校“民主教育”的思想为工作室提升注入新的活力。同时，各成员所在学校，都有着丰富的教育教学经验，有着独特的办学特色，她们将在互动交流中，发挥各成员的优势，进行联结、辐射与带动，促进成员之间和基层学校之间相互学习，共同进步。

2. 发挥工作室成员的多元优势

工作室由8名成员组成，涵盖了崂山、城阳、李沧、即墨和胶州等城区、郊区、县镇的不同地域，具有一定的代表性。崂山区第四中学曹正昌、城阳区实验中学姜丽丽、青岛二十七中李威、即墨第二十八中学徐艳、胶州实验初中卢桂华、胶州六中李素玲、胶州七中薛洁、胶州八中法洪雪等8位成员皆为一线教师，他们具有积极进取的品格、专业实践的热情、理论提升的优势，其教育研究完全可以有较大的突破和创新。

3. 促进工作室成员走向学习自觉，不断向高深发展

工作室成员培养的基本要求，包括：弘扬奉献精神和高尚师德。团结协作，积极沟通，无私奉献，勇于创新，按计划并创造性地完成各项任务。进行教育教学改革。练就扎实的教学基本功，在先进理念指导下，探索科学的教学策略，形成独特的教学风格和教学艺术。主动参与各项教研活动，发挥思想库、智力库和智囊团的作用，为提高教育教学质量贡献力量。明确专业发展方向。按照专家型、科研型教师所必备的综合素质要求，以教科研一体化方式开展活动，努力成为学者型、研究型、专家型、智慧型教师，成为教师成长的引领者，学生潜能的唤醒者、教学内容的研究者、教学艺术的探索者。三年内，成员制定好个人成长规划，并努力按步骤达成。

4. 给予一线教师精神激励和专业引领，带动教师成长

你将走得多远，要看你跟谁同行。教师成长需要激励，更需要引领。在农村

支教的体验告诉她，很多优秀教师，渴盼一种激励，需要一种碰撞与认同。充分发挥本地域优秀教师资源的凝聚、辐射、指导作用，推动优秀教师队伍建设，培养中青年骨干教师，促进学校教育教学改革与提升，将是她们孜孜不倦的追求。

5. 为学生提供更加优质的语文教育，助推学生成长

感谢青岛市教育局为她们搭建了这样一个平台，感谢胶州市教体局领导的大力支持！她们会好好珍惜这个平台，进入更多学校学习，进入不同的课堂研讨，助推学生健康成长。在做好送教及指导学生学习的基础上，她们还可以对初中生这一人生可塑性最强的“迷惘期”“叛逆期”进行心理疏导，使其树立正确的人生观与价值观。

通过形式多样的活动，力争使工作室成为“研究的平台、成长的阶梯、辐射的中心、师生的益友”。

四、工作室任务

本工作室的主要任务实行“6＋X”模式，其中“6”是指工作室必须完成的工作任务。

1. 强调根植课堂

主持人及所有成员必须始终耕耘一线，坚守“课比天高”的信念，工作室将多上课、多听课、多议课、多赛课，把先进的教学思想在课堂中体现出来。每学期，主持人将对每位成员至少进行一次课堂诊断，至少开设一次面向全市教师的开放课堂；各成员每人每年听评课不少于40节；工作室每年出示范课不少于4节(成员每人每年争取出示范课一节)；每年提交优秀教案或课例不少于6篇(成员每人每年争取提交优秀教案或课例两节)。

2. 促进思想交锋

参加高层次培训活动，研讨教育教学难点、热点问题，撰写考察体会，进行专题研讨，展示学习成果；不定期举办研讨会，邀请具有代表性的不同区域的教师参加，交流教育感悟。

3. 重视读书交流

建设学习共同体，撰写读书笔记，成员所在学校每学期至少开展一次读书沙龙或者征文活动，广泛交流读书心得及实践体会。

4. 注重示范引领

每学期至少举办两次“名师课堂”公益讲座，结对帮扶一所农村基层学校。

下阶段她们将牵手胶州二十九中、十九中、八中和即墨萃英中学，每学期组织一次以上送教活动，在高效课堂打造、教师专业发展等方面给予帮助。

5. 强化科研力度

营造浓郁的教科研氛围，努力构建研究性教科研共同体，扩大区域学术竞争力和影响力，努力打造工作室"个性化教学研究"特色和品牌。

6. 开展网络辐射

通过青岛市教师教育信息网、工作室平台及QQ等，建立教育教学资源库，共享优质资源，加强互动交流，给予广大学生、家长及青年教师指导。

7. 突出"X"特色

"X"是指工作室根据各自特点、能力和需求可选择完成的特色工作，工作室在这方面的选择是：要求成员立足自己所在学校，建立下属工作室（或工作站），具体展开各项研究活动，带动更多中青年教师快速成长，并及时上传活动资料到工作室网站。

主持人利用青岛市基础教育学科指导委员会委员的便于条件，及时协调，积极参加青岛市和胶州市的教研活动，将工作室的研究与教研室的活动紧密结合，围绕"让城乡语文教育在均衡发展中共同提升"这一目标，在三年的工作期内，扎实工作，积极探索，争取打造省级乃至全国名师，带动更多教师走向教育幸福。

五、工作室前期工作及规划

1. 工作室前期工作

自2014年11月24日，青岛市名师工作室启动仪式举行以来，工作室已经建立了飞信群和QQ群，及时联系，完成了各项预期计划。举例如下：

（1）主持人于12月4日，举行了"胶州名师联家乡三个一活动"，出示了"写实事，抒真情"名师示范课、做了"个性化写作教学研究"的专题报告，所带的支教学校青年雒宗珍教师出示了"话题作文的审题与立意"汇报课，产生良好的教育教学效果，胶州市教研室语文教研员王老师给予高度评价，部分工作室成员参加了此活动。

（2）崂山第四中学邀请省语文教研员张伟忠老师，前往做专题报告，曹正昌带领学校老师聆听了报告，受益颇多。元旦前一天，主持人和几位工作室成员，又前往崂山区第四中学，参加青岛市基础教育学科教学指导委员会的活动暨青岛市公开课活动。崂山区教研员郑老师在总结发言时幽默地说：今天的活动很有意义，可以命名为“321 活动”，即 3 个省特级教师、两个名师工作室、一群人（一个合作团队），在青岛市教研员邹欣老师搭建的这个研究平台上，活动开展得卓有成效。

（3）法洪雪参加了山东省优质课比赛，获得大赛一等奖，工作室人员冷爱霞、卢桂华、李素玲前往听课学习。

（4）胶州实验初中卢桂华于为胶州市骨干教师举行了“翻转课堂”方面的讲座，题目为《为什么要翻转》，反响很好。

（5）未来教育家论坛 2014 年 12 月 8 日至 11 日在深圳举行，工作室主持人冷爱霞和法洪雪参加了会议，受到很多启发。

2. 工作室近期规划

（1）工作室成员认真学习工作室三年计划，制定成员成长规划，明确工作方向和任务。

（2）布置各成员在自己学校下设工作室或者工作站，制定活动计划，形成工作团队，带动并辐射工作室（站）成员发展。

（3）联系基层学校，送课并指导教师出课，帮助基层学校教师研究课堂教学，特别是指导写作教学。

（4）布置阅读书目，组织读书沙龙活动，争取每人写作一篇高质量的读后感，并发表在有影响力的刊物上；同时，在寒假教师校本培训时，号召成员带领各校教师搞一次教师阅读展演，带动学校开展读书活动。

（5）利用寒假教师培训机会，工作室成员至少 3 人举行教育教学讲座，助推所在学校的教师的专业成长。

（6）积极参加公益讲堂活动，1 月 18 日（周日上午 9 点至 11 点），主持人在胶州七中做公益讲堂，为广大学生和家长进行“个性化写作教学”的授课。

2015 年，工作室将以“个性化语文教学研究”为内容，把教育教学、课题研究紧密结合，开展一系列面向农村学校的辐射带动活动。这一方面促使工作室成员得到更大进步，一边面带领更多中青年教师迅速成长，为 2016 年、2017 年的各项活动，奠定坚实的基础。

成长是每个人一生一世都要完成的课题，学历代表过去，财力代表未来，学习力代表未来。

六、工作室主持人及所在学校简介

1. 主持人简介

冷爱霞，山东省特级教师，国家教育科研优秀教师，全国语文教育名师；青岛市首届名师，青岛市政府特殊津贴专家，青岛市拔尖人才，青岛市首届基础教育学科教学委员会委员，青岛市名师工作室主持人；任教初中语文27年，农村支教两年；2016年12月由胶州市第七中学调到青岛市崂山区育才学校任副校长。

冷爱霞，长期进行“个性化写作教学研究”、“初中生学习方法指导与心理健康教育研究”；出示山东省、青岛市公开课及名师展示课几十节；连续担任山东省远程教育培训市级指导教师、市级专家七次；举行各级各类教育教学讲座报告百余场。

冷爱霞，在《中国教育学刊》、《当代教育科学》等期刊发表专业论文30余篇；出版《个性化写作：为生命放歌》、《杏坛追梦》、《感恩的心》等教育教学专著；参与学校承担的研究课题十余项，主持国家、省、市级立项课题3项，其中“初中语文网络资源开发与应用研究”获得省级优秀成果一等奖，“个性化写作：为生命放歌”系列研究获得首届青岛市基础教育优秀教学成果二等奖。

2. 青岛市崂山区育才学校简介

青岛市崂山区育才学校（见图1-1），为崂山区教体局直属的首所九年一贯制学校，共有48个班的办学规模，现有学生1500多人，教职工162人。2014年5月，该校与青岛科技大学联合办学，成为青岛科技大学附属学校。

自2013年9月建校以来，该校先后取得了崂山区规范化学校、崂山区特色学校、青岛市现代化学校、青岛市精神文明单位、青岛市语言文字规范化学校、青岛市羽毛球特色学校、青岛市公益明星学校、青岛市智慧校园学校、青岛市个性化教师培训试点学校等几十项荣誉称号。

校长崔仁波为齐鲁名校长，秉承“为每位学生提供适合的教育，让每个孩子幸福快乐地成长”的办学理念，构建了科学而富有民主特色的管理机制和教育教学评价体系——以生为本，深化基于课程标准的个性化教学，加强核心素养教育，促进学生的深度学习和自主发展；在尊重和理解的基础上为学生提供民主、科学的教育教学服务。

青岛市崂山区育才学校具有先进的办学理念，雄厚的师资力量，一流的办学条件，完善的管理评价工作机制，志于把学校创办成窗口性、示范性、实验性的全国基础教育品牌学校。

图 1-1　青岛市崂山区育才学校

七、工作室成员及所在学校简介

（一）曹正昌及所在学校简介

1. 曹正昌

曹正昌，崂山四中语文教师，中学高级教师。

曹正昌，始终秉承“学高为师，身正为范”的人生格言，践行“做人要知足，做事要知不足，做学问要不知足”的座右铭；先后获得“中央教科所课题研究先进个人”、“山东省语文教师先进个人”、“山东省中小学校本研究先进个人”、“青岛市教学能手”、“青岛市学科带头人”等称号；获得中国教育学会优质课一等奖、中央教科所优秀论文一等奖；在《青岛教育》、《山东教育》、《中学语文教学参考》等刊物发表论文多篇；主持了“中央教育科学研究所‘十五’规划课题”《个性化阅读教学试验研究》、“十一五”山东省重点课题《构建学习型组织 促进教师的专业化发展》及“十二五”山东省重点课题《提高课堂教学效率的策略与方法研究》等课题研究工作，均顺利结题并取得了丰硕的研究成果；曾被评为“中央教科所课题研究先进个人”，所在学校被评为“中央教科所教育科学规划‘十一五’课题研究先进集体”。

2. 青岛市崂山区第四中学简介

青岛市崂山区第四中学(见图 1-2)在校学生有 781 人,教学班共有 18 个,教职工有 95 人,其中,山东省特级教师 1 人;青岛市青年教师优秀专业人才 9 人;区级以上教学能手 14 人;区级以上优秀教师、师德先进个人 21 人。

图 1-2　青岛市崂山区第四中学

多年来,该学校积极践行"君子教育",形成了"以人为本,育德为先,质量为根,君子为魂"的办学理念;以"懂心聚力,严谨治学,励志图强,正气浩然"为学校精神;以"厚德敏学、堂正君子"为校训,共同锻造了"分才合学"高效课堂教学模式和"君子教育"办学特色。

该学校先后获得了"青岛市文明单位"、"山东省规范化学校"、"山东省校本培训重点试验基地"、"山东省绿色学校"、"全国课题研究先进集体"、"中国地理科普基地"、"全国管理创新先进单位"、"全国 100 所水科技试点学校"、"全国中学生百强文学社"、"全国环境教育示范学校"、"国民语文应用能力实验校"、"全国新课程写作教学示范校" 等荣誉称号,获得机器人奥林匹克比赛全国一等奖等 30 多项市级以上荣誉称号。

(二) 姜丽丽及所在学校简介

1. 姜丽丽简介

姜丽丽,城阳区实验中学语文教师,中学高级教师。

自参加工作以来,姜丽丽老师一直从事初中语文教学工作,对教材有较高的驾驭能力,并创出了自己的课堂教学特色"情、疑、辩、练"教学法。这一教学特色，取得了良好的效果——课堂教学效率明显提高，学生学语文的热情被充分调动起来。

现在，姜丽丽老师带领语文组教师将课程进行板块构建，以学生认知规律为基础，根据教学内容、知识点，进行教材整合，分成三种课型来讲授，一是“拈精指导”课，二是“摘要点拨”课，三是“扩展阅读”课。语文课程的改革，大大提高了课堂教学效率，拓宽了学生的阅读面，增加了学生的阅读量。

2. 青岛市城阳区实验中学简介

城阳区实验中学（见图 1-3）是一所区直属初级中学，学校以“用三年的教育，影响孩子的一生”为办学理念，致力于改革并完善多元化学校课程体系，全方位进行国家课程、地方课程和校本课程“校本化”整合，初步构建了“三学六段”课堂教学模式、“ 三三评价”模式，全力打造高效愉悦课堂。

图 1-3　青岛市城阳区实验中学

该学校重视特色品牌建设，为学生特长发展搭建平台。在开齐课程、开足课时的同时，先后开发了 30 余门校本课程；实施体育、艺术“2＋1”工程，形成了以高水平师资指导，以艺术活动小组为带动点，以校艺术节、合唱比赛、书画比赛为展示点的艺术教育体系；学校科技创新活动成绩斐然，在国家、省、市组织的青少年创意大赛中多次夺得团体及个人第一名。

（三）法洪雪及所在学校简介

1. 法洪雪简介

法洪雪被学生戏称为“法老”，因为他们亲近得如同伙伴；她喜欢在课堂上神采飞扬的师生交流，因为学生可以在她的课堂上肆意发表自己的言论；她喜欢学生能够进入文字的深层，因为她们可以一起探究语文里的喜怒哀乐、碰撞人生里的睿智思索:这就是她的语文课,这就是语文课上的她。

她倡导在语文的世界能够“趣读”,去满含趣味地欢悦地朗读、思索;她倡导学生们的心灵在语文课堂的追问中沉浸、升华;她倡导所有语文教师都成为激发学生语文兴趣和情感的关键人物,让学生因为爱上语文老师而从此爱上语文!

2. 胶州市第八中学简介

胶州市第八中学(见图 1-4)是一所全日制农村寄宿制初级中学,学校地处全国小城镇建设试点镇——李哥庄镇。该学校以“做有品位的八中人”为主线,全力打造“富有品位、和谐向上”的教育品牌,积极推进以“师八品”(德、爱、学、修、慧、容、雅、和)和“生八品”(仁、志、诚、勇、勤、敏、礼、乐)为核心内容的“八品”校园文化体系建设,大力实施素质教育。在“八品”文化的砥砺下,该学校的教育教学水平得到稳步提升,教育教学成绩稳居胶州市初中学校前列,目前已成为一所教育特色鲜明、在青岛市具有一定知名度的农村初级中学。2014 年 9 月,该学校被评为“山东省教育系统先进集体”,是胶州市唯一一所获此殊荣的学校。胶州市第八中学将继续秉承“以人为本,全面发展”的办学理念,践行“让学生喜欢,让家长放心,让社会满意”的教育承诺,适应新形势、培育新亮点,努力实现“办胶州一流中学,创青岛品牌学校”的目标。

图 1-4　胶州市第八中学

（四）徐艳及所在学校简介

1. 徐艳简介

徐艳一向以为,学语文是件很简单的事,认认真真地写好每一个字,扎扎实实地读好每一篇文章,真真切切地做好每一篇作文,说句人话,做点人事,学语文就是如此简洁。

平日的教学中,她主张在“精”字上下功夫:巧妙设计,精讲精练,实现语文教学的高效率。所谓“精心设计”就是“讲”的设计要“精”,这才能扩大教学容量,保证教学质量,提高学习效率,确实减轻学生的课业负担。“练”的设计要精,这才能用较少的时间和精力,取得较多的受益。“精”要求帮助学生把握规律性知识,教给学生学习方法,培养学生的创造能力。

一个“简”,一个“精”,是她一生的追求。

2. 即墨经济开发区中学简介

即墨经济开发区中学(见图 1-5)位于即墨市经济开发区黄河三路,是一座设施齐备、布局合理、环境优美的学校。几年来,该学校沿着“端正办学思想,规范办学行为,体现办学理念,突出办学特色,提高办学水平”的工作思路,秉承“文明做人,健康成才”的校训,大力实施以即墨传统文化为核心内容、以综合实践活动课为特色的素质教育,成果显著。特别是 2011 年挂牌“即墨市实验高级中学附属中学”以来,该学校拉开了初高中教育教学衔接实验的序幕,进入了良性快速发展的轨道。

图 1-5　即墨经济开发区中学

现在,全体师生正以敢为人先的精神,凝心聚力,乘风破浪,为将学校打造成“教师发展的沃土,学生成长的乐园”,继续谱写着学校发展的新篇章!

（五）薛洁及所在学校简介

1. 薛洁简介

薛洁，胶州市第七中学语文教师。

她从教十七个春秋，三尺讲台上，播种知识与希望；五彩杏坛里收获快乐与幸福。以生为本，快乐教学，做一名快乐、智慧的语文教师是她一直信奉的教育理念。践行这一理念的路途上，她培养学生阅读兴趣，指导阅读方法，组织阅读活动，交流阅读心得，引领学生在读中感受文学的魅力，在读中获得精神的愉悦，鼓励学生做一个充满热情的、独立的、善于反思的快乐读书人。

而今有幸成为工作室的一员，她将以此为学习平台，不断探索，让教学成为她人生的一种快乐享受，让学习成为学生快乐的源泉。

2. 胶州市第七中学简介

胶州市第七中学（原胶州市振华中学）（见图 1-6）始建于 1975 年，是一所学生喜欢、家长放心、专家认可、社会满意的教育品牌学校。

图 1-6　胶州市第七中学

“以学生发展为本，为学生明天幸福奠基”是该学校的办学宗旨。为了让各层次学生都得到充分发展和锻炼，课堂教学中，教师面向全体学生，贯彻“低起点、多层次、大密度、快反馈”教学要求，体现学法指导；课外组建兴趣小组，搭建校园科技文化艺术节这一展示平台，促进学生全面发展。

该学校先后被评为青岛市教育改革十面红旗、青岛市现代化学校，山东省规范化学校、山东省素质教育实验学校、山东省教学示范学校、山东省语言文字示范学校、山东省汉字书写教育特色学校、全国语文特色学校等荣誉称号。现在，该学校正向着全国一流学校目标迈进。

（六）李素玲及所在学校简介

1. 李素玲简介

李素玲，胶州市第六中学语文教师。

语文世界丰富多彩，美不胜收。因为这份爱，李素玲老师力求把课堂变得鲜活生动，让学生学得兴致盎然，享受语文学习的乐趣，培养深厚的语文素养。多年来，李素玲老师致力于营造清新、朴实、富有感染力的课堂，使其既扎实有效又充满活力；摸索出了“课前预设情境，课内互动交流，课后强化练习”的教学路子，使学生“在生成中完善，在实践中练就”，形成了独特的教学风格，促进学生在热烈的争辩中，在思维的碰撞中，得到思想的升华和灵性的开发。学生是学并快乐着，她是教并幸福着。

李素玲老师矢志不渝，痴心不改，坚持着诗化教学的理念：自己首先要为文章所打动，让授课成为诗意的旅程，教师作为一个抒情主体，用富有情感与思想光辉的语言，传达自己的生命感受，感染学生，引领成长，让学生通过语文的视野重新关注被自己忽略了的生活，用被文章丰富了的心灵重新思考自己的人生。

李素玲老师愿做一个快乐跋涉的语文人，在语文天地中且歌且吟，其乐无穷也！

2. 胶州市第六中学简介

胶州市第六中学（见图 1-7）是山东省规范化学校，胶州市规模较大的初级中学。该学校遵循“以人为本、科学管理、全面提高教育教学水平”的办学宗旨，秉承“以人为本，为学生的幸福一生奠定基础”的办学理念，创建“雷锋精神统领学校教育教学”的办学特色，实行“分层负责，块状管理”的管理模式，以“修德强智、育美健体、严谨务实、开拓进取”为校风，以“团结、勤奋、求是、创新”为校训，打造“因材施教、全面发展、诲人不倦、培养真人”的教风，形成“乐学、勤学、善学、博学”的学风。突显“人本”思想，把依法治校与以德治校有机结合，形成和谐文明的育人环境。学校上下齐心，励精图治，教育教学成绩稳居前列。胶州六中人将不断更新教育观念，加快学校规范化建设，努力创建学校管理的规范化，教学设施的现代化，校园文化特色化，教学成绩的最优化，努力打造成一所全国有名、山东省闻名、胶州市著名的学校，为胶州教育事业做出更大的贡献！

图 1-7　胶州市第六中学

（七）卢桂华及学校简介

1. 卢桂华简介

为师十八载，从胶州二十九中学到胶州市初级实验中学，从初出茅庐到“青岛市学科带头人”，一路走来卢桂华老师享受着语文教学的美好时光，并时刻提醒自己——做一个智慧的语文老师。

语文课堂是一个生命场，她尽量平视孩子的眼睛，能够关注孩子的心灵，试图让每一次解读、每一次对话，轻敲孩子的心灵，让课堂闪耀着师生智慧的火花。

生活处处皆语文，语文字字是生活。卢桂华老师秉承“大语文”教学观，告诉学生——阅读，是一个人最重要的能力；读者，是一个最美好的身份。告诉学生——人类最美丽的思维花朵是源于勤奋和思索；人生最快乐的事是做一枝有思想的芦苇。这就是卢桂华老师：喜欢伴着学生，沿着时光的脉络追寻文化脉脉流淌的印迹；喜欢走近生活，寻求语文丰富多彩多姿的答案。

2. 胶州市初级实验中学简介

胶州市初级实验中学（见图 1-8）始建于 1994 年，是一所面向社会招生的市直初中，现有 236 名教职工、近 5000 名学生。该学校校园布局合理，环境优美，占地总面积28万平方米，建筑面积98956平方米，12座建筑物错落有致，大气典雅。该学校突出“阳光励志”的办学特色，秉承“科学发展内涵，真情塑造未来”的办学宗旨，坚持“志存高远，人格健全，学力深厚，素质全面”的育人目标，倡导师生“做一个有追求的人”。

图1-8　胶州市初级实验中学

该学校重视教师素质的提升，多元驱动促进教师专业化发展，形成了“校本培训、课题研究、八课制度、读书活动”为特色的教师专业化发展模式，培养了大批优秀教师。

教师的发展促进了学生的成长，教学成绩令人瞩目。以“励志教育”为核心的多元课程引领学生发展，“四声一影”活动红红火火，30多个“特长走班”更让学生个性飞扬，“小微课程”培养有追求、有担当、有品位的阳光学子。该学校被授予山东省教学示范学校、山东省中小学校本研究先进单位、青岛市首批现代化学校等近30项地(市)级以上荣誉称号。

（八）李威及所在学校简介

1. 李威简介

李威，山东省青岛市第二十七中学语文教师，李沧区优秀教师。

“兴趣是最好的老师”。在教学中，李威老师十分注重培养和激发学生的学习兴趣，力求通过语文课堂教学让学生变得鲜活，让学生学得兴致盎然，使学生在语文学习中享受学习的乐趣，从而发展学生的语文素养。他注重以课堂学习为核心，能动地向学生的学校生活、家庭生活、社会生活等各个生活领域自然延伸和拓展，拓宽语文学习和运用的领域，课堂训练与课外行为训练形成有序、有趣、有力、有效的结合，进而取得语文教学的整体效益，并为学生获得现代社会所需要的语文实践能力奠定了良好的基础。

2. 青岛市第二十七中学简介

山东省青岛市第二十七中学(见图 1-9)始建于 1983 年,毗邻青岛市历史文化名村——大枣园村和青岛市著名风景区——十梅庵公园,环境优美,交通便利。学校占地约 15489 平方米,其中建筑面积 6956 平方米,绿化面积 2184 平方米,学校教学设备不断完善,布局日趋合理,教学设施齐全。校园环境绿化、美化,人文环境和自然环境达到和谐统一。

图 1-9 青岛市第二十七中学

近几年来,该学校秉承“仁爱”的核心理念,致力打造儒家文化育人特色,辅以学生心理健康教育,形成“情志教育”教学运行系统。在孔子教育智慧的导引下,该学校弘扬“学而不厌,诲人不倦”的治学品质,以尊重生命、关注个性、提高师生的生命质量为主旨,努力实现小而精的办学目标。全校师生“同心聚力、攀登不止”,学校教育教学成绩不断攀升,已迈入李沧区初中学校前列,全校显示出积极向上的新气象。近年来,该学校先后获得“山东省规范化学校、山东省语言文字示范校、山东省心理健康教育先进单位、山东省卫生工作先进单位、青岛市市规范化学校、青岛市经典诵读特色学校、青岛市书香校园、青岛市文体示范校”等省、市级荣誉 20 多项,“李沧区教学工作先进单位、李沧区德育工作先进单位”等区级荣誉 40 余项。

希望的起点,人才的摇篮。让每一位踏入二十七中校园的学子得到全面发展是她们恒久的信念和不懈的追求。当前,青岛二十七中正以昂扬的姿态沐浴时代的春光,接受世纪的洗礼。

第二章
绝知此事要躬行
探索之路

凡事需要研究，才会明白，在各项研究中，教育教学研究是最重要的研究。

——原国家教委副主任柳斌

如果一个人在进行教育的同时也进行研究，那么他的教学效果一定会得到进一步的提高。

——教育家鲍林

知而不行等于不知，行而不毅等于不行。

——数学家华罗庚

联合国教科文组织指出："在当今，从教师在教育体系中的作用来看，教师与教研人员的职责趋于一致。"教育研究在教育实践、教育生涯中有着非常重要、不可或缺的地位和作用。学校要想办好，办出品牌特色，必须重视教育科研；教师要成长，要改进工作，必须实现向科研型教师转变。教学与研究是教师专业发展的有效途径；反思与研究是教师的一种专业的生活方式。有了教师的成长发展，才会有学校的可持续发展。

个性化写作教学的有效尝试

冷爱霞

该研究针对部分学生面对作文无话可说，有话不会说，说了却废话多的现象，确立"立足生活、突出个性、抒写真我"的主要目标。尊重具有独特思想的学生，引导他们发现生活，积累素材，思考人生，表达真情，帮助他们摒弃传统意义上的"流水账"、"假大空"，以及个别学生作文中"高大上"、"怪奇飘"的现象，开启学生生活化取材、体验化抒情、个性化感悟、实现"让写作真正为学生生命放歌"的新思路，让学生开辟出一方真正属于自己的写作新天地。

我认为，个性化写作教学应该是主体性教育理念指导下的教学，它除了写作教学所涵盖的学科定义和学科使命外，还应该包含着以下三个层面的内涵。

目标指向。把培养学生优良素质，培育身心发展的精神品质，最终形成以"自由个性"为核心的健全人格，作为写作教学的终极目标。

教学过程。充分尊重学生的主体地位，发挥学生的创造性，尊重学生的个体差异，采取适应其自身特点的教学方法。

评价体制。打破传统写作教学概念化、模式化的评价方法，采取多元化的评价方式，注重激励与分享，对不同学生提出分层次与其相适应的教学要求。

规划"梯级训练"的教与学过程

对七、八、九三个级部，根据学生思维特点，全面筹划，制订目标，在整体目标一致的前提下，又有所侧重，体现出其梯度性，即，七年级侧重于广泛阅读和积累，重视语感和表达；八年级进行规范训练，注意布局谋篇与选材组材；九年级在综合训练指导的基础上侧重立意深化与个性表达，在如何选材，如何使中心明确，如何让文章立意另辟蹊径、升华主旨等方面，进行多角度探讨。三年学习相互关联，又重点突出，传达出"快乐阅读，轻松写作，生活化选材，体验化抒情，个性化感悟"教育思想。在教与学过程中，由浅入深，由事及理，文本与生活结合，阅读与写作相融，进行梯级训练，取得显著成绩。我所任教的2011级毕业生，通过三年学习，在2013年毕业时，全班学生基本上可以在40分钟内，"审题——选材——立意——构思——表达"，完成一篇600字以上的优质作文，学生写作兴趣浓，素材新，立意深。我的写作专著《个性化写作：为生命放歌》，也在此阶段形成初稿。

归纳教与学互动的"四原则"

个性化写作需要用"我"的眼睛看生活，用"我"的心灵感受生活，教师进行点拨，师生共同提炼，学生张扬自我个性。经多年实践，我归纳出写作互动教学"四原则"，即广涉猎——精提炼——巧点拨——扬个性。

广涉猎：即开放语文学习的环境，拓展学生学习的空间。让学生走进图书馆，走向社会，组建小记者社团、参加艺术节、创办文学社等多种实践活动，学会关注生活，关注社会，陶冶情操，学会做人。具体概括为：读（阅读），看（观察），听（关注），验（体验），议（评论），逐步形成搜集写作素材的"十三式"，即广泛涉猎材料十三种途径：记日记、写片段、做摘记、做点评、飨早餐、探乡土、校园网、电视台、广播站、读名著、名家谈、文学社、文化节。

精提炼：即教学过程中点化重点，实现由知识向智慧的转化，在整个初中学段，有所侧重地进行“梯级”训练。具体做法是通过选材、构思、表达等专题指导，让学生学会围绕中心选择材料，详略得当谋篇布局，提炼并升华中心，用多种方法表达等。

巧点拨：即发挥教师主导地位，适时指导写作方法。特别在“遣词造句、布局谋篇、表达方法”等方面进行点拨指导。具体做法为：每天坚持让学生欣赏一篇“绿色作文”，每周两篇优秀作文赏析。每教一篇课文，让学生选择恰当的角度，设计拓展写作题，跟踪课文拓展延伸训练。

扬个性：即尊重个性思维，促使特长发展。努力把写作过程变成学生主体性、能动性、独立性和创造性不断生成、张扬、发展和提升的过程。我将文章的立意分为以下五个层次，引导学生表达独特的思想，即真实性主题、时代性主题、哲理性主题、生命性主题、审美性主题，之间相互关联，又逐层提升，这对学生确立个性化主题有很好的指导意义。

形成“四步八环节”教学策略

为使学生的作文更具真实性和个性化，让写作根植于学生生活，表达其独特感受，我抓住作文提升的“8”个环节，具体在“读——析——悟——察——练——评——改——赏”环节中，带领学生将“读与析、悟与察、练与评、改与赏”结合起来，进行训练，学生作文能力得到持续提升。“四步八环节”梯级训练，旨在引导学生“会写”；鼓励“能写”；期待“善写”；实现“乐写”的目标。

第一步（环节1、2）：读与析结合，引导“会写”。

积累作文素材，为个性化写作奠定基础。方法是广泛阅读，深入体验，不断拓宽写作渠道：一是读书，即阅读经典名篇、散文佳作等。二是读自然和社会，即“阅读”家庭、学校、社会；亲情、友情、师生情、邻里情；人、事、物、景；回眸童年、审视当下、展望未来等。读书和读自然、社会，让学生分析领悟，升华思想。

引导学生沉浸阅读，增加知性。阅读名篇佳作是写作提升的基础。把阅读同关注生活、思考生活结合起来，以文学引领，增加面对世界的气度，与书相伴，用阅读丈量世界，用书香润泽生命。利用“文化早餐”课前几分钟，由学生每天轮流分享名篇，获得了诸多启发，感知生活、分析事理的能力越来越强。如在分享

《捡垃圾的女孩》中，通过一个穷孩子不敢嫁给年轻王子的故事，学生懂得为人“比贫穷更可怕的是自卑”。学生在阅读与分享中，获得个体成长的力量，读懂了从容、自信、有尊严生活的思想内涵。

让学生融入生活，培养悟性。社会人生是写作不竭的源泉。学生作文的思想、观点、感情及素材无不来自于生活（注：这里的生活，既包含现实体验，也包含他们经过理解想象等产生的心中世界）。真正的个性写作，意味着学生对生活对生命、对身边的世界，那刻骨铭心的、至少是有所感悟有所体味的独特体验。

例如：刘乔萍在《正在长大》中，前文写了“回到老屋，引发对小时候生活的美好回忆”。结尾几段她这样写道：

正在长大的我，总是很想抱抱姥姥，可是我怕，怕抱到骨瘦如柴的姥姥，摸到皮肤干皱如老树皮的姥姥，看到一天天无法阻挡地老下去的姥姥。

正大长大的我，竟然变成了这样一个害怕面对现实，害怕时光流过的人。

可是，如果能有一种办法能让姥姥不再老去，要我做什么都在所不惜。

因为，我的正大长大，换来的是她的摇摇如坠……

一个十五岁学生拥有这样的感触，正是因为她体验了生活，融入了真情，在生活中剖析、探求自己的独特感受，为个性写作注入源头活水。

第二步（环节3、4）：悟与察结合，鼓励“能写”。

作文就要引导学生从感悟做起，细心观察，远离平庸。这样，其习作才会闪烁出其独有的、充满个性与理性的光芒！

返璞归真，激起学生灵性。个性化写作一方面要求学生必须拥有独特的感受，另一方面要求学生寻找自我，净化自我，回归纯洁，拥抱质朴，这是抒写真我的前提。我时时关注学生的思想情感，捕捉其闪光点，挖掘他们美好的人性品质和写作潜质，及时给予鼓励和肯定，并延引到课堂写作中，使其大胆抒写本色真我。

……她的眼神是满意，是认可。她的双眸晶莹透亮，正散发着光辉，好像一颗耀眼的珍珠，在这堂语文课里熠熠生辉。盯着那双明眸，让我完全看不到周围的景物，好像那双明眸大得能够包容下整个我，我甚至沉醉在那个眼神中，久久不肯离去。我看到了希望，正在她的眼球中慢慢向我走来；我看到了自信，在她眼球中映出在我的脸上。那时，我已经完全进入那个眼神的世界，即使低下头，也永远抹不去。

引导学生观察并深刻体验生活，经过思考与提炼，凝成了这样美的文字，产生了"用心感悟，化平淡为神奇"的灵性和力量！

激活思维，张扬学生个性。要表达出个性化的思想，必须具有两点：一是要有生活体验、生活阅历、生活积累；二是要有敏锐的眼光，发散的思维。

在学生眼睛里，回眸童年，这样写道——

那时的我喜欢坐在炕上看姥姥糊窗户：自己家用炉子烧水和面粉弄成的糨糊，裁好的画纸，大个的剪刀……姥姥将原来的纸撕掉，换上新的。透过那小小的窗户，我看见北方的苍穹像欧洲电影片尾的字幕，悠长悠长地从眼前流过去……

这样的画面无疑得益于文学的熏陶和教师的启迪，指导学生从不同角度不同方向去构思、挖掘，形成个性思维、批判思维等能力，为张扬写作个性奠基。

第三步(环节5、6)：练与评结合，期待"善写"。

培养兴趣，鼓励多写。德国教育家第斯多惠说过：教育的艺术不在于传授知识，更重要的在于激励、鼓舞和唤醒。抓住学生思维的火花，进而培养学生写作的兴趣。

我渐渐读懂了这份特别的亲情——他取出那个黑白印花的大水杯，倒入温开水，用勺子舀出一匙，轻轻尝了一下温度，娴熟地将蜂蜜倒入准备好的水里，搅拌。

看着原本浓得散不开的蜂蜜开始一丝丝地脱离，然后慢慢溶入水中，最终不见。

那该是您的爱吧，爸爸！当它化作一杯完整意义上的蜂蜜水的时候，他将水杯沿着玻璃桌面推到我的视线里，淡淡地说了一句："喝吧。"

我怔怔的双手捧起凑到眼前，透过温暖看温暖。然后咕咚咕咚地一口气喝下——我要留住这份爱！

在写父亲动作的细节中，融入了真挚的情感体验。我用电子白板呈现，让学生点评欣赏，既达到相互学习的目的，又提高了写作兴趣。

多元思考，力争写深。练与评相结合，才会做到：顺手拈来，细腻描写，突出主旨，实现"善写"的目的。我常常采取一事多思或者同题作文异构等方式，鼓励学生多元化思考问题，提高发散思维能力。例如：

后来，我便学会了欣赏。我读懂了蓝天澄澈下的淡淡忧伤，体会到蒲公英在空中飞舞时的认真坚强。在校园，我看到了同学们的嬉笑打闹，置身于一片友谊的花海；在家中，我闻到了妈妈精心熬制的八宝粥中阳光的味道，感受到一份浓浓的母爱；在东方明珠香港，我看到了紫荆花的绽放，看到了高楼林立、霓虹闪烁，感受到了大都市的生活气息；在江南，我欣赏到了西湖美景，看到了千年古镇西塘，漫步于小桥流水人家，体会到了那充满意蕴的宁静安详……

学生发挥了丰富的想象力，写出了这样真切而独到的见闻思考！经验告诉我们，要张扬个性，展现风采，关键要培育个性思维和创造性思维。

分层指导，突显自我。将三年的作文教学作为一个完整的训练体系，在培养学生"文学素养"的总体目标基础上，按部就班安排写作内容，进行梯级专题训练。比如，按年级分层：七年级强化真实性。引领学生以一颗纯洁真实的心灵去认识自己，关注生活，抒写内心深处最真实想法，形成求真的写作习惯；八年级强调个性化。要抓住本阶段学生"独立意识高涨——抽象逻辑思维形成阶段"的特点加以引导，培养独特的思维方式，形成富有自我的创作风格；九年级突出思想性。有效发挥导向作用，帮助学生逐渐完善自我，使作文在立意方面走向更深刻的认识。

第四步（环节7、8）：改与赏结合，实现"乐写"。

孔子曰："知之者不如好之者，好之者不如乐之者。"师生、生生互动协作，在合作碰撞中改赏文章，实现激励学生实现"乐写"的目的。开发学生身边的资源，激发学生表达的愿望，以激励性的评价为保障，巧妙地把日记、随笔作为个性化写作实践的载体，将学生引入写作的殿堂。

比如，引导学生锤炼出最美的语言，最佳的主题，在《看见》的结尾，庄苗苗同学这样写道——

我眨眨眼睛，用心灵去寻找书海里的青山碧水，诗文中的绿肥红瘦，仿佛踏上时光旅途，遇见阴晴圆缺，感受悲欢离合。我深深地相信：看见什么，你就是什么。看见碧海蓝天，你就是展翅的雄鹰。梦想是你的，翅膀是你的，如果你想飞，无人可以阻挡。我站在窗边看见了世界。这几行短章里，你会"看见"了什么？梦想、坚定、诗意与大气，就在这样诗意化的语言里有了生命！

实践中我认为：个性化写作教学应注重发展学生的创造性思维。所谓创造性，首先在于差异性，在于与众不同。教学中，我始终尊重学生的个性差异：其一，鼓励具有文学天赋的学生。这些学生往往具有更鲜明的创造性，他们善于把语言和创造想象的形象联结起来，能用恰当的语言描述事物，能别出心裁地反映所叙述或描写的客观事物，应给予充分鼓励与引导。其二，尊重特殊群体的学生。在每个班级里，几乎都有"特殊"家庭的"特殊"群体。尊重与保护这些孩子的心灵，对其成长更重要。写作教学中，应尊重他们，宽容以待，科学评价，允许他们自由地记写、真实地表达。其三，尊重能够写作但是没有特色的学生。这部分学生视写作为负担，作文缺乏素材，写作时缺乏真情和独特的体验和感受，缺乏事件背后的个性化思考。让学生的写作富有创造性，是写作教学的终极目标要求。

实施“三段六环节”课堂教学模式　提高课堂教学效率

曹正昌

一、“三段六环节”课堂教学模式所依托的教学理念

“三段六环节”课堂教学模式是以“学生发展”为本，以学案为载体，以教师为主导，以学生为主体，师生共同探究、交流、展示、合作完成教学任务的一种教学模式。这种教学模式充分体现学习过程中教师的主导作用和学生的主体地位，先学后教，以学定教，当堂检测。教师是学生学习的促进者，帮助学生确定适当的学习目标，并寻找达到目标的最佳途径；指导学生形成良好的学习习惯，掌握学习策略，发展学生的基本认识能力，提高学生的学力水平；创设丰富的教学情景，信任学生的学习能力，激发学生的学习动机，培养其学习兴趣，充分调动学生的学习积极性，让学生学会思考、学会质疑，提高学生分析问题、解决问题的能力，把教师的主导作用与学生的主体地位和谐统一起来，发挥教与学的最大效益。

二、“三段六环节”课堂教学模式操作流程

“三段”即自主学习、合作探究、分层检测。

自主学习：是学生自主学习预习部分。学案提供给学生课前预习要完成的内容包括基础知道和知识网络结构梳理。要求学生在完成预习内容的同时，学会生成问题，把自己的疑难问题做好标记，以便上课与同学老师共同交流反馈。题目不宜过多，2～3 题为宜，可设填空、选择、问答或解答等题型。

合作探究：是师生、生生合作探究、互动交流部分，也是备课及课堂教学的重点部分。学案要出示探究题目（重点、难点），对于一些规律、方法性的问题，教师

要点拨，精讲到位，锻炼学生自己解决问题的能力。课堂合作探究后，学生要总结自己的学习体会、收获、疑问（课堂小结部分），并以文字的形式体现出来。

分层检测：是对尊重学生个体差异的“以生为本”“因材施教”原则的严格落实。检测题分三类：“必做题”（基础题）、“选做题”（提高题）和“挑战题”（拓展题），分别适合于水平下、中、上三类学生。必做的基本题，以基本知识为主，有一定的模仿性，目的在于巩固所学知识，使学生达到“会”的目的。选做的提高题体现知识技能的转化，设计了能够体现知识相互关联的题目，目的是培养学生的技能，使学生达到“熟”的目的。挑战的拓展题直击学业水平考试内容，体现知识优化过程，具有创造性、灵活性，旨在培养学生的智能和创新能力，使学生达到“活用”的目的。

“六环节”即具体的六个操作步骤：课前预习、明示目标、交流反馈、合作探究、总结提升、分层检测。

1. 课前预习

老师编写成“分才合学”案，提前一天发给学生，让学生按照预习线索，自主学习思考。学案上还设置了专门的质疑栏，学生把自己存在的问题用笔记录，以便于课堂反馈和教师课前收集问题。

2. 明示目标（约1分钟）

“学案”出示或多媒体演示学习目标，明确学习重点、学习难点，指导学习方法。

3. 交流反馈（约7分钟）

采用教师抽查、小组长检查、学生互查、预习展示、课堂提问等多种方式交流预习情况，提出疑难问题，并进行评价，督促学生养成按时完成学习任务的良好学习习惯等。

4. 合作探究（约20分钟）

解决“分才合学”案设置的探究题目。

（1）小组交流：小组成员交流自学成果，达成一致意见。

（2）小组长具体分配展示任务。

（3）小组展示的策划与准备，哪些成员黑板板演、设计，读、写、讲、演等选择何种方式进行展示；要求中、下学生必须参与。

5. 总结提升（约5分钟）

让学生学会用精练的语言概括本节要点，学会总结规律，形成知识网络，进而达到当堂掌握和消化的效果，真正体现课堂教学的高效率。

6. 分层检测（约 10 分钟）

是对尊重学生个体差异的“以生为本”“因材施教”原则的严格落实。检测题分三类：“必做题”（基础题）、“选做题”（提高题）和“挑战题”（拓展题），分别适合于水平下、中、上三类学生。必做的基本题，以基本知识为主，有一定的模仿性，目的在于巩固所学知识，使学生达到“会”的目的。选做的提高题体现知识技能的转化，设计了能够体现知识相互关联的题目，目的是培养学生的技能，使学生达到“熟”的目的。挑战的拓展题直击学业水平考试内容，体现知识优化过程，具有创造性、灵活性，旨在培养学生的智能和创新能力，使学生达到“活用”的目的。

三、“三段六环节”课堂教学模式下课堂教学的基本要求

要充分发挥学生自主学习的主观能动性，挖掘每一位学生的学习潜力，让不同层次的学生都有参与学习活动的机会，尤其要更多地创造机会让学困生参加活动。要求人人过关，要始终“从最后一名学生抓起”，不能让任何一名学生掉队。

课堂上过不了关的学困生，要通过“1+1”帮教结对进行“兵教兵”来解决，或教师利用课余时间辅导解决，必须要求学生当日问题当日清，并形成制度，要养成“今日事今日毕”的良好习惯。

教师要把竞争意识带进课堂，鼓励学生在学习上你追我赶、奋勇争先，培养学生拒绝平庸、超越自我的意识。

对学生的激励评价要贯穿课堂始终。教师要尊重每一位学生，把微笑带进课堂。无论学生回答与讲解正确与否，只要学生敢于参与、敢于展示，都要给予学生精神上的鼓励；要把关心送给学生，把微笑和信任的眼光洒向每一位学生，用饱满的精神、积极的态度和温暖的话语赢得学生的热爱，让学生“亲其师，信其道”。

四、“三段六环节”课堂教学模式下的“分才合学”案编写

“学案”是“三段六环节”课堂教学模式的主要依托和载体，编制科学实用的学案，是顺利实施此教学模式的首要因素和前提条件。

学案编写的具体要求：学案一般由课题和课型、学习目标、重点难点、学法指导、学习内容、总结提升、分层检测、推荐作业等八个环节组成。

1. 课题和课型

学案的课型必须有新授课、复习课和讲评课之分，在设计和教学过程中侧重点有所不同。

2. 学习目标

学习目标具有导向功能、激励功能、调控功能。目标的制订要明确，具有可检测性，使本节内容的当堂检测题能够与之相对应。

学习目标设置的具体要求是：

（1）数量以 3～4 个为宜，不能太多。

（2）内容一般包括知识与技能、过程与方法、情感态度价值观三个维度（依据各学科课程标准，在顺序上可以进行适当调整）。

（3）可在目标中将学生自学中会涉及的重、难点以及易错、易混、易漏等内容做出标注，以便引起学生高度重视。

（4）目标内容应明确具体，可操作性要强，学习目标中不要用“了解、理解、掌握”等模糊语言，要用“能记住”、“能说出”、“会运用”、“解决”等可检测的明确用语。

3. 重点、难点

它能提醒同学们要着重掌握的问题，明确努力的方向，激励学生想方设法重点突破。

4. 学法指导

达尔文曾说：“最有价值的知识是关于方法的知识。”学法指导，就是要最大限度地调动学生学习的主动性和积极性，激发学生的思维，帮助学生掌握科学学习的方法，培养学生的学习能力，为学生发挥自己的聪明才智提供和创造必要的条件。

5. 学习内容

学习内容是学案的核心，要体现导学、导思、导练的功能。精心设计课堂研讨的问题与学习任务，提出学习要求、划定学习范围、指导学习方法、启发学生思考、帮助学生理解等，通过学生的自主、合作学习，交流、展示学习成果，完成学习目标。

6. 总结提升

即知识结构整理归纳，主要由学生来总结所学的主要内容，按知识点之间的内在联系归纳出知识线索，建构本节知识的体系，同时还要有引导学生对学习方法进行归纳。

7. 分层检测

分层检测题命题的具体要求是：

(1) 检测题的设计应紧扣本节课的学习目标和教学内容及学生的认知水平进行，尽可能地选择能覆盖本节课所学内容的题目，以考查知识的掌握及运用为主，具有针对性和典型性。

(2) 难度适中，即面向全体，又关注差异。设置挑战题部分，促进优生成长。

(3) 规定完成时间，要求独立完成，培养学生独立思考的能力。

8. 推荐作业

作业的布置和批改是课堂教学的继续，是学生巩固所学知识、启迪思维、参加实践、培养兴趣不可缺少的环节，是教师反馈教学效果、改进教学的重要手段。布置和批改作业，要做到“四精”，即精选、精练、精批、精评。

需要特别强调的是：“三段六环节”课堂教学模式并不意味六步在每节课上都不可或缺，一节课具体采用怎样的环节要根据不同的课型、授课内容、难易程度、预习效果等不同情况大胆取舍，最关键的是实际决定步骤，效果决定策略。

“路漫漫其修远兮”，我们将在课堂教学实践中不断地总结、修正、提升，使“三段六环节”课堂教学模式不断趋于完善，为课堂教学服务，为教育教学质量的不断提升服务。

走进语文教学的春天

——初中语文课程整合初探

姜丽丽

一、研究背景

中华民族是一个崇尚经典和积淀学养的民族，语文教育对一代人的终身发展和健全人格的形成大有益处。然而，面对单篇课文的梳理和讲解，语文教师教得辛苦，学生学得也很辛苦，师生都投入了很多的精力，学生的语文素养却无从谈起。

2016 年 9 月“中国学生发展核心素养”正式出炉。中国学生发展核心素养，综合表现为人文底蕴、科学精神、学会学习、健康生活、责任担当、实践创新六大素养,具体细化为人文沉淀、国家认同、批判质疑等十八个基本要点。

对于学生的这些素养,我们语文教学是否做到了呢?现实却不容乐观,课堂上,过滥的训练,过多的重复,让学生已经习惯于不思维;总是急功近利地谈"效果",让学生渐渐失去学习的兴趣;墨守成规的教材教教材的套路将众多语文教师推进了死胡同。语文兴趣培养之艰,语文能力培养之难令语文教育者汗颜。

破解的突破口是什么?那就是大量的阅读。大量阅读是解决当下语文教学的必由之路。阅读才是语文教学的生命。一个孩子的认知水平,如果通过阅读有了积累,有了大量的铺垫,那么人类最高的价值,真的、善的、美的东西都会融入他的血液。怎样让学生大量阅读,那就是课程整合。

二、理论依据

关于课程整合,语文教材编写建议中提到:要重视开发高质量的新课文,教材内容的安排要加强整合,致力于学生语文素养的整体提高。教材要有开放性和弹性,在合理安排基本内容的基础上,给地方学校和教师留有开发和选择的空间,也为学生留出选择和拓展的空间。

北京语言大学教育测量研究所所长谢小庆在《条件具备的学校可以考虑取消中小学语文教科书》中指出:基础语文教育的目的原本是在语言、文字、文化方面对孩子进行启蒙,而"教一本书,读一本书,背一本书,考一本书"这种做法实际上是在将语文教育简单化、格式化,恰恰起到了反启蒙的作用。

再来看看李希贵的一段话:语文教学不要精雕细刻,每句话都挖地三尺,每个词语都挖得冒出火星。通过例题举一反三,是理科学习方式。语文学习应该反三归一,通过大量阅读,从量的积累到质的突破,最后感悟点什么。读得多了,积累丰富了,感受、认识慢慢就深刻了。

这段话批评的"举一反三"式,正是叶圣陶先生一直倡导的语文学习方式。叶圣陶先生说:"语文教材无非是个例子。"

教育部副部长刘利民在《落实党的十八届三中全会精神加快推进教学研究工作的改革和发展》中也强调要"研究课程深度整合",要认真开展"对不同年级、不同学段课程进行学科内的纵向整合"的研究。

基于这样的认识,近几年我校在语文教材整合及有效资源整合方面进行了一些探索,也取得了良好的效果。

三、实施过程

（一）打破单元教学，加强教材整合

什么是教材整合：那就是调整后重新组合。教材整合，主要涉及三个关键字，“删、调、增”，从而达到海量阅读。语文教材的重构，海量阅读的实施，主要依托三种课型来具体实践，分别是精读课、略读课、自读课。

1. 精读课

就是以一篇文章为例子，进行精细的阅读。精读所选的篇目可以是课本中的，也可以选择课本外的。精读篇目的选择基本遵循两个原则：典范的和名家的。对于精读的文章，我们会采取“1＋X”的形式。所谓“1＋X”，就是把精读的文章作为出发点，然后向四面八方发展开来，由精读一篇文章带读多篇文章或整本书，有效地扩大学生的知识面。但是，这个“X”是围绕“1”来的，即有“有明确的主题”，主要是连接着孩子精神世界的“触发点”、“共振点”、“兴奋点”。如“亲情”、“师爱”、“成长”、“思乡”，以及对自然的关爱，对成长的感悟，对弱小的同情，对未来的希冀等，都是一个个主题。

讲授《藤野先生》时，我们确定的重点是：抓住人物的特征和典型事例来表现人物的思想品质，塑造人物形象。学习完本文后，我们拓展阅读梁实秋的《我的一位国文老师》、冰心的《我的老师》、鲁迅的《章太炎先生二三事》、汪曾祺的《我的老师沈从文》。五篇文章围绕一个主题，条理更加清晰，学生在轻松阅读中由表及里对比认识了几位品质高尚而又性格迥异的老师，对如何塑造人物形象也有了更好的把握。

学习朱自清的《背影》时，我们补充了苏童的《父亲》、贾平凹的《父亲的半瓶酒》、叶倾城的《永不缩回双手的父亲》、舒乙的《父子情》、余杰的《父亲的自行车》，上了一节情感意蕴探究课。本节课完成了两个主题目标：走近父亲，感悟父爱；学习运用细节描写刻画人物的方法。

2. 略读课

就是以多篇文章为例子，在学生自主阅读的基础上，交流阅读感悟，提炼阅读或写作技巧。略读课有三种基本的形式，一是以主题为核心的“同一视角”比较阅读课；二是以人物为核心的“同一作家”拓展阅读课；三是以形式为核心的“同一体裁”整合展示课。

一是以主题为核心的“同一视角”比较阅读课。同一主题的中外作品所体现出的“作品风格”，涵盖了一个时代、一个民族、一个流派或一个人的文艺作品所表现的主要的思想特点和艺术特点，这正是需要语文教学非常关注的。

例如我们学俄国作家契诃夫的《变色龙》时，我们将清代作家吴敬梓的《范进中举》一起来学。阅读的主题是：关于文学作品中“变色龙”形象的探究。课前，老师提供两个研究课题：一是作品如何借助故事情节凸显“变色龙”形象；二是如何运用人物描写塑造“变色龙”形象。学生根据提供课题，自由选择，由组长带领，围绕课题，进一步研究文本，形成了研究报告。上课的任务一是交流展示，二是继续深入研究。课后推荐阅读契诃夫的《胖子和瘦子》及吴敬梓的《儒林外史》。

还有牛汉的《我的第一本书》的学习，我们把《把伤痕当酒窝》、《永不贬值的财富》放在一起来学习，针对三篇文章的共性提出一个主问题：三篇文章分别讲述了主人公怎样的苦难？针对不同的苦难，主人公分别有怎样的人生态度？围绕主问题，孩子们的阅读思路特别清晰，利用圈点批注法，进行阅读，然后采取小组合作的方式交流阅读感悟。通过这样的比较学习，孩子们深切理解了人生苦难的内涵，也明白了坚强品质的重要性。

二是以人物为核心的“同一作家”拓展阅读课。教材中由一篇课文走进一个作家作品的阅读元素有很多，如果教师能掌握这些元素，就会让学生产生强烈的阅读期待。

例如对琦君《春酒》的学习。琦君的作品大多是怀旧的童年往事，写来至情至性，从琦君细腻多情的文笔，可以发现原来平凡的生活里，累积着许多情感和思念，字里行间充满人文关怀，值得现代人好好反复温习、再三阅读。对琦君的《春酒》的学习，学完之后，给学生推荐琦君的《桂花雨》、《月光饼》、《玉兰酥》，一方面学习借物抒情手法的运用，另一方面感悟那浓浓的乡情。

再如对汪曾祺《端午的鸭蛋》的学习。汪曾祺是语言巧匠，语言呈现地域色彩，半文半白，流露闲情雅致，善用短句，句式富有变化，描写得色彩丰富，绘画和线条感强烈。因此学完《端午的鸭蛋》后，我们给学生推荐他的《夏天》、《葡萄月令》、《果园杂记》、《无味》，通过小组合作，交流展示的形式进一步体会汪曾祺的语言特点。

三是以形式为核心的“同一体裁”整合展示课。例如现代诗歌的整合。有人说：一个没有诗歌的民族是没有希望的民族。但是现在喜欢现代诗的人好像越来越少了，作为一名有社会责任感的语文教师，我们有责任也有义务培养学生的诗心、诗情。对于现代式的整合，我们首先是从学习目标考虑，看有没有整合的可能；其次是从实施教学活动的角度考虑如何进行整合，在课堂上如何组织学习活动。感觉可行后，我们将散落在不同单元中的现代诗整合为现代诗单元，构建诗意化的生命课堂。例如，我们将七年级上册这些课文进行了整合：《金色花》、《荷叶·母亲》、《天上的街市》、《太阳船》，并补充了七年级下册的《假如生活欺骗了你》、《未选择的路》。诗歌的整合是灵活多样的，还可以把现代诗中有关乡愁的整合在一起，主题为“剪不断的乡愁”。

3．自读课

就是学生自主阅读的活动，自读课一方面可以将课堂45分钟完全交给学生，另一方面引导学生利用课余时间阅读。但是，自读课不是放任自流，教师什么也不管。在具体操作中，要做到“六有”：有计划、有指导、有笔记、有检查、有评价、有交流。自读不仅仅指语文书中的一些课文，更重要的是名著的阅读。

（二）充分利用校内外资源，多途径整合

1．校园文化，丰富语文内涵

在校园文化建设方面，学校努力做到园林文化典雅，走廊文化厚重，班级文化别致。瀑布似的藤萝，婀娜多姿的杨柳，清雅高贵的玉兰，可谓诗情画意，都是孩子们写作的触发点；教学楼走廊内，名人长廊、诗词长廊，可谓精彩纷呈，孩子们的梦想从这里起航；班级图书角、错落有致的楼层书柜、开放阅览室，都是孩子们的精神食粮。

2．读书活动，搭建展示平台

为期一个月的“读书节”，孩子们在阅读的过程中与经典握手、与圣贤交流，从而得到心灵的陶冶、精神的升华。好书交换活动、文学素养知识竞赛、经典朗诵比赛、“好书推荐”征文比赛、美文书法大赛、经典影视欣赏、“书香班级”“书香家庭”“读书明星”评选等活动，给孩子们搭建了展示自我的舞台。尤其是读书节汇报演出，这里有诗文诵读篇章、有经典演绎篇章，有音乐，有舞蹈，有书评，有相声，可谓精彩纷呈。自信、快乐、多元、个性张扬的表演，这才是我们想看到的孩子们的生命成长状态。

3．社会实践，拓展语文外延

语文课程标准指出：教学中要努力体现语文课程的实践性和综合性，充分利用学校、家庭和社区等教育资源，开展综合性学习活动，拓宽学生的学习空间。

著名作家龙应台曾说：上一百堂美学的课，不如让孩子自己在大自然里行走一天；教一百个钟点的建筑设计，不如让学生去触摸几个古老的城市；讲一百次文学写作的技巧，不如让写作者在市场里头弄脏自己的裤脚。

由此可见，“两耳不闻窗外事，一心只读圣贤书”的时代早已过去，要想让学生写作有话可说，写出真情实感，要想让学生对生活有更多的感悟和认识，很重要的一点就是走出校园，走出课堂，走向社会，到社会的大课堂中去见识世面、施展才华、增长才干、磨炼意志。孤儿院、敬老院、义卖报纸之行，孩子们收获的是责任和担当；远足，再长的路也阻止不了孩子们前进的步伐，他们征服了自己；走进高校，大学深厚的底蕴坚定了孩子们努力的方向……

语文的外延和生活的外延是相同的。“问渠那得清如许，为有源头活水来”，生活是写作的基础，好文章是深度生活的产品，生活的深度不够，是勉强不来的。语文教育一头连着课堂，一头连着生活。两头热，两头相连，才能提高教学效率。

四、研究成效

课程整合实施以来，孩子们的变化是非常明显的。

1. 培养了静心读书的品质

“最是书香能致远，腹有诗书气自华”，海量的经典阅读让孩子们摒弃了以往无聊庸俗的浅阅读，视野日渐开阔。各个班级也开始呈现出自己的读书特色：有专攻儒家经典的，如《论语》；有分阶段阅读某个名家代表作的，如林清玄、毕淑敏、龙应台等；有的建立了自己的班级报刊，将它们办成同学们的“贴心小棉袄”……更令人感动的是读书从校园延伸到每个家庭，在每年的读书节活动中，总有许多家长踊跃投稿，畅谈与孩子共读书的心得体会，一同构建“书香家庭”。

2. 提升了“我手写我心”的作文水平

丰富的活动，海量的阅读，不仅提高学生的作文兴趣，丰富作文内容，拓宽学生知识面，还能全方位的培养他们的思维能力和品质、书面语言的表达能力。现在，孩子们写作已不再有“巧妇难为无米之炊”的尴尬。墙报、黑板报、校园广播、文学社、学习专栏到处可见孩子们的作品，校园作文选《青春物语》已集结成册到第十二期。

3. “说、演、唱”的功夫渐长

以往，很多孩子不敢说，不愿说，也不会说，上课回答问题寥寥几个。现在，敢说、会说、能说的同学越来越多，连班里最内向的学生也能在讲台前给同学们讲上一个故事，读上一篇文章。现在，不仅语文学科有了课前演讲，其他学科课前都有“小先生”登台亮相，古往今来，文史理工，无所不涉，无所不包。

4. 校园书香氛围越来越浓厚

校园内丰富的文化长廊，让师生流连忘返；春节、清明节、端午节、中秋节开展的演讲活动，于“春风化雨”中影响着学生；文学社团定期开展的读书沙龙活动，为学生提供了互动交流的广阔平台；“古典诗词进校园”校本课程，引发了师生诵读中华诗词的热潮。丰富多彩的活动让校风更为醇厚，使师生的文化积淀日趋深厚。

整合，让语文教材立体起来，让语文教学灵动起来。这样的整合，于教师而言，是创造性地教；于学生而言，是创造性地学。

在参与和深入社会实践中学习语文

李素玲

新课程标准明确指出：语文课程是一门学习语言文字运用的综合性、实践性课程。使学生初步学会运用祖国语言文字进行交流沟通，吸收古今中外优秀文化，提高思想文化修养，促进自身精神成长。长期以来，语文教育界乃至其他社会人士，也都以巨大的热情和深切的忧思，关注或参与着语文教育改革和发展前景的大讨论，一边深刻反省语文教育积弊，一边拓展语文教育的新思路。在这革故鼎新的历史契机中，我也在思索：语文教学的生命究竟是什么？多年的语文教学实践告诉我：关键在于引导学生努力参与和深入社会实践。

一、语文学科特具的性质和功能决定它必须贴近生活

翻开语文教材便不难发现，它犹如一部生活百科全书：上至天文，下至地理；新的涉及网络、高科技，旧的不乏老子、庄子；或介绍国外风情，或推崇民族传统；有语文素养，有思想教育……可见用语言文字来反映千变万化的生活和服务社会是语文学科特具的功能。语文教育作为母语教育课程离不开“现实生活”这块土壤。对学生而言，面向阅读材料，那就不能被动接受，而是要主动调动自己的身心潜能，想方设法以自己现有的知识水平去认识、理解、评价阅读对象，努力形成一些个体的独特的东西。如果将教学和实践脱离开来，搞封闭式训练，不贴近热火朝天的现实生活，那么，语文教学便会失去它应有的鲜活力。

二、从社会实践中学习语文是捷径

学生语言能力的提高靠的是反复的语言实践,而不是理性的语言知识的指导。古人云:“纸上得来终觉浅,须知此事要身行。”叶圣陶先生在读书二首中写道:“善读未写书,不守图书馆。天地阅览室,万物皆书卷。”所以语文教学必须引导学生投身到社会这个大课堂,多接触生活,多参加实践,实行开放式教学,这也越来越成为语文老师们的共识。

三、课堂教学与社会实践相结合是时代发展的需要

语文的载体是文章作品,而文章作品的精髓却是生活,但它不可能概括生活的全部,而且学生能读的作品也万难达到沧海之一粟。更何况当代学生已不仅仅是单纯幼稚的同义词,而是多思的,正在成熟的一代人,他们渴望了解校园以外那色彩斑斓的世界。这就要求教师在教学中必须突出语文课程的实践性,把触角伸向广阔的社会,把学生从狭小的课本天地中解放出来,赋予他们宽广的视野,充分利用生活中多样化的学习资源,在大量的语文实践中探索语文教学的新天地,让学生从广袤无垠的生活中学习语文知识,从纷繁复杂的社会中不断提高语文能力。

那么,我们的语文教学又如何去指导学生努力参与和深入社会实践呢?我认为:首先语文教师必须更新自身的教学观念,全面理解素质教育的精神内涵——以培养学生的实践能力和创新精神为重点,培养和谐发展的人才。其次,在进行语文教学时,不仅要着眼于培养合格毕业生这一近期目标,而且还应注目于我们今天培养的学生将在21世纪发挥中流砥柱的作用这一远期目标,力争把时代活力引进课堂。在这方面,我做了如下尝试:

(一)用活用实语文教材,加深对课文思想内涵的理解

社会是一个五彩缤纷的大课堂,常出去走走,对学生可以说是一个认识社会,处理自我认知关系的不错的选择。它能促进学生对所学知识的理解和消化。

如教学八年级上册第二单元,五篇文章皆以“爱”为主题,都在诉说对普通人,尤其是对弱者的关爱。我引导学生在感受文中人物形象的基础上,体验字里行间中表现出来的形形色色的爱。然后让学生告别课堂,走向社会,去寻找生活中普通的人,普通的事儿,感悟他们身上所表现出来的感人至深的爱。预则立,不预则废。正因为有了充分准备,学生们马上积极主动地进入了角色。他们穿

大街，走小巷，图书馆，小书摊……到处留下了他们的身影：或搜集，或聆听，或记录。古今中外，各色人等，包括身边的伙伴、摆地摊儿的、捡破烂儿的……都进入了他们的视野，可谓是收获颇丰。通过这一活动，学生获得了第一手资料，增强了感性认识。他们不但找到了生活中无时不有、无处不在的爱，而且更深切地理解了"给予爱"这三个字所表达的深刻含义。如此一来，文中的"爱"对学生而言，已不再是一个抽象的概念。就此良机，我趁热打铁，组织学生分三个板块合作交流：一是"关爱身边的伙伴"：怎样针对伙伴的需要，给予切实的帮助？怎样使每个人都感到集体的温暖，与大家一起快乐地成长？二是"同在一片蓝天下"：看到街头墙角那些摆地摊儿、捡破烂儿的，你最想说的是什么？要说真话、诉真情。三是"人人都献出一份爱"：应当采取哪些行动，来帮助那些需要帮助的弱者？杜绝空谈，要有具体的行动方案。整个活动中，学生们把眼光投向了社会，闪烁着思维的火花，他们的心灵得到了净化、洗涤和升华，言语中、神情里，我分明又看到了人的善良秉性的回归。我坚信，这样的语文与生活紧密相连的教学效果是单纯的课堂教学所难以达到的。

（二）阅读无字之书，拓宽写作天地

作文教学是语文教学中的一个重要组成部分。学生的作文水平是衡量他们理解与运用祖国语言文字能力的最好标尺。然而，传统的作文教学过程却让学生"谈文色变"。因此，要提高作文教学质量，就必须改变传统的作文观念和模式。我在此方面的创意还是缘于两年前的春季运动会。学校要求每班出 2 名摄影记者，结果报名时学生是踊跃参加，都想露一手儿。我灵机一动：看来相当一部分学生对摄影很感兴趣，能否根据"爱屋及乌"的道理，寻出一条作文教学的新路来？于是，我决定因势利导，开展"摄影 · 作文"教改实验。让学生留心生活的"精彩一刻"，及时抓拍，然后再根据照片写文章。果然学生作文兴趣与日大增。久而久之，对他们而言，作文不再是为应试奉命而造，而是一种对生活的真实而自然地流露。而且好的摄影作文应"影"、"文"和谐统一，但它又不同于一般的看图作文，它具有"两栖性"——能摄能写，缺一不可。这个挑战与当今迅猛发展的信息时代和学生活跃敏锐、上进、求新的特点相吻合，抓住了他们"跳一跳才能摘到桃子"的心理。如此一来，学生是八仙过海、各显神通，写得酣畅淋漓，对真、善、美的追求也与日俱增，涌现出了一篇篇美文佳作，既有对生活的真实再现，又有自己的真知灼见，真可谓图、文、情三者并茂。

随着时间的推移，我逐渐摸索出了摄影——作文的特点，那就是三个字：

“趣、真、活”。“趣”是充分激发学生寓作文于摄影活动中，视作文为乐事的兴趣；“真”是鼓励学生表达真情实感；“活”是形式活泼，注重学生智力的发展。

这样一来，当作文教学真正与社会实践相结合，进入开放型的写作天地的时候，学生笔下的风花雪月少了；片面偏激之词少了；寂寞孤独感少了；无病呻吟少了。在字里行间中反映了对社会生活的深刻认识，充溢着当代青年学生所特有的时代激情。真可谓是阅读无字之“书”，拓宽写作天地。

（三）厚积知识，在为社会服务中提高语文素养

作为语文教师，我们有责任引导学生厚积知识，在为社会服务中提高语文素养。在大语文观的引领下，我不断尝试着“读、学、用”的活动课形式——“立足课本，放眼世界，走向社会”。组织学生到图书阅览室去浏览、阅读报纸杂志，去比较感受办报宗旨与报纸内容的关系，使学生的认识从感性自然上升到理性，使枯燥乏味的读报常识顷刻间变得那么切实易懂。与此同时，提醒学生要“放眼世界”，留心报刊上最新又最感兴趣的国内外涉及政治、教育、卫生、科技等各方面的信息，或铭记在心，或摘录下来。见闻丰富了，则鼓励学生走向社会，服务于社会：去社区、敬老院等单位，把自己的所见、所闻、所感给老人们读一读、讲一讲。要说活动的效果如何，老人舒展的笑脸便是最好的答案。这样的活动，不但拓宽了视野，陶冶了情操，而且培养了学生的语文能力，从而产生学好语文的强烈的内驱力。在为社会服务中切实提高了语文素养和能力，真可谓终身受益不尽。

值得注意的是，语文实践活动既要生动活泼，又要切实有效。决不能片面追求活动形式的趣味性、生动性、而忽略了扎实的语文学习，热闹有余，实效不足。应根据教学目的和实际需要“量体裁衣”，使活动搞得既有声有色，又实实在在。

总之，在语文教学中，教会学生正确理解和运用祖国语言文字的同时，引导学生把语文学习与社会实践结合起来，与自己的终身发展结合起来，进而产生无穷的创新、实践能力，这是语文素质教育的最佳突破口和必然选择。这就要求我们语文教师要多视角、多层面、全方位地为学生创造更多参与生活、参与实践、参与竞争、参与创造的机会，使他们通过语文学习增强兴趣、坚定信念、发挥潜能，把学生引向会学习、会生活、会做人的坦途。只有这样，才符合语文课程建设“应以受教育者的各项基本素质全面而有特色的发展为中心”的理念，

一句话，作为一名语文老师，在轰轰烈烈的语文教改中，“吾将上下而求索”，继续引导学生努力参与和深入社会实践，因为倾心语文教育是我无悔的选择！

真正好课　从来都没有公论

法洪雪

[摘要]　真正的好课，从来都没有公论。教师应当不畏惧课堂争议，与研讨共生。经典篇章《背影》应该如何教学？笔者认为想要上好经典，首先要对文本有准确到位的解读。经典篇目是可以常教常新的。韩军教学的《背影》给我们思考如何创新教学、如何上好经典篇章提供了范例。

[关键词]　《背影》；经典文本；好课标准。

发生在 2015 年 4 月的“韩李之争”，不仅是当事者的大讨论、大论争，更引发了“韩李之争”双方的粉丝、许多一线教师热烈而深入的讨论与争辩。在“韩李之争”的背景下，笔者不禁要问：“韩李之争”意义何在？笔者梳理了“深度研课”等 QQ 群的讨论和有关“韩李之争”相关文献后发现，“韩李之争”的意义在于提醒我们——如何重新审视一堂好课。

一、好课要有准确的解读

朱自清的《背影》自 1925 年问世以来，一直为读者品读谈论，成为朱自清散文流传最广、影响最大、最为感人至深的篇章之一。同时，它曾无数次被引进中学课本，成为中学生习作的典范。我认为，要想教授好《背影》，首先要对它有准确深刻的解读。

知人论世，是解读《背影》的必要手段。朱自清的父亲朱小波作为一位老式家长，对儿子管教很严。朱自清受新文化运动的影响，自然在思想上与父亲有隔阂，二人的矛盾不可避免。“民国”五年，19 岁的朱自清从两淮中学毕业，他的父亲决定让他考北京大学预科。

朱自清在接受父亲包办的婚姻后，便只身北上读书。“民国”六年，朱自清的儿子出生，朱小坡遭遇了人生变故。时任徐州榷运局长的朱小波，被潘姓姨太太发现他在徐州再度纳妾，跑到徐州大闹，上司怪罪下来，结果“差事”给闹“交卸”了。

为处理徐州的姨太太，朱父亏空公款五百元，便偷偷变卖祖母的首饰，才补上了窟窿。这便有了《背影》中“回家变卖典质”之说，祖母也因此不堪承受变故而辞世。而朱自清从北京回到徐州，知道内幕以后对父亲颇有不满。

所以，在《背影》情节发生时，"我"并未领悟到父亲爱儿子的情感，甚至还嘲讽他"说话不大漂亮"，并且"暗笑他的迂"。可见，"再度纳妾"的风波进一步造成了朱自清对父亲的负面印象。

事实上，写文章前，父子两人的关系还在进一步恶化。关坤英《朱自清评传》中有记载："他上北大的第二年（1917年），父亲的差事交卸了，一家大小断了经济来源，从此生计日艰，进而债台高筑。

1920年，他从北大毕业，理所当然，他要负担家庭的经济。在这些问题上他和父亲发生了一次一次龃龉。

1921年暑假，他回扬州八中任教务主任，父亲让校长将儿子每月的薪金直接送到家里，而朱自清本人不得支领。这种专制式的家长统治激怒了朱自清。一个月后他愤然离去，到外地执教。父子从此失和。"

遭遇这样的父亲，很多人心中的天平自然偏向了朱自清这一边。然而根据朱自清的弟弟朱国华在《朱自清与〈背影〉》中的回忆，当时的朱家的境况是这样的：

1916年，我家情况已大不如前，父亲尽了最大的努力，非常体面地为自清筹办了婚事并送他上北京大学读书……家中又发生了一系列变故，祖母去世，二哥即将中学毕业，想考大学，都要花费一笔不少的钱。父亲设法变卖了一些家产，又在扬州借了一些高利贷，为祖母办了丧事，对二哥物华上交大的愿望，确是再也无力成全了。

可见，朱小波对待长子朱自清已经尽到了为人父的职责，甚至影响到了次子的学业。对于父亲的付出，朱自清本身却不能谅解，父子之间的矛盾在此基础上愈演愈烈，最终到了不可调和的地步。

《背影》的故事发生在1917年，而朱自清写作《背影》却是在1925年，为什么事隔8年才提笔写此文？文末提到"不相见"已两余年的父亲，他给"我"写信，信中说："我身体平安，唯膀子疼痛厉害，举箸提笔，诸多不便，大约大去之期不远矣。"

朱小波于1945年逝世，为什么会在二十年前就告诉儿子"大限将至"？从这种种疑问中我们不难发现，《背影》并不是简单叙述父子间的情感，而是隐藏了一对父子艰难和解的过程，老父拗不过倔强的儿子而主动服软，希望以年老病弱博得儿子的回头；儿子也终究撇不开骨肉亲情，心疼父亲年迈体衰而低头认错。

只是，这其中的内容在《背影》中表达得太过含蓄太过内敛了。所以，读《背影》这篇文章必须结合朱自清的生活与情感的历史全景，才能探寻到文本背后的深刻含义。

因此，要想教好《背影》，首先要对它有全面的解读，从各个层面对它进行审视，在此基础上引发教师或学生个性化的解析。这样，才能上出一堂好课。

二、韩军解读《背影》的新视角

林语堂曾言道："文学上不朽的声名要靠作品给读者的乐趣而定，谁能说读者要怎么样才能满意呢？文学和一般写作不同的地方就是它有取悦心灵的音律、感官和风格的魅力。"我想《背影》作为叙事类文本是可以从不同层面解读的，韩军的解读就是一种尝试。

经典的魅力就在于常读常新，经典的课文也可以常教常新。

首先是内涵的新解读。对于《背影》，传统的解读基本上都是从父子亲情的角度上来进行挖掘，以知人论世的方法来解析文本。韩军则有了全新的观点：生命的短暂与脆弱。对于文本的解读，有的是对传统解读的全盘推翻，有的是对传统解读的新补充。

我认为韩军的解读属于后者。李华平等教授认为：韩军的教学，迷失在了哲学、美学、生命教育等学科的丛林之中，偏离了教学的正轨，失去了语文教学的味道。其实，作为研究课、研讨课，这样上未尝不可。

韩军从《背影》中父子情感出发，把握"生命不能承受之轻"的主题，其实是有新意的。试想，事隔 8 年后的朱自清提笔写 8 年前的故事，文章内涵一定不止父子亲情那么简单。正如上文我们提到的，这 8 年，是一个漫长的父子求和拉锯战。

儿子怨恨父亲"不父"，父亲埋怨儿子"不子"，如何让双方放下成见、拉近关系？我们有必要思考一下朱自清的心路历程。祖母的死是一个导火索，首先让朱自清猝然发觉生命的脆弱，其次是火车站父亲年迈的背影，朱自清惶恐时光的流逝却又无能为力。

韩军的教学，并没有脱离父子感情空说生命，他引导学生了解生老病死，使学生深层次地体悟生命、感悟亲情。这样的解读，算得上是恰到好处、水到渠成的。

其次是解读的新视角。韩军教授《背影》，是尝试换个角度。解读《背影》，多数老师都是从“背影”这个角度入手。是的，“背影”既是整篇文章的文眼，也是纵观全文的线索。

而韩军看到的是“背影”之后的“流泪”，他认为这才是朱自清情感表达和宣泄的关键点。于是，韩军引导学生从朱自清的四次“流泪”中读出生命的感悟。

韩军认为：朱自清的这四次流泪，不仅仅是流骨肉亲情之泪，更是因为看见了父亲的老态，甚至预见了死亡的笼罩，心生沉重恐惧之泪。他抓住全文中着墨最多的父亲买橘的背影，引导学生仔细读书，揣摩动词的意味，融入自身的阅读体验，动之以情，不断渲染，语文味始终渗透在课堂教学中。

我们看这个环节：

师：朱自清流泪的具体原因是什么？

生：是看到父亲年老了。

生：父亲老得太快。

生：父亲老得太早。

师：父亲衰老得太早太快，上下月台都不容易，朱自清感到太意外，感到太不忍心。所以，伤感流泪。这是流泪的最具体、最根本的原因。

师：蹒跚，慢慢，探身，攀，缩，微倾，这些词，共同指向、共同表达了一个什么字呢？

生：老。

……

师：这是同学们通过推敲、咀嚼词语，得出的结论。也就是，朱自清第一次泪水，是为“祖母的死”而流；第二次泪水，是为“父亲的老”而流。

幻灯打出：

第一次流泪　祖母死了

第二次流泪　父亲老了

师：按过去所有人的理解，都说《背影》第二次流泪，是因父亲给朱自清买橘子，而感动得流泪。这对不对呢？

这样，韩军从流泪入手，探索背后的深层意义。于是自然地将父子关爱的解读上升到了敬畏生命的高度。韩军将《背影》中出现的人物构成了一条生命链，每一个人物都有他存在的意义。祖母、朱父、朱自清、朱子，四个人物，串起了一根完整的“生命与死亡的链条”。人类社会中，这条“生命与死亡链”，血脉流通，既坚韧，又脆弱！

《背影》之所以能够感动人，很大程度上不是因为朱自清父亲的背影，而是读者联想到了自己父亲的衰老，感动来源于艰难的生活与记忆。从某种程度上说，他唤醒了学生自身的生命意识，引起学生对于死亡的思考、对于生命的珍视。所以，韩军的理解是一种突破！

有人认为，这背离了《背影》的父爱本色。设想一下，若朱自清乐意，为突出“赞美父爱、表达子愧”的主旨，则开头完全可以不写“祖母”；后文也完全可以不提“孙子”。这样，也不会影响“父爱情深似海，儿子愧悔难当”的主旨，反而更集中、鲜明，更减少枝蔓。

但这样的话，文章就显得单薄，没有“像基石一样厚重的东西”坠住全文，删改之后显得轻飘。事件、线索固然单纯了，主旨固然鲜明、突出了，但意蕴轻浮了，与任一中学生写的“父爱”作文没有什么根本区别。因此，《背影》中蕴含这样的信息——

“祖母”向读者暗示什么？死亡。

“朱子”向读者暗示什么？新生。

四个生命向读者展示什么？生命链。

所以，“祖母亡故”在开首，“朱子被惦记”在文后，共同向读者展示，这条“生命链”。它不是“闭合”的，是“开放”的。

正如韩军所说，中国人的生命意识，往往不是关乎个体的，而是关乎群体的，生命传承，命运勾连，四次洒泪，均关乎“死亡”；或由“死亡”引发，或让读者感受到“死亡”的叩击。“洒泪”背后，隐藏着“死亡意识”，或者说“死亡意识”推动着“洒泪行为”。

我认为，这样的解读，对于中学生来说，看似沉重，然而对于引导他们思考生命、死亡等命题，还是很有必要的。我看到课堂上学生的心灵受到了一次叩击，这远比轻描淡写地谈父慈子孝要意味深刻得多！

三、好课从来没有公论

无论是国内还是国外，对好课没有公论。但一节课如果能够引起争议和思考，让教师们经久不息的热烈探讨，那么它就有了意义，甚至可以将它定义为好课——有研究价值的课！这样的课，才值得我们去争辩讨论。而有争议、有探讨意义的课，才更具有魅力。

真正的好课，的确从来也没有公论。韩军是“新语文”教学的领军人物，教学如何做到“新”，做好“新”，是韩军常常仔细思考的问题。是以，他的课堂脱离了传统课堂的一般模式。我觉得，他教学《背影》，无论成功与否，都是一次勇敢大胆的尝试。独树一帜是韩军的闪亮特色。正是有韩军这样的人，语文教学才有新的前进方向。

语文学科中，文本解读的方向究竟在哪里？我们怎样走，走多远为好？这都是韩军的课堂给一线教师带来的颇具思考性的问题，也是韩军《背影》教学的价值意义所在。一般地说，文本解读受个人阅历的影响比较大。个人阅历的介入，使得阅读体味、阅读共鸣更加深入、强烈。

韩军对《背影》的解读是走过一段心路历程的。他说，小时读《背影》，与现在读《背影》，当然后者体悟更深沉透彻——这并不意味着，不适合给小孩子讲，也不意味着小孩子不懂。现代教学中，个人的独特感受可以成为选择教学价值、设计教学的一个有效参考。语文教学就是唤醒学生，我们的方式就是用教材、用专题，但缺乏创新的课堂教学内容。

当我们出发时，学生还睡眼蒙胧！因此，每每有人说，没有深度的文本研读，何谈语文课堂的精严？于是，有人假设，语文教师把自己的阅读过程和体验拿出来与学生分享，并鼓励学生质疑讨论自己的解读有没有道理，这样做会更好！这样做，教师可能是平等对话的首席。

但当下大部分教师还比较欠缺独立解读能力，每每是人云亦云。所以，韩军给大多数教师树立了勇于创新、善于思考的榜样。

好课，不应该仅仅由一个时期的老师下定论！好课的评价结论，应该能够跨越一个时代。当然，对于好课，我们不能忘记课堂接受的主体——学生。历来解读《背影》的专家比比皆是，然而我们今天探讨好课，还应该思考一下学生阅读层面停在哪里，学生喜欢不喜欢。

学生如果能在一堂课中有所思，有所得，这就是一堂成功的好课。有的课堂教学，可能只如清风拂面，学生转瞬即忘。而对学生心灵有击打的课堂，则可能让他们铭记一生。我看到，韩军的课堂上，学生参与度非常高！这说明，学生沉浸在课堂教学环节中了，领受了课堂教学内容了。

综上所述，韩军作为改革的猛将，他的深谋远见、大胆创新令人敬佩，其《背影》教学更显人间的生命情怀。我想，语文教学要多从学生的发展历程上考虑，多从教材编写的生命与人文层面上考虑，多从并不恰当的课程标准层面考虑。而语文名师们，也应多上一些更接地气的研讨课，不断创新，这样才能迎来语文教学与学术研讨上的春天！

把浅文教深　让课堂促高效

李威

所谓“浅文”，是相对于学生的接受能力和欣赏水平而言的，即文字浅显、篇幅短小、主题思想单一、学生一读就懂的课文。此类课文，因为其浅显易懂，很容易导致教师对文本进行浅层次的处理，学生的收获甚微，课堂难以取得实效。但是文字浅显并不等于不值得鉴赏，没有训练的价值。很多文学大师就善于通过浅显的、朴实的文字来巧妙地传情达意，达到了一种“极绚烂而至平淡”的境界，这就需要我们读出浅显后的深意、平淡中的浓情。因而我们不可忽略浅显课文的教与学，更应该依“浅显”之特点，精心设计课堂教学，让浅文的教学充实起来、丰盈起来、高效起来。

浅文深教就是教师应该在学生认知水平的基础上，挖掘似浅非浅的教学内容，让学生懂得平浅文字下的深刻，领略语言的魅力。处理“浅文”的原则应该以学生的学和练为基础、以提高学生的读写能力为目的来考虑。那么浅文如何深教呢？

一、教师的深读是深教的前提

1. 教师要珍视自己的初读体验

面对文本首先要用自己的眼睛去阅读，用心灵去体悟，思其真，品其巧，读出自己的心得和体会，而不是急着看教参。这种对文本的“深加工”会使教师在课堂拥有更多的从容。初读所带来的第一感觉是真实而珍贵的。通过初读文本所获得的感受往往是课堂教学的最佳切入点，产生的思考往往能够拨动学生心弦，引发共鸣和质疑。

2. 要变化多重角色，把文章读深读细

要使明白如话的文章既引起学生的兴趣，又使学生在紧张的思维中得到阅读、写作以及思想上的收获，需要老师浅文深读，读准每个字，推敲每个词，体味每句话，背景了解要宽，内容理解要深，问题考虑要全。教师只有潜心文中，进入作者的角色，站在作者的角度钻研教材；设身处地，进入学生的角色，站在学生的角度钻研教材;统筹安排,进入教师的角色,站在教师的角度钻研教材,才能达到目的。

3. 要学会选取最优价值的训练点

“浅文深教”并不是说一节课自始至终都要讲究“深”,如果刻意求“深”,也许课堂就失去了“深”。我们要根据“浅文”的特点,在教学课堂实践中设计安排一两个或几个有“深度”的点,以点带面,从而推动学生对文本进行积极、有效、深入的思考。这就要我们备课时在深读、细读的基础上拥有一双慧眼,将每篇文章中值得教又值得学的“精华”筛选出来,作为教学内容的中心。这个“中心”可以是一个词,一句话,一个语段;也可以是一个技能点,一个情感点等。

二、巧妙设问,激发兴趣,引发深入思考

要把浅文教深,就要读出浅显后的深意、平淡中的浓情,要在无疑处设疑,“吹皱一池春水”激活学生的思维。

余映潮老师的《鞋匠的儿子》一课,在问题设计上独具匠心。《鞋匠的儿子》是小学语文课本中的一篇叙事性记叙文。本文以生动的事例叙述了两度当选为美国总统的林肯,在参议院演说时遭遇参议员的羞辱,但他以出类拔萃的才华赢得了大家尊重的事例和他坚定地反对国家分裂,领导人民维护国家统一的事例,展现了林肯自信、潇洒、宽大、仁爱、正义的形象。这样一篇语言朴实,充满情感的小文章,怎样把它教深?请看余老师的设计:

师:请同学们看课文,说说第一部分最后那个省略号的作用。

生:省略了其他人的赞叹声。

生:说明掌声一直在回响。

生:省略了人们对林肯当总统的激励性话语。

……

师:(总结)寻常标点,思之有意:说明掌声经久不息;表示故事意味深长;表示还有生动的细节让我们想象;还可以表示这个故事结束了,另一个故事即将开始。

这一设计从无疑中设疑,只一问就吊起了学生的胃口,激发了学生的思考,在老师的点拨指导中,学生对省略号作用的理解借助这生动鲜活的语言材料得到了强化和加深。

再来欣赏余老师设计的第二个环节:

师：删去课文的第二部分行不行？请大家思考，准备发言的关键词。

生：删去好像不能表现将他的伟大贡献。

……

师：（总结）瞻前顾后，整体分析：第二部分与前面内容形成了故事结构与内容的详与略，既表现了人物在某个场合中的人格魅力，又表现了人物在重大事件中的伟大才能。

这一问题同样颇有深意。表面上问的是学生对于第二部分在全文中作用的理解，实际上老师不露痕迹地渗透了文章谋篇布局时详与略的安排，及多事件不同侧面展现人物精神风貌的写作技巧。这两个问题的设计，启发我们思考：面对这种浅显易懂文章，我们不妨化易为难，为学生设置一个小小的“障碍”，去激发学生思考，开启学生对文章深层次的思考和理解，以此来训练智慧，发展能力。

我自己在教学中也尝试努力去发掘那些看似平淡实则蕴涵深意的句子，把学生思维的触角引向深处。《春酒》一文，语言平淡质朴，但平淡中见隽永，质朴中见真情。结尾两段在前文醇厚美好的家乡味中笔锋一转，“我”自泡八宝酒，但终不是那道地家乡味儿。“叫我到哪儿去找真正的家醅呢？”一句反问，浓浓的思母之情，沉郁的思乡之情，惆怅之情充溢在字里行间，增加了作品的艺术感染力。但在实际阅读中学生往往对前部分内容感受深刻，对于结尾这两段平实的话语理解不深。为了更好地让学生领略到结尾的魅力，深切体会到作者的这种浓烈乡愁，我设计的问题是：细读结尾两段并思考：作者如法炮制的八宝酒，为什么没有道地家乡味呢？请结合相关语句进行分析。这一问题引导学生深入到课文中，咀嚼作者蕴含在字里行间的情感。通过交流分析，我们明白，“如法炮制”告诉我们八宝酒的制作方法没变，变的是材料、变的是地点、变的是制酒的人和氛围。“今年”拉开了时间的距离，“美国”拉开了空间的距离。“叫我到哪儿去找真正的家醅呢？”一句反问，传达出无限的惆怅、无比的感伤！经过这样的质疑和品析，学生就深深地体会到了春酒所传达的醉人乡思、浓烈乡愁。这样的设问就可以化易为“难”，把“薄”书教“厚”，把浅文教深，让课堂充满灵动和精彩。

三、品味语言，妙点揣摩，优化对课文的理解

“浅文”虽然篇幅短小，主题单一，但其中不乏一些语言优美的美文，为了使浅文的教学价值得到更好的发挥，我们要注重对学生品味语言能力的训练，进行“妙点揣摩”活动，提升学生语言品析能力，达到“深教”的效果。关于“妙点揣

摩”,余映潮老师有这样的解释:“就是从词语运用、形象塑造、情节结构、表达方式、修辞方法、表现手段、构思特点等方面体会课文的妙点,以使自己透彻地理解、品味课文”。

要教会学生揣摩遣字用词之妙、描写的细腻传神之妙。那些精细的心理描写、传神的外貌描写、典型的细节描写、精练的语言描写和生动形象的修辞手法,都是语言品析的绝佳角度。不必说融造型美、用词美、情趣美、蕴意美于一身的《散步》,也不必说对话描写异常出色的《羚羊木雕》,单是一篇小小的寓言故事《蚊子和狮子》就充满着无限的趣味、无穷的美感。

请看余老师的教学设计:语言赏析活动,教师指导:练习语言赏析,是为了欣赏字、词、句在具体语境中的表现力或表达作用。语言赏析的方法,即分析某处语言在具体的语言环境中、在表现人物或情景方面的作用。请每位同学自找一处语言的妙点进行分析。在老师的提示下,师生抓住蚊子两次边飞边叫的动作细致揣摩,深化了对蚊子悲剧命运的理解。如:“吹着喇叭冲过去”生动地描绘出蚊子进攻狮子时一往无前的姿态。“吹着喇叭,唱着凯歌飞走”只 10 个字,就把蚊子被胜利冲昏头脑、忘乎所以的神态表现了出来。“叹息”与蚊子的勇敢挑战、“唱着凯歌”构成对比,形成反差,突出了蚊子可悲可笑的下场。这样的品析,抓住重要的语段和关键的词句,把握字里行间蕴含着的意义,品析其巧处,体会其妙处,从而达到“悟意审美”的目的,

课文无不蕴含着作者的感情。要引导学生在品词析句的基础上深入文本内涵,品悟、感受文本的情感美。同时,这反过来又能加深对文本的理解,达到“以情解文”的目的。余映潮老师在《大雁归来》一课的设计中,就体现了这一点。在概括了本文主要内容和把握大雁的形象之后,余老师设计了一个语言品析活动:品味作者渗透在字里行间的对大雁的喜爱之情。“请同学们自由读课文,标注文中表现出对大雁喜爱之情的句子。如:‘我们的大雁又回来了’说大雁是‘我们的’,说明作者把大雁当作了好朋友,一个‘又’字又突出了作者的惊喜之情。”在这样指向明确而又示范到位的问题下,学生找到了那些对大雁归来后集会、觅食、鸣叫的充满感情的细致描写的句子,找到了作者直接抒发的对大雁的美好评价的句子,更找到了作者用拟人化的手法展现大雁在不同场合叫声的细腻描绘,如“低语”、“问好”“邀请”、“辩论”“争论”“论述”等词语,真切地体会到只有心中满怀关爱之情,才能听得出大雁叫声的不同含义。这样的品析,无疑深化了对作者情感的把握,更加深了学生对作品深刻内蕴的理解。

特级教师薛法根说:“语言有温度,字词知冷暖。”学生涵咏在语言文字中,采撷字词句段,发现课文中语言文字的意蕴、情味和妙处,品读时幽香缕缕,回味时清香阵阵,这样的品读,学生活动充分、积累丰富。这样的课堂,才是真正的高效课堂。

四、读写结合,迁移运用,丰富学习成果

“语文教材无非是例子,凭借这个例子要是学生能够举一反三,练成阅读与作文的熟练技能……”一篇篇课文是读写结合的载体,是学习、积累语言文字的例子,也是学习表达的例子。我们要善于挖掘教材的潜力,寻找读写结合的生成点,设计各种形式的片断练习,进行读写基本功训练,从而达到以阅读带动写作,以写作深化阅读的效果,丰富学生的学习成果,提高语文课堂教学内容的密度,实现浅文深教的目的。

余映潮老师认为:句段读写是一种很有创意的“读写结合”手法。“句段读写,语言学用,就是学用课文中的句式,学用课文中段落的表达技巧,通过这种运动量比较大的读写实践活动,达到既阅读课文又进行语言表达基本功训练的目的。”余老师在诗歌《纸船》的教学中,就设计了这样的仿写练习:模仿诗歌的第三小节“母亲,倘若你梦见一只很小的白船儿……”托物寄情的写法,借物来表达自己的情谊,表达对生活的感悟。这样的设计,使浅显文章的教学具有思考的深度,使课堂活动充分、内容充实。

学习余老师的这种创意,我们在教学中就可以充分挖掘浅显课文的训练价值,设置丰富多彩的练习。如:学习小诗《星星变奏曲》让学生仿照“如果……如果……”或“谁不愿意……谁不愿意……”的句式写几句诗,表达一种企盼。学习短文《第一次真好》,让学生用亲身经历的某个感人精彩的第一次替换文中的事例,进行替换式改写训练。学习《羚羊木雕》,让学生分析理解文中对人物说话的多种形式的表达,并模仿课文的写法,运用语言描写展现一个冲突的场面。

总之,浅文要实现深教,我们要主动赋予它更多的内涵,内引外联,深度开掘,广度拓展,精心设计问题,强化语言品析,重视读写结合,充分挖掘“浅文”中的潜藏的能量,去激发学生思考,调动学生的思维积极性。这样才能使得每一节课语文课、每一篇课文的教学都向着“有效”“高效”的方向逼近,成为学生成长中不可复制的一个增长点。

叩响学生心灵之门　激发学习的正能量

——浅谈提升学生学习层次的策略

薛洁

作为一名教师，我们时常会听到学生面对作业、考试的抱怨声。很多学生将学习当作一件苦差事。我们有时会无奈地想，怎样才能让学生真正自主求知呢？在班级管理中我一直在寻求这个问题的答案，慢慢总结出点滴粗浅的看法。教师要提升学生的学习层次，使学生由“要我学”提升为“我要学”，最为重要的是叩响学生心灵之门，激发其自主学习的正能量。

一、学生学习层次的分析

对于同一年龄段的学生而言，由于个体发展水平的差异，不同的学生处于不同的学习层次。

日常生活中，我们经常会听到一些家长无奈的发出这样的感慨：“坐在同一间教室里，跟着同样的老师学习，为什么我的孩子与人家的孩子在学习方面的差别就这么大呢?”我想这其中的主要原因是学生所处的学习层次不同。

通过观察分析，我把学生的学习层次大致归纳为这样几种类型：

A——对抗型(要我学，我却不学)。

B——被动服从型(要我学，我不得不学)。

C——缺少方法型(我要学，却不会学)。

D——自主探究型(乐学，善学，学中有所创新)。

工作中我们不难发现少数学生处于A、D层次，而70%以上的学生处于B、C层次。大部分学生在老师、家长的管教中，被动地学习。他们视学习为一种负担。只是为了学习而学习，为了完成作业而写作业。学习中只为知其然不求所以然，缺少的是一种钻劲。由此可见，充分调动学生的非智力因素，激发学生心中自主学习的正能量，使学生由“要我学”转变为“我要学”是提高学生学习层次首当其冲的第一步，也是最关键的一步。

二、由“要我学”到“我要学”

1. 感恩教育，叩响心灵之门

现代的青少年大多是独生子女，他们从小享受了太多的爱和给予，未曾体验过生活的艰辛，感恩意识极为淡薄。所以他们在学习中缺乏动力。为此我利用主题班会经常对学生进行感恩教育。我为学生播放阎维文演唱《母亲》的视频、刘和刚演唱《父亲》的视频。视频中的母亲伫立在雨中，久久凝望，目送着走向校门的孩子。视频中的老父亲徘徊在考场外，焦灼地张望，期盼着儿子的喜讯。看着一幅幅感人的画面，听着一句句真情的诉说，很多学生哭了。我知道那一刻我叩响了他们的心灵之门。

当然，也有很少一部分学生很淡定地看着周围泪流满面的同学，甚至还有少数几个学生子在偷偷地笑。对此我并不感到意外，感恩教育是一个循序渐进的过程，不可能一蹴而就。我要做的就是坚持不懈地感化学生。“子规夜半犹啼血，不信东风唤不回。”教师应采用多种方式，搜集各种信息，从多个方面渗透感恩教育。

学生心中有了感恩，有了爱，有了一份想要通过自己的努力来回报身边所爱的人的决心，那么，前进的路上就有了动力，学习中的自主性就会大大提高。

2. 故事引导，树立学习榜样

爱听故事是孩子的天性。生动形象的故事要比空洞的说教效果好上百倍千倍，因此我经常采用讲故事的方式，引导学生自主学习。

我曾向学生讲大教育家孔子向有名的盲人乐师师襄习乐的故事。师襄教孔子一首曲子，听他演奏得有模有样，就要他换一首新曲子练习。孔子却说：“不行，我只会弹奏这首曲子而已，还不懂得掌握技巧。”师襄只好让孔子继续练习。又经过几日，师襄认为孔子已经弹奏得够好了，可以换别的曲子练习，孔子又说：“还是不够，我只知道它的技巧，却不懂得这首曲子的真正含义。”又练习一阵子，孔子仍然觉得自己只是“习其志”而已，意思是知道这首曲子的用意何在，却还不了解这首曲子描写的人。最后他终于弹到“得其为人”的境界，知道这首曲子里描写的人长什么样子，他形容这个人高而瘦，眼睛看着遥远之处，好像在牧羊一样（这就是周文王）。师襄为之大吃一惊，因为这首曲子就叫《文王操》。这正好是歌颂周文王的，这个学生竟然能“习其曲，习其术，习其志，得其为人”。师襄于是离开老师的座位，向孔子鞠躬。这个小故事告诉学生主动钻研学习对于提升学习层次的重要性。

榜样的力量是无穷的。我曾向学生讲述哈佛大学图书馆里凌晨四点钟灯火通明，座无虚席。哈佛校园里不见华服，不见化妆，更不见晃里晃荡，只有匆匆地脚步，坚实地写下人生的篇章。于是，哈佛产生的诺贝尔奖得主有33位，哈佛产生的美国总统有7位。哈佛不是神话，哈佛只是一个证明——人的精神、意志、抱负、理想的证明。它告诉了学生只要你怀有理想，真正地热爱学习了，即使很苦、很累，也会乐在其中。

以上做法主要是通过对学生进行情感价值观的教育来激发学生心中的正能量。但只从思想上对学生进行自主学习的教育引导是不够的。由于中学生正处于生理和心理的发展阶段，因不成熟而缺乏自我约束能力。就如我们平日所说的三分钟热血一样，充满激情时慷慨激昂，付诸行动没几天慢慢又就泄气了，理想很丰满，现实很骨感。所以班主任在班级管理中，还应该开动脑筋，采用一定的方法和技巧，帮助学生不断提高自我约束能力、自主学习能力。我采用的主要方法是小组管理制度。

3. 小组合作，提高自主学习能力

小组合作管理法对大家而言并不陌生，但要真施行起来却不是一件容易的事。小组管理制度的准备工作非常烦琐，首先是要有法可依。学生在班会上结合《中学生日常行为规范》和本班的实际情况展开民主讨论，从纪律、学习、卫生、两操、班级活动等方面讨论起草班级积分管理细则试用稿，并打印出来张贴在教室里公示一周，有不同意见或有补充意见的同学都有权利用红笔在试用稿上圈点勾画，注释补充。一周下来试用稿上补充得密密麻麻，很多学生补充上了合理化的建议。他们找到了一种当家做主人的喜悦，对小组管理制度都很期待。

实行稿打印出来之后，我又和班委会成员一起按学生学习层次均衡划分小组，选举小组长，制定奖惩办法，选举小组积分管理人员。正当万事俱备时，又有学生提出疑问，万一小组积分管理人员徇私舞弊怎么办？于是我们又从班中民主选举公正严明的同学成立监督委员会，这样才能真正做到依法办事，有法必依。就这样前前后后经过了一个多月的时间，小组管理制度才开始正式施行，虽说耗用了不少的时间和精力，但磨刀不误砍柴工，更何况整个准备过程本身就是对学生一次很好的教育。

小组合作管理制度终于开始施行了，取得的效果是令人满意的。很多自我约束能力差的学生有了很大的转变。他们为了维护本小组的荣誉，努力克制着自己不回头，不说话，不做小动作，不趴在桌子上。为了给小组加分，他们积极地回答问题，尽管他们只能抢着回答一些极为简单的问题，但是他们的学习状态却发生了巨大的转变。

小组管理制度再也不需要教师像一个事无巨细的管家婆一样操心费力了，而只需要关注每个小组的平衡发展，帮助每个小组解决疑难问题。学生管理学生，学生自我管理，教师与学生其乐融融。

三、由“我要学”到“我会学”

激发学生学习兴趣，使学生产生“我要学”的愿望是提升学习层次的前提。而指导学生选择科学有效的学习方法，培养良好的学习习惯，使学生由“我要学”到“我会学”，是提升学习层次的有效途径。

1. 指导学生选择科学有效的学习方法

每个孩子的领悟能力、适应能力不尽相同。对刚刚步入初中生活的七年级新生来说，有些孩子适应初中学习生活的时间可能为一个月，有的却需要半年。在逐步适应的过程中，他们会遇到各种困难，会在某些学科的学习中走一些弯路。比如，有些学生，学地理只注重文字不注重看图；学生物不会做笔记，一味地死记硬背；学数学不注重做题，眼高手低；学语文文言文不注重重点词义等。作为教师应仔细观察着他们的一切表现，就学生在学习方法、学习习惯上存在的一些问题和他们进行沟通交流，了解他们学习中存在的困惑，及时帮助他们走出学法上的误区，掌握科学有效的学习方法。

2. 培养学生良好的学习习惯

培根曾经说过：“习惯是一种顽强而巨大的力量，可以主宰人的一生。”可见培养学生良好的学习习惯，对于提升学生学习层次是多么重要。比如，我曾教过这样一个学生，他有一个不好的学习习惯——做事没有条理，丢三落四。每次上课老师讲评试卷时，他总是手忙脚乱，忙什么呢？忙着找卷子，他一头扎进犹如迷宫一样乱七八糟的大书包里，找啊，找啊！老师讲了十多分钟了，他才好不容易翻出来，结果其课堂学习效率大受影响。可见不良习惯害人不浅啊！所以我们培养学生良好的学习习惯需要从点点滴滴做起。

学生的学习是一条很长的道路，我们做老师的切不可急功近利，要让学生在未来的学习之路上走得扎实，就必须注重对他们良好学习习惯的培养。

快马扬鞭自奋蹄

——浅谈小组合作学习有效性研究

李威

初中新课程实施十余年头，已走入了第二轮新课程改革的轨道。教师们更新理念、积极探索、勇于实验，课堂教学发生了可喜的变化：学生主动地开展观察、实验、猜测、验证、推理与交流。同时，合作学习已经成为我国新一轮课程改革所倡导的一种重要学习方式，但由于对合作学习的认识、组织、操作不当，使合作学习表面化、形式化，而未达到预期的效果，且存在着一些低效现象。本文就这些现象进行反思，并提出解决策略。

一、课堂小组合作学习中的低效现象及其原因

经过问卷调查分析，课堂观察、课后反思和集中研讨，本项目组梳理出的主要问题如下：

许多“小组合作学习”不具备合作的向心性和倾向性，成为课堂教学的“摆设”。小组合作学习简单化、形式化。

教师采用小组学习策略准备不足，有很大的随意性和盲目性。有些学生借机讨论与课堂知识无关的内容；男女同学之间有些不好意思或小摩擦，课堂秩序混乱。

小组组建不合理或分工不明确。学优生在小组中处于主宰地位；好说的同学围绕问题说个不停，占用了大量时间，而内向的同学不愿意或没有机会来表现；学困生处于从属或被忽略的地位；分组时与自己不喜欢的人分到了一组，产生了抵触情绪；讨论问题时，双方意见产生了分歧，争得你死我活，从而造成了学习目标的偏离。

小组合作学习所讨论的问题没有思考性、启发性和探索性。学生没有讨论的兴趣，对于教师提出的简单“是”或“不是”的问题常常是羞于回答，觉得这不仅是浪费教学时间，而且被看成是有损自尊。因此教学效率常常是事倍功半。

小组合作学习的时间不够。教师在课堂上设计了小组合作学习的环节，但又担心学生讨论的时间过长，或让学生放开去说完不成教学任务；最让人扼腕惋

惜的是学生在讨论中已经碰撞出智慧的火花，可我们的教师往往不敢触及课堂上这种生成性的教学资源，于是让本应异彩纷呈的大好时机失之交臂。因而参与听课的人往往觉得所谓的小组合作学习有一种不能尽兴的感觉。常常会看到这样的情形，老师的“动令”下达不足一两分钟，学生便得出了“结论”，弄得人啼笑皆非。

没有处理好个别学习与合作学习的关系。通常情况下，学习形态主要分为个别学习、竞争学习与合作学习三种形式。个别学习是有效合作学习的前提，换言之只有每个学生对需要合作解决的问题有一个比较明确的认知的情况下，合作学习才会有实效。不少教师往往是随便拿出一个问题就让学生“合作解决”，学生或无所适从，或无谓的纷争，浪费了不少宝贵时间。

评价观念落后和方法陈旧。不少教师过分地看重学习的结果而忽视对学习过程的评价；只重视教师主导的评价而忽视学生主体的评价；对学优生偏爱，有意无意间冷落学困生；不太重视对“小组学习”的整体性评价。

二、设计小组合作教学的一般流程

合作学习(cooperative learning)于20世纪70年代初起源于美国，在70年代中期至80年代中期取得了实质性的进展。合作学习是一种富有创意和实效的教育理论与教育实践。20世纪80年代末90年代初，我国也出现了合作学习的实验与研究。所谓合作学习就是学生通过分组合作共同达成学习目标的一种互助性学习方式，它将社会心理学的合作原理应用于教学之中，以教学中的人际合作和互动为基本特征。小组合作教学具体流程如下：

1. 全班教学

在导入阶段，一般采用情境教学的方法进行全班授课。教师的精心设计、精彩导入是教与学成功的前奏。

2. 分组学习

分组合作学习期间，小组同学在主持人的带领下，借助教师问题，完成自学和小组学习、交流、讨论的内容，并保证组内每一位同学理解掌握该内容。

3. 交流反馈

各小组汇报合作学习结果，学生和教师分享成果，及时反馈，确保学习结果的正确性。

4. 学习评价

教师评价小组合作技能、学习效果，得出小组合作学习得分和个人得分，及时给予肯定和鼓励。可以搞小组间的竞赛。

教师要善于“指路给学生走”。我们设计学案，就是要给学生应走的路，避免出现一些不当行为。学案中要设置疑问，创设悬念，“思源于疑”。在教学中设置一些启迪思路的疑问，能激发学生的学习兴趣。

三、实施小组合作学习的有效策略

基于以上低效现象的罗列，以及对小组合作学习的溯源，实施小组合作学习的有效策略应至少有以下几点：

1. 合理构建合作学习小组

合理分组是保障小组合作学习有效性的重要前提。考虑的因素主要应该包括小组的规模、分组的原则、小组成员的角色搭配、任务分工以及教学环境的改变等。

以前我们在划分合作学习小组的时候没有太多的讲究，多的 8 个人一组，少的 2～3 个人一组。经过课堂观察发现：8 个人的组学生在合作学习的时候很难形成一个“研究学习的核心”，常常是三个讨论的核心，尤其是两边的学生之间讨论起来很不方便，如下所示。

1	2	3	4
5	6	7	8

改进策略：依据“组内异质、组间同质”的分组原则，尽量考虑小组成员的多样性（性别、性格特征、学业成绩、能力特长、学习适应性乃至社会家庭背景等方面的差异）组成若干个合作学习小组；每个学习小组规模应以 4 人为宜，当然，每个小组人数的多少还必须考虑到学生的年龄、学习任务的难易程度以及训练的要求等。经观察，小组规模与小组成员参与程度情况见表 2-1。

表 2-1　　　　小组规模与小组成员参与程度情况

小组人数	小组成员参与程度
2 个人	有的组讨论得很好，有的组沉默
3～4 人	差不多每个人都有机会说话
5～8 人	有两三个人说得多一些，一些安静的学生说得少一些
9 人以上	少数学生说起来没完，3～4 个人在一旁插不上嘴

每个小组成员都应担任一个具体的角色(见表 2-2)如:小组长、记录员、总结员和汇报人等,甚至是专提(反方)意见的“反对人”。一定时间后,还应该角色互换。角色互换,可以使每个成员都能从不同的位置上得到体验、锻炼和提高。其次,各小组的总体水平要基本一致,从而保证各小组之间公平竞赛的开展。再次,在评价问题上,要以小组作为基本的单元进行评价,使学生形成“组荣我荣,组衰我耻”的观念,提高小组的凝聚力和竞争力。

表 2-2　　小组合作学习成员角色及任务

角色	任　务	范　例
小组长	引导小组活动,确保指定的任务能在规定时间内完成。	“请大家注意,一定要围绕主题还有 5 分钟时间。”
记录员	分发小组学习材料记录小组讨论成果	“我们今天研究了……什么问题,每个人的主要看法是……”
总结员	总结归纳大家的意见	“综合了大家的意见,我们组认为……大家还有什么补充吗?”
汇报人	代表本组在班上交流	“我代表本组陈述……不妥之处请大家批评,谢谢!”

根据小组合作学习的需要,我们的教室里增加了两块黑板。课前每个小组可以事先将自己准备在课堂上“研讨”的问题写在黑板上,以备课堂上讨论之用;再就是便于几个小组同时“展示”。校内外听课教师的感受是这样做对于发挥学生的主体性和创造性非常有利。

2. 认真搞好小组合作学习的问题设计

小组合作学习应该是围绕问题的解决来进行的。学生在讨论的过程中学会分工与合作、学会交往,在交流中获得认知的发展和情感的提升。问题是并不是所有的问题都适合小组合作学习,因此选择合适的学习内容是保证小组合作学习有效性的前提。

问题要有价值,使学生感兴趣。教师设计问题时,要充分考虑学生的兴趣,要尽可能与他们已有的经历和生活经验相联系,要让学生觉得“问题值得”讨论,并愿意讨论。

教师设计的问题要有利于促进学生动脑,有利于集体研究,不要提过于简单、不假思索就能解决的问题。问题过于简单,学生张口就会,看起来气氛活跃,久而久之,学生容易形成思维惰性,不利于创新意识的培养。

问题要有开放性。开放性的问题能够激起学生的求知欲。只有当问题的答案不唯一,每种答案的背后有不同逻辑推理和事实依据时,才能为学生的辩论提供可能。在辩论中,学生要想让自己的意见被别人接受,就会不断地搜集信息支持自己的观点,还要找出别人的“缺陷”,这样学生的思维能力、口头表达能力便得到了锻炼,同时也有利于相关知识的掌握和问题的解决,学生在主动探究的过程中,还会获得一种积极的情感体验。

问题的难度要适中。苏联心理学家维果斯基的“最近发展区”理论,我国教师形象地将之比喻为“要让学生跳一跳摘桃子”,合作学习问题的难度应该处于最近发展区内,换言之是要介于学生的现在发展水平和在别人指导帮助下所能达到的水平之间。问题太简单,学生的思维停留在表层,合作的广度和深度都有限;问题太难,学生无从下手,即使合作学习也解决不了,不仅达不到学习的效果,还会使学生产生畏惧心理。所谓适中难度的问题应该是单个学生不能解决或很难解决而通过小组合作能够解决的问题。

问题要有层次性。由于每个学生的智力、基础知识的差异,成长环境与生活经验的不同,即使同样的问题,他们的思维方式,采取的手段和方法也是有差异的。为此,在教学中,教师应根据教学内容,联系学生的生活实际,创设有层次的问题情境,把学生置于问题情境中,提出符合个性发展的问题,促使学生带着问题去学习,让学生通过主动的尝试和探索历经解决问题的过程。

问题要有探索性。合作学习的意义不仅在于问题的解决,更在于组员之间共同探索、挖掘出问题的深刻内涵,促进更深层次的思考,所以小组合作需要解决的问题一定要有探索性、有一定的深度、能够激发学生的探究欲望,让组员在相互启发、共同思考中培养合作意识、探究精神和思考能力。

“小组合作学习”是非常有必要的学生学习活动的组织形式,但只有在充分考虑以上关键问题的基础上,小组合作才能实现有效性,才能让学生在小组合作中受益,新课程改革的课堂才能取得明显成效。当然,本文并不能保证做到以上两点就能实现小组合作的有效,但至少是必要条件之一,如此才能真正实现让学生无须扬鞭自奋蹄的效果,实现放给学生自由,放飞学生梦想的目的。

预习在初中文言文教学中的应用

冷爱霞

文言文教学，相比于对课本中现代文的学习，我们花的精力实在不少：课堂上，老师事无巨细地逐句串讲，学生认认真真地逐句逐字记下笔记；课下，学生勤勤恳恳背原文、背译文、背实词虚词。特别是九年级语文课堂教学，文言文学习成了重头戏。时间花了很多，力气下了不少，可是收获甚微。不少同学对文言文产生畏难和疏远情绪，甚至把文言文看成“第二外语”，怀着冷淡的态度，走不进那个陌生的领域，所以收获甚少。

文言文到底该怎么教？文言文到底该怎么学？怎样才能提高学生的文言文阅读能力？我认为：文言文教学不能只注重教师的教，而忽略了学生的学，更不能够用教“包办”“代替”学生的学。老师教一篇。学生亦步亦趋地学一篇，教师没教的，学生自然就不会了。考查课内文言阅读，问题当然不会很大。但是一考察课外文言文阅读，上课记的，课后背的就起不了多大作用了，学生得分率普遍偏低。文言文课外阅读成了继作文之后学生语文学习的第二只“拦路虎”。

古人云：“授之以鱼不如授之以渔。”教师的教就是为了教学生学会阅读。针对文言文预习的方法和途径，我谈几点预习有效性的入手点。

一、以“读”为入手点

“书读百遍其义自见”，课本中所选文言文的篇目都是古文化的精髓，无论是内容还是形式，无论是情感还是技巧，都是学生学习借鉴的典范。让没有古文化功底的十几岁的初中生去跟几百年前甚至是上千年前的古人进行语言沟通和情感交流，我认为诵读是最好的也是最直接的方法。背诵课文虽然是文言文教学的传统方法，但我们今天仍然提倡朱熹老先生的“凡读书需要读得字字响亮，不可误一字，不可少一字，不可倒一字，不可牵强暗记，只要多诵数遍，自然上口，久远不忘”。读得多了学生才能走近文本，读得多了，学生才能集中精力沉浸在文本中，真正走进文本。如七年级的《孙权劝学》，读准字音，读出节奏，自然就会读懂文义，读出感情，领悟孙权的谆谆教诲，吕蒙的倾心就学了。

除了读文本之外，在预习中学生还要读文学常识，读时代背景，读课下注释，读工具书。布置预习时明确告诉学生这些内容上课老师不会再讲，要想掌握好这些知识，完全靠学生自己，靠自己预习时多读。让学生意识到学好文言文是自己的事，靠自己的读完全可以解决很多很多问题。在教学实践中，学生学会读课下注释和读工具书之后，便惊喜地发现原来上课一笔一画、生怕落漏一词一句的笔记原来都在课本上，都可以自己解决。尤其是他们的理解与老师的讲解相吻合时，他们会觉得自己的努力有很大收益，在读的过程中获得了发现的乐趣，扩大了知识面，大大节约了课堂时间，这更激起他们的自信心，从而激发他们的学习热情。

二、以“趣”为突破口

兴趣是最好的老师，趣味是预习的法宝。在布置预习作业时，一定要以趣味为突破口。预习从学生最感兴趣的内容开始，才会让学生积极参与预习。如预习《孙权劝学》时，我布置了这样的预习作业：让我们当一回孙权，说说自己如何劝说吕蒙就学的，过一把“君王瘾”，学生讲述故事，娓娓道来，惟妙惟肖，趣味盎然。又如预习《卖油翁》，这是一篇神态描写的特色文，也是一篇心理变化的典型文。学生初学时，便让其结合提示与注释等相关资料，就自己最感兴趣的情节编成小故事。故事必须有情景、有人物，有语言、有动作，有神态、有心理，有感情、有道理，比比看谁讲得生动，绘声绘色。学生准备得很充分，在讲故事中，文言文的词汇和句式已经得到了解决。课堂上，学生边诵读原文，边讲故事，效果出奇的好，学生趣味盎然。

三、以“实”为落脚点

预习的内容多种多样，预习的方法亦丰富多彩，但是预习是为课堂教学服务的，预习不是摆形式也不是走过场，预习要有针对性，要把预习的内容做到实处，让预习实实在在为文言文学习服务。特别是查资料类的预习作业，一定要有针对性。如预习《诫子书》，我布置的第一次预习作业是学生回去搜集与课文有关的资料。结果大部分学生搜集的是诸葛亮的生平事迹，诸葛亮如何足智多谋等。第二天我布置了第二次预习作业，要求学生继续搜集材料，重点提醒搜集与文章内容相关联的资料。预习刘禹锡的《陋室铭》时，学生们搜集到了《再游玄都观》《酬乐天扬州初逢席上见赠》《秋词》。

提出一个问题往往比解决一个问题更重要，而提出问题需要更多的知识储备，提出问题更需要对课文有深入的理解。在引导预习时，我更注重培养学生提出问题的能力。每次布置的预习作业，都会有这么一项：预习了这篇文章，你还有哪些疑惑？你发现了哪些问题？我会在课堂上专门抽出一定的时间，让学生讨论这些问题，这样很好地拓阔了预习的广度，开掘了预习的深度。

以读促写　打牢底子

徐艳

作文教学，是语文教学中的一个重要任务，也是一个教学难点。有的语文教师急于想提高学生的写作水平，只一味地强调多写；更有甚者，教师让学生背诵范文，支持"背过一文尽走考场"的"写作的捷径"。如此作文，学生写得疲惫，教师改得头痛。究其原因，是这些教师重写轻读，尤其忽视了阅读训练对提高学生写作水平的作用。

一个人写作能力的发展规律是积累——模仿——创造。写作建立在必要积累的基础上，没有一定的积累，是无法写出一篇好文章的。积累包括知识、生活经验、写作素材和写作技巧的积累，而积累是多渠道的，其中通过阅读学习范文是有效的渠道。熟读、背诵、摘抄词语是重要的手段，所以处理阅读和写作的关系时，应明确阅读是写作的先导。因为阅读是吸 收，写作是表达，阅读直接关系到写作。如果学生书读少了，没有积累，那么写作也是无源之水，无本之木了。因此，我们必须把阅读训练和写作指导有机地结合起来？

怎样通过阅读训练来引导学生写作呢？

一、充分利用课堂的阅读教学

日常教学中，有目的地选择教材中的范文，从阅读着手，以读带写，帮助学生掌握写作的门路。比如我的学生以前不会描写，特别对人物的动作和细节描写很呆板，起不到描写应有的作用。针对这种情况，我在教《背影》这课时，重点抓住第 6 自然段，首先让学生反复朗读，接着找出文中描写人物动作的句子和典型的动词，如"走、探、攀、一缩"，揣摸这些动词和句子对表现文章主旨的作用，经过讨论，学生明白了这一系列动作的描写，生动表现出肥胖的"父亲"，在爬月台时是多么的艰难，从而突出"父亲"爱子情深这一主题作用。然后，要求学生以《体育课》为题，写一篇短文，描写一节体操动作，由于学生模仿性强，多数学生对某节体操动作写得很生动，动词也用得准确。有个学生为了逼真地写出从井中用水桶提水的过程，亲自去体验拔水的动作，传神地把提水的过程呈现在读者面前，如临其境。由此看出课堂的阅读教学不仅使学生掌握了写作的门径，还获得了生活的体验，更重要的是能使学生明白有生活才有写作。

二、通过阅读培养学生谋篇布局的意识

初写作文的学生往往不懂得谋篇布局，因此，我们在阅读教学过程中，应根据范文的篇章结构的特点，结合具体的语言环境中的词句理解，使学生联系自己的写作实际，进行谋篇布局意识的培养。比如教学说明文应向学生讲明，由于说明的对象不同，运用的说明的顺序也不同，文章结构自然也不同。学习《苏州园林》时，抓住第二段的总说的"四个讲究"，就会顺藤摸瓜发现以下段落的分说安排，明确它们与第二段的一一对应关系，梳理出总分结构形式。阅读散文《春》时，也可以通过清理文章的结构反映出作者盼春、绘春、赞春的写作思路。课堂上教师经常这样引导，就可以拓宽思路，从而增强学生写作时谋篇布局意识。

三、鼓励学生积极参与课外阅读

现代中学生生活的圈子小，课业重，缺乏足够的生活体验，要写出有深度的文章实在不易，而将大量的课外阅作为课堂教学的补充，是积累知识的一个重要渠道。教师应指导学生选择适合他们的课外书，不要怕耽误了学习时间。广泛的课外阅读是提高学生写作的重要途径，通过广泛的阅读，能够培养学生阅读兴趣，扩大学生的视野。本人在平日教学中，要求学生每天读一篇文章，一学期下来仅美文的积累就有140多篇，这个量的积累是很客观的。没有读的耕耘，就没有写的收获。书读得多，材料积累多了，写作时就"有米下锅"；书读得多，语感增强了，又掌握了一定的写作的方法和技巧，就能做出"香喷喷的米饭"来。

四、多渠道积累作文素材

积累作文素材的方法很多，如观察体验留心素材，多读多背记忆素材，从课本中积累素材，勤动笔记下好素材等，还有一种就是，通过"读书，引发自己的联想感悟"。我们在读书时，经常会因书中的某些人、事、情、景等思绪万千，我们所能联想和感悟到的，就是很好的写作素材。只要肯做生活的有心人，多读书，或

者到网络中去有选择地读一些美文，我们的思维就会不断地被激活，原本就沉积在心灵角落里的记忆，会慢慢浮现出来的，没有东西可写的难题一定可以解决的。

可见，阅读训练对提高写作水平意义很大，积极培养学生的阅读兴趣和能力，更要注意把阅读和写作有机地结合起来，从阅读中培养学生的写作兴趣，用阅读获取的知识来指导写作，这样定能促进学生写作水平的提高。

第三章 路漫漫其修远兮
实践之路

从教育部提出的核心素养的研究来看，我们现在的课程改革的走向，就是抓住学科的核心素养，重在学生的学习力，而非知识的获得。这是信息化时代的需要，知识获取变得简单，核养养成是关键，学习力的形成是关键。由此，我们的课程内容到底要给孩子什么呢？我们在实践中，架构课程内容，既考虑要给学生什么，又考虑我们不要给学生什么。实践的路上，我们集百家之长，丰富教学设计思路，潜心钻研，一路向前。

☞我们教诗词

《乡愁》教学设计

冷爱霞

一、设计理念

本设计遵循新课程中全面提高学生语文素养的理念，注重学生语文能力和语文知识、语言积累、思想情感、思维品质、审美情趣、学习方法的融合，并且在教学中积极倡导自主、合作、探究的学习方式。

二、教学目标

通过品味语言来鉴赏诗歌。

体味乡愁中传递的爱家爱国情思。

三、教学重点

通过品味语言来鉴赏诗歌。

联想想象，走入诗人创设的优美意境。

四、教学难点

联想想象，走入诗人创设的优美意境。

五、教学方法

朗读法、探究式。

六、教学用具

多媒体计算机。

七、课时安排

一课时。

八、教学过程

（一）导入新课

师：同学们好，今天老师和大家一起学习一首诗歌——余光中先生的《乡愁》。

提起故乡，总感觉特别亲切、特别厚重。自古以来，故乡，始终是游子的精神家园、灵魂的栖息之地。对故乡的思念是古今诗人永恒的话题。李白的“举头望明月，低头思故乡”；王湾的“乡书何处达，归雁洛阳边”；马致远的“夕阳西下，断肠人在天涯”；崔颢的“日暮乡关何处是，烟波江上使人愁”；李煜的“剪不断，理还乱，是离愁，别有一般滋味在心头”……

那份幽幽的乡思、脉脉的乡情，在岁月的酿造中愈来愈浓。

余光中先生的《乡愁》就是其中一首，让我们走近余光中先生，走进《乡愁》！〔板书：乡愁　余光中〕

（二）走近作者

作者简介——展出作者照片及介绍。

提问：谁来介绍一下余光中？〔不要求学生介绍得很全面，学生之间可以相互补充〕

余光中，台湾当代著名诗人、散文家和诗歌评论家。已出版诗集、散文、评论和译著四十余种。由于特殊的政治原因，大陆和台湾长期阻隔，而诗人又经常漂泊于海外，游子思乡之情，是他的诗歌作品中的重要内容。从现代诗的创作和影响来说，目前，台湾诗人还很少有人超过他。文学大师梁实秋评价他“右手写诗，左手写散文，成就之高一时无两”。

余光中先生独特的人生经历和两岸分隔的现实，赋予了乡愁新的内涵，将古典意境与现代情绪融为一体。

（三）指导朗读

1. 自由朗读

师：这首诗，诗人是在什么心情写下的？

生：身在异乡，特别想家乡的心情；惆怅……

2. 推荐朗读

师：你能不能带着感情，读出这首诗歌中蕴含的情感呢？

生：推荐学生自由朗读。〔评价：一缕缕乡情向我袭来〕

师：他是怎样读得呢？

生：语调深沉、语气舒缓。

3. 指导朗读

师：诗歌是精当含蓄的艺术，比较跳跃。读者要用想象、用情感去填补其中的空白，请同学就一、二、三、四选两节诗想象作者写作时的心中所想，从而体会诗人内心的情感。〔朗读时，要注意诗歌的节奏、重读音、语气和语调，并融入自己的情感〕

师：再请一同学朗读本诗，并说说每一节你为什么这么读。

生：第一小节，此时的作者是“少小离家”为读书，未经世事沧桑，略带“少年不知愁滋味”的感觉，更多的是对母亲的依恋。

第二小节，妻子是相约一生共白头的亲人，新娘是自己一生最欣赏的亮丽风景。朗读时应注意那淡淡的哀愁中的丝丝温馨和似水的柔情。

第三小节，恰当运用颤音，表达一种如泣如诉的深深的哀伤。

第四小节，文章最后，诗人由个人的悲欢离合升华到家国之思：此时犹如乐曲达到高潮！所以要读得荡气回肠，一波三折。特别是最后一句要一字一顿，语调上扬，“在——那——头”要气流不断，读出激昂慷慨之感。

4. 齐读全诗

师：过渡——读诗，不仅在于语气、语调、节奏和重读音，更重要的将诗歌的情韵朗读出来。那么，诗人又是怎样将情韵表达出来的呢？

（四）把握意象

1. 关于意象

师："愁"是人的一种情绪，非常抽象，既看不见，又摸不着。要把它准确而感性地表达出来，必得找到与作者相感应的客观物象。将抽象化为形象，古来有之。在许多古典诗歌中，有类似的写法。这是诗歌创作中常用的一种写作技巧：托物寄情。

师：还记得李煜《虞美人》中怎样写"愁"的吗？

生：问君能有几多愁，恰似一江春水向东流。

生：他是用滔滔不息的流水来比喻绵绵无尽的愁绪。

生：李清照《武陵春》中，也写到"只恐双溪舴艋舟，载不动许多愁"。

生：李白《宣州谢朓楼饯别校书叔云》中有"抽刀断水水更流，举杯浇愁愁更愁"。

师：这就是诗歌的意象，是作者的情意和客观的物象相感应而用文字描绘出来的画面。这首诗歌从生活中提取了哪些意象？

生：邮票、船票、坟墓、海峡。

师：诗人运用了独特的比喻，化抽象的、难以捕捉的离愁别绪为具体可感的东西，诗人从亲历的生活中选取了"邮票"、"船票"、"坟墓"、"海峡"四个物象来寄寓情感，这种取象看似平常，却蕴涵饱满的诗情。

邮票——母子深情（浓烈）　　船票——夫妻恩爱（热烈）

坟墓——生死悲痛（巨大）　　海峡——思乡哀愁（深沉）

师：这些意象又是怎样组合在一起的呢？从哪些词可以看出？

生：以时间的发展为线索，通过"小时候"、"长大后"、"后来啊"、"而现在"组合起来。

师："小时候"、"长大后"、"后来啊"、"而现在"概括了诗人漫长的生活历程，时间不同，乡愁共通。让我们沿着作者的生活足迹去深入理解"乡愁"的内涵。

2. 为什么运用这些意象

第一节。

师：小时候，往事悠悠，记忆中难忘的事物一定很多很多，作者为什么选择邮票来表现乡愁呢？

生：邮票其实代表着书信，当年是通过邮寄书信来表达对故乡、对母亲的思念之情的。

师:余光中在散文《思蜀》中,是这样写的——

请一个同学朗诵一下(配乐朗诵):

半世纪后回顾童年,最难忘的一景就是这么一盏不时抖动的桐油昏灯,勉强拨开周围的夜色,母亲和我就对坐在灯下,一手戴着针箍,另一手握紧针线,向密实难穿的鞋底用力扎刺。我则捧着线装的《古文观止》,吟哦《留侯论》或是《出师表》。此时四野悄悄,但闻风吹虫鸣,尽管一灯如寐,母子脉脉相守之情却与夜同深。但如此的温馨也并非永久。在我十二岁那年,第一次告别双亲,到学校去寄宿上学,开始做起中学生来。每天能在晚霞余晖里收到一封信,总是令人兴奋的。

师:小小一张邮票包含着诗人当年对母亲对故乡的无尽思念!(母子分离)

随着诗人生活经历的展开,长大后的"船票"、后来的"坟墓"、而现在的"海峡",都是要通过读品的教学环节,品读出诗人日益浓重的思亲、思乡、思国之情。

第二节。

一张船票,虽然是窄窄的,却凝结着对新婚妻子的不尽相思之情。抓住了船票这个意象,说长大后的乡愁,一个在异国(异地)孤客的乡愁,是那一张张把他从新娘身边拉走的窄窄的船票引发的乡愁。(夫妻分离)

第三节。

师:后来啊!"啊"字应该怎么读?

一方坟墓,虽然是矮矮的,却将慈母与诗人天人相隔,其间无限的悲痛与对母亲的思念也许只有诗人亲身经历过才能真真体会到。抓住坟墓这个意象,说母亲去世后留给他的乡愁,一个孝子的乡愁,是使他抱恨终天的是那一方矮矮的坟墓。(母子诀别)

师:诗人写尽了人世千古的离愁别恨,为什么还要写第四节呢?难道还有更浓重的乡愁吗?

第四节。

师朗诵:而现在,如何读?体会并朗读。

一湾海峡,虽然是浅浅的,将作者对祖国统一的期盼表达得淋漓尽致。抓住海峡这个意象,表现了一个游子对故土的思念,以及期盼早日统一的思想感情。(游子与大陆的分别)

师:诗人为什么以"浅浅的"一词来修饰海峡?

生：愿景。希望跨越过去。

生：因为这海峡是可以跨越的。两岸是可以来往的。

师：湾。可圈可点的，最有意蕴。

生：曲折的。

师：水流曲折的意思。诗以一字为工。

过渡："一湾"和"浅浅的"，很好地表达了作者的情感和诗歌的主旨，也传递出诗歌的一种意韵之美。

（五）体会天然之美

品读词语，突出主旨。

一读；二品。

1. 词语品读

师：词语的运用，前三节也有异曲同工之妙，让我们一起来体会一下吧！

只四个意象，无法将愁绪表达得具体可感，正是借助一些词语，才使诗歌具有神韵之美。请同学们将这些词找出来，改一改，读一读，看看前后会有什么不同感受？

生：还用了量词：小小的、窄窄的、矮矮的。

师：去掉这些词有什么不同？感觉少了什么？

生：不具体可感了。

师：加上去读一读，又有怎样的体会？

生：读。

师：这些词有什么特点？

生：叠词，小而轻的形象，衬托浓浓的情感，更加富有表现力和感染力。有无可奈何的惆怅感。再次读出来。

师：小小的、窄窄的、矮矮的、浅浅的，这些词音韵上有什么特点？

生：三声。绵长的感觉，绵长的乡愁；连贯，具押韵美。

师：是的！这些词的运用，使诗歌具有了音乐的美感。

这首诗用"邮票、船票、坟墓、海峡"等意象来表现乡愁，将抽象的情绪物化了。李清照说"载不动"，而本诗却说"小小的邮票"、"窄窄的船票"、"矮矮的坟墓"、"浅浅的海峡"，并且用了"一枚、一张、一方、一弯"等量词，是不是说明余光中的乡愁比较淡？

生：这是正语反说，"一枚""一张""一方""一湾"四个数量词和"小小的""窄窄的”“矮矮的”“浅浅的”四个形容词，都以一种看似轻描淡写的方式，把乡愁浓缩于四个面积小、程度轻的对象之上，恰恰反衬出诗人内心深处浓烈的思乡情感。

师总结：邮票虽小，牵系绵长的母子情；船票虽窄，负载重重地夫妻情；矮矮的坟墓载不下巨大的悲痛；浅浅的海峡，阻碍了无尽的乡思。落笔虽小，却诗情饱满。这就是诗歌语言的魅力、情感的魅力！

2. 迁移欣赏

师：诗歌是一种艺术，通过意象传递情绪，通过语言表情达意。

欣赏席慕容的这首《乡愁》，又是怎样传达情感的呢？用词方面又有怎样的特点呢？

生：读诗。

师：改一个字“雾”。仿佛“泪”里的挥手别离。有什么不同？

席慕容的乡愁——对比“天然之美”和“一字为工”。

师：诗歌的语言是形象的，是凝练的，是含蓄的。它是以一字为工的。诗歌就是通过这样的意象，借助语言，传递这种情感的一种文学样式。

3. 把握主旨

师：过渡——余光中的《乡愁》，全诗以时间的变化组诗，以空间上的阻隔作为这四个阶段共同的特征，诗情层层推进、升华。

师：前面写了三节，为什么要加上这节呢？

师：前三节家愁，后面是国愁。小我之爱，与大我之情，相融——化平淡为神奇。

师：阻隔的不只是一湾海峡，回归大陆的强烈心愿撞击诗人的情怀。让我们从他的经历中进一步体会——此时的“乡愁”到底是指什么？

生：诗人对两岸和解，祖国统一的强烈愿望。

生：向往、可望而不可即的乡愁，无奈惆怅。再次读出来。

师：隔开两岸的不是自然，而是历史。尽管有这样一句诗：岛屿、岛屿，它是大陆的弃婴，它是海洋的孤儿。但台湾不一样，台湾人民的根在大陆，眷恋祖国的心在大陆，他们无时无刻不燃烧着回归的渴望。所以，我们要把最后两句读得稍微激越些。

生：深情朗读第四节。

师：补充写作背景——方寸之间有大感情。诗人祖籍福建永春，1928 年出生于南京，1949 年去台湾。回忆起 70 年代初创作《乡愁》时的情景，余光中时而低首沉思，时而抬头远眺，似乎又在感念着当时的忧伤氛围。他说："随着日子的流失愈多，我的怀乡之情便日重，在离开大陆整整20年的时候，我在台北厦门街的旧居内一挥而就，仅用了20分钟便写出了《乡愁》。"

余光中在南京生活了近10年，紫金山风光、夫子庙雅韵早已渗入他的血脉；抗战中辗转于重庆读书，嘉陵江水、巴山野风又一次将他浸润。

（片）他说："我庆幸自己在离开大陆时已经21岁。我受过传统《四书》、《五经》的教育，也受到了五四新文学的熏陶，中华文化已植根于心中。"余光中说："如果乡愁只有纯粹的距离而没有沧桑，这种乡愁是单薄的。"

余光中是一名台湾人，更是中国人！

（片）"掉头一去是风吹黑发，回首再来已雪满白头"；"烧我成灰，我的汉魂唐魄仍然萦绕着那片厚土"，这就是余光中！

他说："多年以后，我慢慢意识到，我的乡愁应该是对包括地理、历史和文化在内的整个中国的眷恋……"

这种乡愁是立体的，代表着海外游子对中国之根、民族之根地追寻和怀念；这种感情是深厚的；多少海外游子在刻骨铭心地品味这一历史的乡愁、地理的乡愁和文化的乡愁！这份乡愁，是五千年积淀下来的，是一个永恒的主题、一份永恒的乡愁。

《乡愁》是台湾同胞，更是全体中国人共有的思乡曲！

生：朗读，并背诵此文——咏叹式朗读。

六、欣赏拓展——全文作结（图片）

1972年，余光中挥笔写下的这首《乡愁》，打动了万千游子的心！时隔39年，2011年4月23日，已是83岁的余光中先生，在泉州参加"华光文化名人村"奠基仪式时，他再一次，即兴而作，以"而未来"续写新的第五节——"而未来，乡愁是一条长长的桥梁，你去那头，我来这头"（见图3-1）。他声情并茂的吟诵赢得阵阵掌声！

余光中成为入驻"名人村"的第一位"村民"，今后他将不定期为泉州学子讲授文学。

［**全文小结**］：回过头来，让我们再一次深情地吟唱余光中先生《乡愁》，包括第五节，让我们再一次深深体会台湾同胞缠绵深长的故土之思吧！

［**推荐阅读**］：余光中的《听听那冷雨》，进一步体会诗人的乡思情怀！

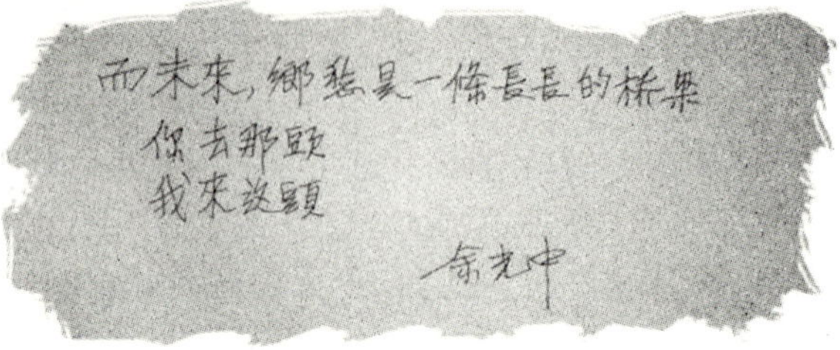

图 3-1

板书设计：

天然之美　　小我之爱
一字为工　　大我之情

七、附文

观潘庆玉《乡愁》课堂实录有感

依据每一个课型、每一个研究专题，课堂教学教学内容、教学设计是不同的。前晚上再次观看山东大学人文学院的潘庆玉教授给孩子们上的一个课例——余光中先生的《乡愁》。2011 年我准备省能手验收时，也选择了此课，在单位试讲过多遍，我的设计是——以朗诵为主线，品味式学习，突出时间线索，用词贴切，指导学生在诵读中感悟到余光中先生浓浓的家国情怀。但是，当我用心看了潘教授的课例后，忽然有了耳目一新的感受。

乡愁

余光中

小时候
乡愁是一枚小小的邮票
我在______这头
母亲______在那头

潘老师让学生在空格处填个字，让上下句依然连贯。孩子们起初填得较为直观，有的填“我在信的这头，你在家的那头”；有的填“我在墙的这头，你在路的那头”，逐渐地，学生发挥了极大的想象力，填到“我在潮的这头，你在汐的那头”，“我在晨的这头，你在暮的那头”……边读边填，母子相隔、夫妻分离、思念之情跃然纸上！之后，潘老师适时补充《乡愁四韵》：“给我一片雪花白啊雪花白，那信一样的雪花白雪花白……”将学生的思维与情感，引向广远……

接下来的两节诗歌，潘老师再刷新一招儿，提出如下问题，再次引导学生打开想象思维，使整节课课堂波澜起伏，彩点连连！

长大后
乡愁是一张窄窄的船票
我在______这头
新娘在______那头

后来啊
乡愁是一方矮矮的坟墓
我______在外头
母亲______在里头

潘老师又让学生在此空格处填个动词，并让学生连起来读一读，读出感情。有学生填写“我跪在外头，母亲躺在里头”。老师声音低沉，静静地说，换个词吧。他伤悲的语调读出来：“母亲默在里头”。一个默字，将母亲逝去的安详描摹出来。有学生继续填“我泣在外头，母亲眠在里头”“母亲安在里头”……如此引领学习，学生怎么能不情感饱满，想象丰富，思维灵动，精神愉悦呢！

而现在
乡愁是一湾浅浅的海峡
我______在这头
大陆______在那头

潘老师没有传统地去对数量词和形容词进行品析，他以“想象思维”培养为专题，设计课时，以填字的方式，和学生共同进行了一次心灵之旅，孩子们放飞想象，表达了母子情深、家国大爱，新颖别致，颇富启发意义。

今天,之所以把这个教学课例写出来,就是想以此为例对我们教学多年的教师以更新更好更多的启发。教学中,一是我们不能囿于以往经验,二是应该不断探索新的学习方式啊！当然,我们可以查找更多的材料,拓展文本,丰富作品思想。

观潘教授的《乡愁》,触动甚大,联想颇多。我把潘老师教学此文的思路在班上进行了分享,并点拨学生发挥想象力,将文章写得更好。每个周末,我都会布置学生创作一篇美文。那个周末,当我收上学生文章时,被江天一的《牵挂》深深感染了,文章构思很是巧妙。他写道:爸爸是一名海军,一直以来自己对爸爸很牵挂。他将这种牵挂融在具体的情景中,由小时候到长大,以三个故事穿起来浓浓的亲情。故事中都有这样几句抒情的话:“我对爸爸的牵挂,就是一条弯弯的小路,我想念在路的这头,爸爸叮咛在路的那头”,“我对爸爸的牵挂就是一份小小的试卷,我在好成绩的这头,爸爸在笑容的那头”,“我对爸爸的牵挂更是一条宽宽的跑道,我在起点的这头,爸爸在终点的那头”,如此的化用,这是韵味无穷,读来真情感人啊。

识得“情愁”面　伊人在水方

——语文研究性学习《诗词里的情愁》教学实录

法洪雪

一、活动一:创设情境引情愁

师:五千年中国文化,凝成朵朵奇葩。从诗经到汉赋,从唐诗到宋词,从明清小说到五四新诗,朵朵绮丽,朵朵芳香四溢。(话锋一转)我的激情澎湃像不像一首诗?诗词,正是我们的课题(屏显“诗词里的情愁”),我们先来琢磨一下“情愁”这两个字。

生1:情,可以是亲情、友情、爱情,可以是任何一种可以入心的情感。

生2:愁,可以是离愁,壮志难酬之愁,更可以是生离死别之愁。

二、活动二:诗词回顾说情愁

(一)以《武陵春》为例识情愁——问君能有几多愁

师:能简单介绍一下你对《武陵春》这首词的理解吗?

生:表达了深重的哀愁。

师:谁还有补充?

生：介绍背景。

师：读任何文学作品都离不开读好其写作缘由。这是我们探问作者想要表达的情感的最基本的要素。

师：现在就用我们的情愁为线，做一次更加深入的赏析吧。给大家一个参考句式：我从__________读出了__________（情愁），她将情愁赋予了__________，表达得更加含蓄动人。

生：讨论，交流意见。

师：我们对词意的理解可以是多样的。现在请把你对于《武陵春》的独到的理解说出来吧！

生：我从花已尽读出了李清照的悲哀，她将情愁赋予了落花，表现得含蓄动人。

师：你从"风住尘香花已尽"读出了哀愁的基调，能具体说一说吗？

生：这是一句景物描写，写出了残花落尽，渲染一种凄凉的氛围，烘托人物悲哀的心情。

师：你真是一个在景色中读出心境的专家！对啊，明明是春天啊，李清照不写"谁家新燕啄春泥"，不写"浅草才能没马蹄"，不写"小草偷偷地从土里钻出来"，却写了"风住尘香花已尽"。但是，落尽了的，仅仅是花吗？

生：人已亡啊！

师：对！还有呢？

生：还有生活的情趣，曾经的欢悦……

师：是啊，一切景语皆情语，李清照将情愁赋予了具体的景物（板书：景），用短短七个字，就给了我们众多的感受，悟出其中道不尽的情愁！

生：我从泪中读出了李清照丧夫君之愁，她将情愁赋予了眼泪，表现得更加凄婉。

师：你从"物是人非事事休，欲语泪先流"读出了李清照的丧夫之愁。李清照将情愁赋予了具体的人物的神态描写（板书：人——神态描写），能详细讲一讲吗？物是什么物？人是哪个人？事是哪些事？

生：李清照几经丧乱，和她志同道合的丈夫早已经去世，自己只身流落金华，眼前所见的是一年一度的春景，以及丈夫遗留下的《金石录》——家不成家、国不成国，睹物思人啊，却是物是人非，怎能不悲从中来，感到万事皆休，寂寞无尽头。

师：你点评得比较到位。是啊，这是李清照复杂的心绪。她将这思绪写在了脸上,你能从诗句中感受到李清照的容颜吗?看来你读懂了李清照。“欲语泪先流”写得鲜明而深刻。眼泪是传达感情的最好的工具之一,古往今来不少诗词大家都写过眼泪呢?

生:欧阳修的“泪眼问花花不语”。

生:苏轼的“相顾无言,惟有泪千行”。

师:泪水表达了各样的情感。这里的李清照的泪眼,先用“欲语”作为铺垫,却又让眼泪夺眶而出,简单五个字,就将那种难以控制的满腹忧愁倾泻而出,感人心弦。

生:我从“载不动”读出了李清照哀愁的浓重,李清照把情愁赋予一种重量,表现得含蓄动人。

师:是啊,此句的“只恐”在心绪的跌宕中将小小的舴艋舟与重重的哀愁做出来强烈的对比,用奇特的比喻写出了哀愁的浓重。这里,李清照将哀愁赋予了小小的舴艋舟,回想你学过诗词,还有什么奇特的情愁的寄托呢?

生:“剪不断,理还乱,是离愁”,此句将离愁比作了一种丝麻之类的事物,这与离愁的相同点是理不清,斩不断。

生:问君能有几多愁,恰是一江春水向东流。

生:抽刀断水水更流,举杯消愁愁更愁。

师:不仅仅是情愁就可以被比喻,其他的情感也被诗人赋予各种各样的比喻,你能百度出来吗?

生:“春蚕到死丝方尽,蜡炬成灰泪始干”,将思念比作蚕丝,不到死亡不穷尽。

生:“欲渡黄河冰塞川,将登太行雪满山”,将前途比作冰冻的黄河满山雪的太行,比喻前途艰难。

生:“山河破碎风飘絮,身世浮沉雨打萍”,将山河比作飘飞的柳絮,将身世比作浮萍,比喻了国家飘零和自身零落之苦,抒发了国仇家恨。

师:总结我们刚刚的赏析,说说诗词是从哪些角度表达这些情愁的?

(1) 寓情于景。例如:将情愁赋予了落尽的春花。

(2) 寄情于物。例如:将情愁赋予了小小的舴艋舟。

(3) 融情于人。例如:将情愁赋予了泪眼婆娑、倦梳头。

师归结:看不到摸不着的情愁,赋给了实实在在的景致、物件、神情动作。这就是:化虚为实。李清照不愧是写情愁的大家。

过渡：与李清照并肩的还有一位著名的词人，他比李清照却多了些许豪放，少了些哀怨，这就是苏轼。

（二）以《水调歌头明月几时有》为例解情愁——但愿人长久，千里共婵娟

师：还记得这首词吗？请大家齐读一遍。

（生没有读“丙辰中秋……”）

师：读得不错，但是漏掉了什么？这个可以不读吗？为什么？

生：不可以，因为这是一段背景介绍。它说明了时间是中秋之夜。在国人的习惯里，中秋是团圆的日子，在这样的日子里分别，尤其能使人生出思念亲人的感情来。

师：说得真棒。那我们一起来补上这段背景介绍吧。

生：齐读小注。

师：谁来讲一讲这首词的大概意思是什么？

生：通过写中秋夜赏月引发对弟弟的思念和人生的感慨。

师：我们探究主题是“诗词里的情愁”，你能谈谈这首词表达了什么情愁吗？仿照我们赏析李清照词的方式，从“景”、“物”、“人”几个方面来谈谈苏轼是怎样表达这些复杂的情愁的？

生：我从“把酒”的人物动作描写中读出了苏轼的离愁，他将对弟弟的思念赋予了喝酒的动作。

师：这个动作描写，写出了在月圆的夜里，漂泊着词人无尽的愁绪。古人早有借酒消愁的习惯，将愁绪托给美酒的诗句也有很多，可以从你的头脑中“百度”出来吗？

生：对酒当歌，人生几何。

生：花间一壶酒，独酌无相亲。

生：何以解忧，唯有杜康。

师：除了美酒，苏轼又怎样写愁？

生：苏轼还将情愁赋予了具体的环境描写。他写“转朱阁，低绮户”，写的是月光，渲染的是自己内心的离愁。

师：你能再详细解说这段环境描写吗？

生：写出了月光的移送，渲染了宁静的氛围，烘托出人物孤寂的心情，为下文写作者的思索做铺垫。

师：你真是一个赏析环境描写的高手。谁能将这位同学的话题继续下去，苏

轼在后文写出了怎样的思索呢?

生:先是写离愁,后来是怨恨,例如“不应有恨,何事长向别时圆”;再后来就是关于人生的思索,例如“人有悲欢离合,月有阴晴圆缺,此事古难全”,到最后的豁达地将祝福撒播“但愿人长久,千里共婵娟”。

师:苏轼把这复杂的情愁尽情表达。他寄情于月光、于绮户、于朱阁;他托情于无眠、于不应有恨的思绪;于把酒、于起舞、于弄清影的动作……托情于物,寄情于景,细致描摹,深情几许。更难得的是,苏轼在怨恨中自我宽解,并将这种博爱随月撒播天下——人长久,共婵娟。

师:综合比较一下,苏轼的愁和李清照的愁有什么不同?

生:李清照一直忧愁,而苏轼会将自己的愁绪化解,他会解愁。

师:你更欣赏哪一种面对情愁的人生态度?为什么?

生:应该学习苏轼的乐观豁达。

总结过渡:古人云,多情自比无情苦。可是,人作为万物灵长,怎能无情?可是有情就会有愁绪,怎样排解呢?苏轼给了我们一个很好的榜样。从苏轼的词再往上追溯千年的一部诗歌总集《诗经》,也表现了情愁。请看大屏幕(屏显《蒹葭》)。

三、活动三:古今《蒹葭》学赏析

(一)以《蒹葭》为例化情愁——所谓伊人,在水一方

(师吟诵《蒹葭》,生齐读《蒹葭》)

师:你感悟到了什么?

生:抒写了一位在茂盛的芦苇边追寻心上人的男子。

生:一直没有追到欣赏人,但是这位男子一直在苦苦追寻。

师:这首《蒹葭》流传几千年,其中自有妙处,就连写过《还珠格格》和《情深深雨蒙蒙》的琼瑶也根据这首诗歌写了一部40集的电视剧并且为之填词,亲自写了插曲(屏显《在水一方》的歌词)。

师:边听歌曲,边赏《蒹葭》“情愁”,结合我们学过的三点(人、物、景),谈谈《蒹葭》表现了怎样的情愁以及是怎么表现情愁的。

生:小组合作,全班交流。

生:“蒹葭苍苍,白露为霜”,描写了一幅秋苇苍苍、白露茫茫、寒霜浓重的清凉景色,作者将主人公茫然的情愁赋予了芦苇的茫茫无边,暗衬出主人公身当此

时此景的心情。

师:这一句是把情愁赋予了具体的景色。

生1:主人公面对苍苍芦荡、茫茫秋水,“溯洄从之,道阻且长;溯游从之,宛在水中央”,我读出主人公上下求索,苦苦寻觅。虽历经千辛万苦,但“伊人”始终让人隔河企望,飘忽不定,可望而不可即。

生2:作者将男主人的情愁赋予了上下求索的动作,全诗字里行间流露出主人公望穿秋水而又追求不得的失望、惆怅之情。

师:这一句是把情愁赋予了人物的行动。只要将虚无的情愁化作实实在在的人、景、物,我们就更容易理解这种情愁,可观可感。

(二)总结抒怀破情愁——积极追寻,从不放弃

师:尽管伊人可望而不可即,但是难得的是主人公从来没有放弃,而是一直苦苦追寻。琼瑶以其对古诗词极高的鉴赏力也读出了这种不放弃的积极的人生态度,所以在编写的《在水一方》电视剧里给了男主人公一个大团圆的结局,最后的镜头是男主人公对“伊人”的表白:“我不管你是在水一方也好,在水的中央也好,我要把握现在的你,再也不要分开”。

师:看,积极的人生态度终会收获完满的人生。自古逢秋悲寂寥,我言秋日胜春进,这是一种人生的境界。

师:希望大家能把这种积极的人生态度拓展到自己的现实生活中来,面对各种情愁:亲人离别、朋友分散、学业受挫、不公待遇等,学会像苏轼一样解愁,更要如《蒹葭》里男主人公般一直追寻,从不放弃,积极乐观地面对,那么我们的人生将“有情,无愁”。

同时将这四个字(板书“有情无愁”)作为祝福送给大家,下课。

☞我们教散文

《敬畏自然》教学实录

——青岛市名师开放课课堂实录

曹正昌

一、导入

投影展示以下“名言”:

与天奋斗，其乐无穷；与地奋斗，其乐无穷；与人奋斗，其乐无穷 。——毛泽东《奋斗自勉》

山舞银蛇，原驰蜡象，欲与天公试比高。——毛泽东《沁园春·雪》

子子孙孙无穷匮也，而山不加增，何苦而不平？——列子《愚公移山》

师：同学们，以前关于人与自然关系的阐述很多，请大声朗读，说说你从这些阐述中读到了什么？

生：豪迈！

生：人的力量压倒一切！

生：战胜自然的豪情！

生：征服自然！

……

师：对，在以前，我们中国人对人与自然之间关系的思考就是这样的。

投影展示：

人定胜天

征服自然

师：在过去，我们一直以为这些观点是真理，但是有一个学者即严春友，他却说“NO”！（众笑）请同学们朗读《敬畏自然》的第一自然段，用文中的词语来评价一下上面这些说法。

生：朗读。

生：天真幼稚。

生：不自量力。

生：对立。

师：对，所以，严春友提出了一个新的观点——

生：敬畏自然！

投影展示课题。

师：同学们认为这篇文章的体裁是什么？

投影展示：

体裁：议论性散文

二、一读课文，整理观点，理清思路

投影展示：

整理观点，理清思路

师：作为一篇议论性散文，首先我们要关注的是它掷地有声的鲜明观点。

投影展示。

师：现在我们就来快速理清作者的思路，看看他的观点有哪些？这篇文章很长，也很难，但是没有关系，我们可以通过分工合作来做这件事：2～11 共 10 个自然段，每组两个自然段，请你们快速浏览各自负责的段落，迅速提取有效信息，说说每一段中作者的观点是什么？有中心句的用中心句，没有中心句的就需要你自己概括了。

教师简单分组，每一个大组负责两段。

生浏览，勾画批点。

师生交流中心句，在交流过程中注意纠正学生的错误读音，比如“相形见绌”的“绌”等。

师：真好，同学阅读有速度，提取有效信息的能力不错。现在我们一起来归纳一下。请同学们再进行深度提炼，用最关键的词语来回答老师的问题。首先，作者让人类和自然比智慧，得出的结论是——

生：相形见绌。

师：接着，作者又探讨了人类之于自然的作用，原来人类不过是自然的——

生：自我认识的工具。

师：最后，作者进一步研究人类和自然中的其他生物之间的关系，原来大家都是——

生：兄弟姊妹！

师：于是，严春友最后这样归纳——

生：敬畏自然。

三、二读课文，探究疑难，释疑解惑

我在批阅预习导学评价单的过程中发现，同学们对于这篇议论性散文的诸多语句不理解，从中我筛选如下：

(1) 人类为自己取得这些成就而喜形于色，然而，谁能断言那些狼藉斑斑的矿坑不会是人类自掘的陷阱呢？（牟瑶等 12 人。）

(2) 宇宙之所以创造智慧生物是为了进行自我认识，为了欣赏她自己壮丽无比的美。（曲丽娜等 15 人。）

(3) 人类并不孤独,在宇宙中处处是我的弟兄。(陈沛甫等 17 人。)

(4) 这个宇宙到处都隐藏着生命,到处都有生命的萌芽,到处都有沉默的声音。(陈沛甫、于嘉慧等 23 人。)

进行小组合作学习,首先把自己的理解写下来;然后小组进行修正、补充;最后推荐一人到黑板上写,进行展讲(掌声表示同意,不同意的进行补充)。

小结:作为一篇议论性散文,作者善于运用准确、严密的语言表达深刻的哲理。

四、三读课文,品读语言,感悟情怀

师:老师把第五自然段的文字做了一个变式,请大家一起来读,思考:从中你都读到了什么?[提示:通过____________(词、句等),我读出了____________(语言、内容、情感等方面)]。

投影展示:

(领)人类的智慧与大自然的智慧相比——
(领)实在是相形见绌
(男)无论是令人厌恶的苍蝇蚊子
(女)还是美丽可人的鲜花绿草
(男)无论是高深莫测的星空
(女)还是不值一提的灰尘
(领)都是大自然精巧绝伦的艺术品
(领)展示出大自然——
(合)深邃、高超的智慧

学生抢答,老师引领总结。

投影展示:

议论性散文
诗一样美的语言
酒一般浓的情感
意蕴深刻的哲理
……

师:我们感受到了作为一篇议论性的散文,和普通议论文不一样的是:它和散文一样讲究飞扬的文采、澎湃的情感。来,同学们,让我们用诗一样美的语言、酒一般浓的情感一起来朗读文章的最后一段。

五、推荐作业：百家争鸣

附例文如下：

我们都是幸存者（节选）

文/周国平

五天来，我写不出任何文字。此时此刻，一切文字的表达都是虚伪。我甚至觉得，我的生存也是莫大的奢侈。我唯一能够原谅自己的理由是，我也是一个幸存者。是的，我，你，每一个活着的人，我们都是幸存者。震中在四川汶川，不在我居住的地方，这不过是碰巧罢了。我生活在北京，而不是四川震区，这不过是碰巧罢了。我只是侥幸逃过了一劫而已。灾难完全可能落在我的头上，倘若那样，我也只好承受。大自然生我养我，一旦降灾于我，我必须承受，这原是生命命题中应有之义。斯多噶派的主张是对的：人只能顺应自然。如果死的是我，那就死吧，用不着说什么了。现在，既然仍侥幸地活着，就好好地活，不必为此感到负疚。况且对于任何活着的人来说，死是迟早的事，幸存只是暂时的。然而，正是在这暂时的幸存中，我们一边怀念死者，一边唱响了生命的凯歌 。

驳"人要敬畏大自然"

文/何祚庥

这次海啸给人类另外一个启示是：人类在自然灾害面前不能无所作为，还是要有所作为

我要严厉批评一个口号，即所谓"人要敬畏大自然"——一种对人和自然的关系无所作为的观点我认为，该防御要防御，该制止就制止我们要尽可能减少自然灾害给人类带来的损失，但并不意味着要敬，要畏。特别这个观点是在当时"非典"盛行的时候提出的。人类对"非典"怎么敬，怎么畏？这个观点实际上将人与自然的关系伦理化了，这个由某位副教授在中央大报上发表的文章中提出的口号，实际上是批评科学主义，认为人类不该利用科学来有所作为，反映到人和自然的关系，就是敬与畏，不要老想去改造自然，这就在实际上走向了"反科学"。

【百家争鸣】严春友：敬畏自然；周国平：顺应自然；何祚庥：征服自然。请问：你的观点是什么？要求：观点鲜明，理由充分，写成一篇300字以上的短文。

《鸟儿中的理想主义》课堂教学实录及反思

姜丽丽

一、课堂教学实录

师:同学们,今天老师和大家一起来学习一篇散文,请大家齐读课题——鸟儿中的理想主义。鸟儿的理想是什么呢?

生:在天空自由飞翔。

师:是啊,鸟儿的理想就是能够在天空自由自在地飞翔。但是,当鸟儿的理想被剥夺,当它们不能展翅翱翔于天空时,当它们被囚于笼中时,它们会怎么样呢?今天,让我们走进筱敏的《鸟儿中的理想主义》。

师:请同学们自由朗读课文,考虑:文中写了哪三类鸟?

……

生:文中写了三类鸟,一类鸟适用能力很强,一类鸟适用能力很差,还有一类鸟面对恶劣环境,敢于抗争。

师:你提炼信息的能力非常强!面对囚于笼中的生活,有的鸟很快接受现状,有的鸟悲观绝望,还有的鸟勇于抗争。这三类鸟分别有什么特点?你从哪些语句看出来的?我们先来看第一类鸟。请同学们拿起你的笔,圈点勾画,做好批注。

……

生:我找的是第二段中"然而一些时日之后,它们大都安静下来,对伸进笼里来的小碗小碟中的水米,渐渐能取一种怡然的姿态享用",这句中的"怡然"、"享用"可以看出小鸟现在已接受现状,很坦然,很舒服。

师:这说明小鸟已经接受了物质上的施舍。你是从关键词看出来的。你能不能带着你的理解再读读这句?

生:有感情朗读。

师:带着自己的理解读,味道就是不一样啊!继续!

生:我从"它们无师自通,就懂得了站在主人为他们架在笼中的假树杈上,站在笼子的中心位置,而不是在笼壁上徒劳地乱撞"这句看出小鸟已经随遇而安,不再做徒劳的挣扎了。

师：鸟儿“站在笼子的中心位置”干什么？

生：为了供人观赏。

师：这说明鸟儿已从精神上妥协了！

生：我从“就像主人期待的那样，优雅地偏头梳理它们的羽毛。如果有同伴，就优雅地交颈而眠”这句中的两个“优雅”感觉到小鸟现在心情很舒畅！

生：我从“更重要的是，当太阳升起的时候，或者主人逗弄的时候，就适时适度地婉转地歌唱，让人感到生活是如此的自由、祥和、闲适”这句看出小鸟已向命运妥协，此时已经心安理得了。

师：这句中的“适时适度”是什么意思？

生：时间合适，把握的程度也合适。

师：你理解得非常到位！那从“适时适度”你又能看出什么？

生：说明小鸟会揣摩人的心理，观察人的脸色。

师：真好，简单的一句话就把小鸟此时的状态说出来了。这说明小鸟已学会取悦于人了！

师：同学们，作者在本段中说“适应能力强，这对人，对鸟，对任何生物，都是一个褒奖的词语”这是在褒奖这类鸟吗？

生：不是。

师：为什么？

生 1：因为它把这已经看成了生活的常态，没有追求了。

生 2：因为它已接受了残酷的现实，放弃理想和自由了。

生 3：因为它没有抗争和拼搏精神了。

师：看来同学们对第二段内容的理解非常透彻。这个词实际上是褒词贬用，具有讽刺意味。

师：我们再来看看第二类鸟有什么特点。请同学们默读课文第三段，圈点勾画，做好批注。

……

生：我从“它们是安静的，眼睛里是极度的冷漠，对小碟小碗里伸过来的水米漠然置之，那种神态，甚至于让恩赐者感到尴尬，感到有失自尊”这句中的“极度冷漠”、“漠然置之”可以看出这类鸟面对现实采取消极抵抗态度。

师：你抓住了关键的词语。老师有个问题，这一句中有个“安静”，第一类鸟作者也写到“安静”，两者有何区别？

生:第一类鸟的安静是随遇而安,这类鸟的安静是悲观绝望。

师:那这两类鸟对主人的态度有何不同?

生:第一类是取悦主人,第二类是对主人不理不睬。

师:你理解得很深刻!那能不能带着你得理解再读一读?

生:有感情朗读。

师:从你的朗读中我们感受到了这类鸟的悲观绝望,关键词可加重语气。

生:我从"无论从小笼子换到大笼子,还是把粗瓷碗换成金边瓷碗,甚至于再赏给它一个快乐的伙伴,都没有用了"这句中的关联词进一步体会到这种鸟很刚烈,与第一种鸟对食物"怡然享用",对同伴"优雅交颈"形成鲜明对比。

师:你太厉害了,不但理解到位,还能活学活用,学会比较着理解!

师:同学们,对于这类鸟,从字里行间中你能感受到作者怎样的情感?

生1:我感觉作者充满了惋惜之情。

生2:我感觉作者感到很遗憾。

生3:我从"狭隘"一词感觉作者还有批判之情。

师:所谓"仁者见仁,智者见智",同学们都谈出了自己独到的见解。看来这种鸟也不是作者心目中理想的鸟。我们来看看第三类鸟。

师:请一位同学朗读4～6段,其他同学考虑:这种鸟有何特点?

生:朗读4～6段。

生:我从"它站在笼子底部,扑翼,以几乎垂直的路线,升到笼子的顶部,撞到那里,跌下来,然后仰首,再扑翼……"看出这类鸟敢于抗争,有不懈追求的精神。

师:你能把句中表现这种精神的词找出来吗?

生:从"撞"、"跌"、"仰首"、"扑翼"一系列的动词可以看出来。

师:老师有个问题,第一类鸟作者也说扑翼,这类鸟作者也说扑翼,两者有没有不同?

生1:第一类鸟只是一开始扑翼,后来就安静了,而这类鸟"我看到它时,它在笼中已经关了很久了",说明一直在扑翼。

师:这说明时间上是不同的。

生2:第一种鸟是"惊恐"、"焦灼不安"、"企图逃离厄运"的扑翼,这种鸟是为了练习飞翔。

师:练飞的目的是什么?

生2:保持飞翔的能力,将来有一天飞上蓝天。

师：老师还有个问题：这儿有个省略号，它的作用是什么？

生：说明它一直在重复做这些动作。

师：你能不能把省略的内容补充上？

生：……再扑翼，撞到那里，跌下来，然后仰首，再扑翼……

师：请带着你的理解，把小鸟练飞的过程读一读？

生：有感情朗读。

师：从你的朗读中我们感受到了这类鸟敢于抗争，不懈追求的精神！

师：困于笼中的小鸟，尽管它失去了广阔的天空，但它依然有自己的生命天空飞翔；尽管它可能被笼中的铁丝划得遍体鳞伤，但它依然执着的飞翔。让我们齐读这儿句话，再次体会它那种执着的精神！

师生：有感情朗读。

师：这种饱胀着风暴的激情深深震撼了作者，作者说"这样的飞，我从来没见过"，作者此时感到怎样？

生 1：太意外了！

生 2：太不可思议了！

生 3：太震惊了！

师：这样的飞不行后，小鸟又采取了什么办法？

生：它还绕着笼壁飞，姿态笨拙地，屈曲着，很不洒脱，很不悦目，但毕竟它是在飞。

师：从中你又感受到了什么？

生：我从"笨拙地，屈曲着，很不洒脱，很不悦目"体会到鸟儿的执着顽强，不放弃，不气馁。

师：请带着你的理解，有感情地朗读。

生：有感情朗读。

师：面对这样的现实，笼中的鸟儿没有妥协，没有悲观，而是以笼为天，顽强飞翔。这是一种多么勇敢和精彩的接受啊！

师：在这样一只鸟面前，作者有怎样的感受呢？

生：很惭愧！

师：为什么？

生：因为她觉得人类未必做到这一点。

师：除了惭愧，还有怎样的情感？

生:怀有敬意。

师:为什么?

生:鸟儿虽然在困境,但不失生活的理想,执着飞翔。

师:这种敬意,作者在文中哪些地方提到过?

生:第一段,第六段。

师:是啊,文章开头就说"我对笼中继续扑翼的鸟一直怀有敬意",由此可见,文章一开始就奠定了全文的感情基调,作者是怀着深深的敬意来写鸟儿中的理性主义者的,写前两类鸟,是为了衬托第三类鸟。

师:这样一只囚于笼中以残酷方式练飞的鸟,不但让作者感到惭愧,充满敬意,还深受启发。作者受到了怎样的启发?

生:天空的辽阔与否……那完全是你自己的事情。

师:能不能谈谈你们的理解?

生1:这句话让我感受到命运靠自己寻找,成功靠自己把握。

生2:这句话让我感到理想有多远,命运的天空就有多辽阔。

生3:这句话让我感到困难挫折是成功的垫脚石。

师:是啊,灾难和厄运对于永不放弃的勇者来说是一种机遇,一种磨炼,只有迎难而上,不断拼搏,生命的天空才会更加辽阔。

师:这样一只不妥协,敢于抗争的鸟儿让作者充满敬意,与其说作者对这只鸟怀有敬意,不如说作者本身就是一个永不放弃的理想主义者(出示作者简介,学生朗读)。在充满喧哗的社会中,筱敏就是精神的贵族。

师:由此可见,作者仅仅在说鸟吗?

生:不是,说人类。

师:这三类鸟分别象征了哪三类人?

生:第一类人屈服困难,在困难面前放弃理想;第二类人面对灾难悲观绝望;第三类人面对厄运,怀有美好的愿望并为之奋斗。

师:简单的三句话,高度概括出了三类人的不同之处。哪一类人才是作者心中的理想主义者呢?生活中有这样的人吗?

生1:第三类人。霍金就是这样一位不屈服于命运的人。

生2:还有张海迪。

生3:贝多芬、海伦凯勒也是。

师:老师也找了两位(多媒体出示),打破"十哑九聋"的传奇人物曹青宛;创造奇迹的无肢巨人尼克·胡哲。

师：同学们，不仅残疾人要面对灾难、厄运，生活中，我们也不是只有鲜花和掌声，也会遇到电闪雷鸣的时候，也会遇到荆棘丛生的时候。面对生活中的困难和挫折，请同学们时刻记住（齐读）：

天空的辽阔与否，
是由你自己造就的，
这种事情上帝根本无能为力。
灾难和厄运是世界存在的另一种形式。
你是否放弃，
那完全是你自己的事情！

二、课堂教学反思

《鸟儿中的理想主义》是筱敏的一篇散文。本文构思巧妙，结构谨严。开篇写自己对“继续扑翼”的鸟怀有敬意，中间以另外两种鸟做铺垫，在对比和映衬中对“鸟儿中的另一种理想主义者”进行褒扬，最后以对扑翼鸟精神的肯定和感悟作结，赞美了那种面对厄运敢于抗争，为理想而不懈奋斗的人。

作为参赛文章，面对初一的孩子，教他们学习散文，内心甚是纠结。纠结之后便释然，学生的会与不会，关键在于教师的解读文本的能力。作为教师，要想办法唤醒那些平躺的文字，让孩子们吸收文字释放出的巨大生命动力，促进思维成长。因此本节课的目标就是领着孩子们老老实实读课文，仔仔细细品文字，引导孩子们从面无表情的字词，读出内部的惊涛骇浪。按照这一目标上课，一节课下来，感觉孩子们的收获还是蛮大的。

（一）主问题做引导

余映潮老师认为，主问题是阅读教学中立意高远的有质量的课堂教学问题，是深层次课堂活动的引爆点，是牵引机，是黏合剂，是思维的杠杆，在教学中起着以一当十的作用。

本节课的导入，没有轰轰烈烈的音乐，没有眼花缭乱的图片，上课老师直接问：“鸟儿的理想是什么呢？”学生自然而然答：“在天空自由飞翔。”没有制造波澜，没有追求奇巧，以朴素的常态推进，顺理成章进入文本。进入文本后，老师提了两个问题，那就是“文中写了哪三类鸟？”“这三类鸟分别有什么特点？你从哪些语句看出来的？”这两个主问题，囊括了课文的重点、难点，以简驭繁，以易克难，层层深入，精准地指向了教学目标，顺利地推动教学进程，避免了那些机械的、低效的、频繁问问答答的问题。

（二）课堂有效追问

什么是好课？从课堂观察来看，赏心悦目，举手如林，对答如流，师生互动，生生互动，师亦融融，生亦融融，可谓好课。课堂进展顺利固然是好事，然而热闹之后归于平静，我们不禁要反思：这节课我们给予学生的帮助有多少？我们是不是仅仅关注了学生思维的广度而忽略了思维的深度？其实，一节好课，重要的不是预设问题的顺利解决，而是新问题的现场生成。有效的追问可以水到渠成的引出新问题，促进学生思维的发展，这是对学生思维的纵向提升。

本节课的几次追问，达到了良好的效果。老师对“适时适度”一词含义的追问，适时将学生的思维由浅层引向深处。老师对两个“安静”的追问引导，适时让学生将散乱的知识进行了梳理。尤其是分析到第三种鸟时，学生说充满“敬意”，老师适时引导：“这种敬意，作者在文中哪些地方提到过？”这一追问，加深了学生对主题思想的认识和理解，提升了学生的思维品质。

（三）文本细读到位

钱梦龙先生曾说：教学细节，细而不小。一个教学过程如果充满了生动活泼的细节，这样的教学过程必定也是生动活泼的，乃至精彩纷呈的。语文课，没有扎扎实实的咬文嚼字的过程，语文课就浮了。本节课以细节作为教学生长点，引导学生走近细节，解读、体悟，反复咀嚼，慢慢走，欣赏啊，感悟语言文字背后的东西，加深学生对文本的理解。

如分析第一种鸟时，通过“怡然”、“享用”等词，引导学生认识到小鸟现在已接受现状，很坦然，很舒服。分析第二种鸟时，通过“极度冷漠”、“漠然置之”等词，可以看出这类鸟面对现实采取消极抵抗态度。分析第三种鸟时，通过反复推敲“撞”、“跌”、“仰首”、“扑翼”一系列动词，从而感悟这类鸟的敢于抗争、不懈追求的精神。还有文中对标点符号也非常重视，抓住其留白艺术，为学生搭建了想象的舞台。

（四）恰当运用朗读

有感情地朗读是语文学习必不可少的环节，它既是感知文本内容的必要手段，也是激发学生情感，更好体会文本内涵的有效措施。本节课琅琅书声还是不断的，这里既有教师的范读，也有学生的集体读、个别读，更有精彩之处的反复读。读，读出了情感，读出了意境，读出了思想。

“升到笼子的顶部，撞到那里，跌下来，然后仰首，再扑翼……”读出了鸟的不屈精神；“这样的飞，我从来没见过”读出了作者的意外、震惊；“天空的辽阔与否，是由你自己造就的，这种事情上帝根本无能为力。灾难和厄运是世界存在的另一种形式。你是否放弃，那完全是你自己的事情！”读出了面对灾难厄运的应有态度。我想，语文课，就应该实实在在教学生读书。

本节课虽然做了精心准备，但是在实际课堂教学过程中，还存在着一些不尽人意的地方。如课堂教学节奏太匆匆。窦桂梅老师在《语文教学要着眼于人的发展》时提出，感悟既是一种心智活动，又是一种感情经历，还是一种审美体验。在语文教学中，学生只有感受到并且真正领悟到了那些“只可意会不可言传”的东西，那才是感悟的最高境界。但本节课老师心里有点着急，怕讲不完课，因而节奏有点匆忙，牵着的痕迹有点多，给学生自主利用的时间少，学生小组讨论探究的时间少，耐心倾听的时间少，因而也丢掉了本可以生成的一些精彩的对话，丢掉了学生一次次深入思考的机会。

这堂课还有许多不足的地方，反思一直在继续……

《春酒》教学设计

李素玲

一、情境导入

同学们，可以用我们的家乡话跟老师和大家问个好吗？（生说）很有胶州味儿。看来只有地道的家乡人才会说地道的家乡话，也只有地道的家乡人才会念念不忘那充满家乡味儿的风土人情。对台湾著名作家琦君来说，令她念念不忘的就是童年那一杯充满家乡味儿的春酒。今天这节课，就让我们一起来细细品尝这杯浓浓的春酒吧。

二、出示目标

通过这节课的学习，我们要来达成的学习目标是：（生齐读）

（1）深情朗读，体会饱含于春酒中的浓浓深情。

（2）品读语言，揣摩细节，感受弥漫于醇春酒中的民风之纯、民俗之美。

三、走进琦君，了解作家作品

出示琦君简介。

四、检查预习情况，学习生字新词

(1) 指读；(2) 师友情提示；(3) 齐读两遍，强化记忆。

五、朗读课文，整体感知

(1) 扫除了文字障碍，下面大家快速浏览课文，思考：作者在文章中回忆了哪些人、哪些事？

(2) 文章一开始，作者就写春酒了吗？没有。那写了什么？写新年迎神拜佛的诸多禁忌，寥寥几笔就勾勒出一幅中国传统风俗画卷。

——拟标题：过新年、邀喝春酒、帮办会酒。

——人物："我"、母亲、乡亲们(花匠阿标叔)。

六、研读赏析：寻细节，品春酒

(1) 我们刚刚从童年走来，同学们看一下，文中那么多描写"我"童年生活的细节，请说说文章写"我"的生活的哪个细节让你感到特别有趣、特别有意思呢？请批注点评。(关键词、修辞等。)

示例："我呢，就在每个人怀里靠一下，用筷子点一下酒，舔一舔，才过瘾。"

点评："靠""点""舔"都是小孩子特有的动作，描写出了"我"当时很撒娇，很嘴馋的情态，也足以看出母亲泡的八宝酒非常好喝。

小结：一个活泼调皮、天真可爱的我跃然纸上。(指读：要求声情并茂，很有味道。)

(2) 小组合作：那母亲呢？如果把文章中描写母亲的精彩片段排成一个个特写镜头。想一想，你最想选取哪个细节？为什么？(生自由谈。)

小结：从这些语言中，我们看到了一位慈爱温柔、心灵手巧、勤劳质朴、善良大度、慷慨大方的母亲……

——资料助读。(琦君的母亲对她的一生有着深远的影响。)

(3) 自主学习：找出描写乡亲们的精彩细节，做批注，加点评。

——热情大方、淳朴厚道……

(4) 人物描写的方法很多:

① 语言可以朴素自然,也可以浓墨重彩;

② 可以直接描写,也可以间接描写;

③ 选择哪一种方法,全看表现人物的需要和自己的喜好,但核心是让人物符合人物的特点,能给读者留下深刻的印象。

总结:同学们,春酒、会酒,醉了母亲,醉了我,也醉了乡亲们,更醉了我们这些读者。我的天真活泼、母亲的善良能干、乡亲们的淳朴厚道,在酒席上不断弥漫成浓浓的人情民风之美。(思乡:形散而神不散。)

七、体验反思,理解春酒

那同学们想一想,作者怀念的仅仅是家乡的春酒吗? 琦君为什么会有着如此强烈的故乡情结呢? 这与她的经历有关:(见课件,同时口述)故乡一直令她魂牵梦绕,临终前,她还在病榻上一再念叨着:我想回到自己的家乡呵……

是啊,树高千丈,叶落归根,故乡是漂泊海外的游子心中的根呐。让我们带着这份对故乡刻骨铭心的深情和淡淡的感伤,齐读结尾。

——黯然神伤的感叹犹如响在耳边。是啊,时空远隔,物是人非,心灵的自我追问中,一种深深的失落油然而生。故乡情成了她心中永远永远的痛。让我们再用情去品,用心去读一遍,好吗?

八、拓展作业

也许现在你们有的还不曾远离故乡,但是当你读了高中,上了大学,出来工作,总有背井离乡的时候。那么当故乡和你渐行渐远的时候,萦绕在你心中的那份故乡情又会是什么呢? 请你也像老师那样试着写下一两句话,来为自己编织一份美丽的故乡情,好吗?

《安塞腰鼓》课堂实录

徐艳

一、导入新课

师:首先请同学们欣赏一段视频。

生:观看视频。

师:视频中播放的是什么舞蹈?

生:安塞腰鼓!

师:对! 这节课就让我们跟随高原作家刘成章,一起去感受安塞腰鼓铿锵的节奏,蓬勃的气势吧! 先请师友之间交流一下预习情况,尽量让学友说,师傅点拨、补充,开始!

屏显。

二、交流预习

(1) 读准下列红体字的读音。

(2) 找出文中概括安塞腰鼓特点的语句,并说说文章表达了怎样的感情?

师友交流预习情况,师巡视。

师:好,请一组师友展示交流成果!

师傅:请我的学友先读!

学友:读。

师傅:我认为我的学友读得很准确,其他师友有没有补充?

生:没有。

师傅:请大家跟我读一遍!(领读,并强调易错点。)

师傅:请其他师友继续交流第二个问题。

师傅:请我的学友先说!

学友:我找的是 124 页的第 2 自然段。(朗读。)

师傅:我的学友都说对了,我们认为这句话中的"壮阔、豪放、火烈"简洁地概括出了安塞腰鼓的特点。

师:很好! 还有补充吗? 某师友!

学友:也表达了作者对黄土高原和安塞腰鼓的赞美和喜爱之情!

师傅:我的学友说得很好!

师:好,让我们来齐读概括安塞腰鼓特点的这句话!

全体学生:齐读。

师:这篇文章,只有通过激情澎湃地朗读,才能体会到安塞腰鼓的壮阔、火烈! 请同学们要大声地读出鼓中情,文中美! 请师友互助,选择自己喜欢的语段,运用自己喜欢的形式朗读课文。师傅要注意点拨学友朗读的技巧。

屏显。

三、研读共品

(1) 师友互助读出鼓中情。

(2) 师友互助品出文中美。

师友互助朗读课文,师巡视、指导。

师:想展示朗读成果的师友请举手,非常好! 咱们先有请某师友!

师傅:我和我的学友齐读的是125页的第23自然段。(师友齐读。)

生:鼓起自发的掌声。

师:这一组师友的朗读慷慨激昂,为什么? 请师傅说一下。

师傅:第23自然段是一个排比句,读排比句的时候,要读出气势,要越读越快一些;然后整篇文章写出了安塞腰鼓气势的磅礴,所以读的时候,声音要响亮,大一些!

师:很好! 来,接着展示! 某师友!

师傅:我们选的是9到11自然段。(先分读,再合读。)

生:鼓起掌声。

师:哪组师友来点评一下? 某师友吧。

学友:我觉得她读出了一种气势,但合读的时候,学友的声音又小了一点。

师傅:我认为,他们两人的声音应该再大一点。

师:某师友,接受吗? 好,请坐! 请某师友继续展示!

师傅:我们师友朗读的是125页的第25至27自然段。(师友分工合作。)

生:鼓起热烈的掌声。

师:这组师友的声音最后越来越低,怎么回事? 请师傅谈一谈吧。

师傅:因为最后是安塞腰鼓将要结束的时候,而它的下文写的是安静的腰鼓,中间这句话就像一个铺垫,所以我们就要阅读越慢,声音还要越来越低。

师:奥,明白了,谢谢! 刚才听了这几组师友的朗读,老师归纳了几点朗读的技巧:声音要大,而且要有快慢的变化。根据这些朗读技巧。请师友再来朗读喜欢的语段,开始!

师友朗读,师巡视。

屏显。

朗读技巧:

(1) 大,大而不喊;(2) 慢,慢而有情;

(3) 快,快而不乱;(4) 稳,稳而有度。

师:哪组师友来上台来展示一下?咱们请某师友,掌声鼓励!

师友声情并茂地朗读后,学生鼓起持续热烈的掌声!

师:掌声已经说明了一切,他们的朗读太精彩了!同学们想不想试试?让我们来齐读这一段!

全班齐读。

师:听同学们朗读真是一种享受!在读中品,在品中读,只有这样,我们才能体会到文章的美。下面请师友互助,解决两个问题。大家看,A 中的"安塞腰鼓"指的是________(鼓的本身);B 中的《安塞腰鼓》指的是________(这篇文章)。这一环节,师傅要尽量让学友说,然后进行点拨。开始。

屏显。

师友互助品出文中美:

A. "安塞腰鼓"的________美,美在________

B. 《安塞腰鼓》的________美,美在________

师友互助讨论问题:师巡视,参与讨论。

师:想要展示的师友先站起来!好,先请某师友。

师傅:我们选的是 B,《安塞腰鼓》的修辞美,美在第 7 自然段:"骤雨一样,是急促的鼓点……"

学友:这句话运用排比,是语言气势充沛,节奏鲜明,感情强烈,营造出安塞腰鼓的激烈气氛。

师傅:我认为我的学友说得很全面,我觉得这些话也表现了安塞腰鼓的宏伟场面。

师:嗯,不错,请坐!某师友!

师傅:我们选的是 A,"安塞腰鼓"的舞姿美。

学友:美在 125 页的第 23 自然段:"每一个舞姿都充满了力量……"

师傅:这句话写出了舞姿的变化多姿。

师:嗯,美在变化无穷,很好!某师友!

师傅:我们选的是 A,"安塞腰鼓"的气势美,美在第 27 自然段。

学友:"愈捶愈烈,痛苦和欢乐,梦幻和追求……"

师傅:从"声,成了茫茫一片"可以看出安塞腰鼓声音的壮大,场面的壮阔,就像我们的民族代代发展。

师：嗯，还联系到了民族的代代发展，不错，请坐。某师友！

学友：我们选的是 B，《安塞腰鼓》的短句美，美在 126 页的第 27 自然段："交织！旋转！凝聚！奔突！辐射！翻飞！升华！"。

师傅：这些短句营造了激越的气氛，表现了安塞腰鼓壮观激烈的场面，也写出了安塞腰鼓恢宏的气势。

师：好！请坐！大家注意到这些短句了吗？

生：注意到了。

师：读这些短句的时候，要读得干脆、利落。我们一起来读一下。

生齐读。

师：非常好！还有要展示的吗？某师友！

师傅：我们选的是 B，《安塞腰鼓》的反复美。

学友：美在 125 页的第 25 到 27 自然段："愈捶愈烈，形体成了沉重而翻飞的思绪；愈捶愈烈，思绪中不存任何隐秘；愈捶愈烈，痛苦和欢乐，摆脱和追求……"

师傅：这些反复句，体现了安塞腰鼓雄壮的声音和壮阔的场面。

师：我能追问一句吗？反复的是哪一句？

师傅：反复的是"愈捶愈烈"。

师：对，反复的是这四个字，请坐！让我们来读读这三句话！

生齐读。

师：还有要说的吗？某师友！

师傅：我们选的是 B，《安塞腰鼓》的排比美，美在 124 页的第 9、10、11 段。

学友："使人想起：日落照大旗，马鸣风萧萧……使人想起……使人想起……"

师傅：这三段，运用排比，使文章一气呵成，更有气势，表达了作者对安塞腰鼓喜爱的强烈感情。

师：嗯，这是段与段的排比。某师友！

师傅：我们找的是 A，"安塞腰鼓"的场面美，美在第 9 至 11 自然段。

学友：读。

师傅：从这些自然段可以看出，安塞腰鼓博大宏伟的场面，也可以看出作者对安塞腰鼓的喜爱和赞美！

师：非常好！刚才同学们提到了 A 里面"安塞腰鼓"的场面美、气势美、舞姿美，还有要补充的吗？某师友。

学友：我们认为“安塞腰鼓”的后生美，美在125页的第23自然段（说完读）。

师傅：这句话其实是写“安塞腰鼓”的舞姿美，运用排比写出了安塞腰鼓舞姿的变化无穷。

师：师傅分析得好！但这一点有没有交流过？

生：交流过了。

师：还有要说明的吗？某师友！

师傅：我们认为“安塞腰鼓”的后生美，美在124页的第18自然段。

学友：读。

师傅：这句话能让我们感受到后生们身上所散发出的那种蓬勃的生命力。

师：（边板书）分析得好！请坐。刚才听了同学们的精彩发言，老师明白了：安塞腰鼓美在舞姿的变化无穷，场面的壮阔火烈，后生们旺盛的生命力，还有什么？

生：声音。

师：哎，安塞腰鼓声音的雄壮有力。还有同学提到了这篇文章的修辞美，短句美，结构美，非常好！俗话说，好文不厌百回读，让我们再来读8到11自然段，第8段齐读，第9段女生读，第10段男生读。

生读课文。

师：听大家朗读真是一种享受！刚才咱们主要通过品读课文，发现文章美点。那么，在读的过程当中，同学们可能会有疑惑，请师友之间相互交流，解决不了的提出来，全班交流。

屏显。

四、互助释疑

师友交流、解决学习中的疑惑

师：哪组师友有问题，请提出来！某师友。

学友：我们找的是124页第12自然段：“容不得束缚，容不得羁绊，容不得闭塞……”

师傅：我们的问题是：他们挣开了、冲破了、撞开了什么？

师：哪一组师友能给他们解答？某师友！

学友：他们撞开的是束缚、是羁绊、是闭塞。

师傅:他们冲破的是旧思想的束缚,冲破旧观念,他们想要摆脱落后的思想。

师:有道理,请坐,还有其他看法吗? 某师友!

师傅:我认为他们要挣脱、冲破的先是一种旧思想、旧观念,而后也是因为那里比较贫穷、落后,他们也想改变这种局面。

师:学友的意见呢?

学友:我同意。

师:某师友满意吗? 还有问题吗? 某师友。

学友:我们的问题是125页的18自然段(读)。

师傅:我们的问题是:这段话中用了多个它,这个它是指什么?

师:咱请某师友谈谈看法。

师傅:我认为这个"它"是指后生们表演安塞腰鼓时的舞姿。

学友:我认为"它"是指后生们旺盛的生命力。

师:这样看来出现了不同意见,你们师友之间再讨论一下。

师:齐读"它"出现之前的那句话。

生:"它"是指后生们的舞姿。

师:某师友的问题解决了吧? 老师也给大家准备了一个问题:这篇文章仅仅是在赞美安塞腰鼓吗?

生思考。

学友:(读)我从这句话看出作者不仅在赞美安塞腰鼓,也是在赞美蓬勃的生命力。

师傅:我的补充是:这也不光在赞美蓬勃的生命力,也是在赞美这些元气淋漓的后生,以及养育作者的黄土高原,从……可以看出来(读)。

师:你们的发言很精彩,请坐。还有要补充的,咱们有请某师友。

师傅:我们认为文章不仅是在赞美安塞腰鼓,还赞美了黄土高原人想要摆脱贫穷的精神。从……可以看出来(读)。

学友:同时我们从这段还看出了后生们不甘落后的的精神。

师:非常好,请坐! 正如本文作者刘成章所说:(屏显)

安塞腰鼓惊天动地,敲响生命强音;

西北汉子排山倒海,舞出民族精神(齐读)。

师:作者赞美的不仅仅是安塞腰鼓,更有顽强的生命和不屈的民族精神! 好了,这节课我们跟随高原作家刘成章一起去感受了安塞腰鼓的壮阔、火烈的场面

（总结板书）。我们能不能学习这种描写场面的技巧呢？下面请同学们看一段录像。

屏显。

五、拓展延伸

生观看录像。

师：这是国庆阅兵式上女民兵方阵经过天安门广场时的情景，假如，你和学友担任解说，请描述一下这个场面，展现她们的美！尽量用上这节课所学的技巧。

师友准备。

师：先请某师友，大家是不是应该掌声鼓励一下？（掌声响起来。）

师傅：现在向我们走来的是女民兵方队，

学友：她们是这次阅兵式上的一大亮点，

师傅：看，她们矫健的步伐，飒爽的英姿，嘹亮的声音回荡在天安门广场上空，

学友：她们身上那一抹鲜红凝聚着中华儿女的矫健气魄！

师傅：在她们的心中只有一个信念，那就是：忠于祖国，忠于人民！

（响起热烈的掌声！）

师：请某师友上台展示他们的交流成果！

学友：看！现在向我们走来的是女民兵方队，

师傅：她们口号嘹亮、步伐整齐、英姿飒爽，

学友：她们气势磅礴、精神抖擞、团结一致，

师傅：她们是我们中华民族五千年文化所孕育出来的英雄儿女！

师友（合）：她们体现了中华民族的繁荣昌盛、伟大复兴！（响起热烈掌声。）

师：某师傅，你应该鼓励一下你的学友！（掌声）还有要展示的，某师友！

学友：看！现在向我们走来的是女民兵方队，她们带给我们力量的奔腾，生命的升华，让我们跟上他们那铿锵的节奏，体会他们那恢宏的气势！

师傅：看！她们的每一步伐都充满了力量，她们的每一步伐都是那样的英姿飒爽她们的每一步伐都呼呼作响，她们是当代的花木兰！

师友（合）：让我们向她们学习吧！（掌声响起来。）

师：精彩！这三组师友用上了我们这节课学习的修辞方法：排比，还很多次

运用到了短句，看来，这节课同学们有不少的收获，请师友之间互相交流一下。

屏显。

六、总结提高

师友交流本节课的收获。

先师友之间交流，再全班交流。

师傅：我学会了运用排比来增强文章的气势！

学友：我也学会了多用修辞方法，使文章更加生动形象！

学友：我感受到了安塞腰鼓的壮阔、火烈！

师傅：通过学习，我还感受到了大西北人民那种不甘心落后、摆脱贫穷的那种决心！

师（小结）：同学们，其实，我们不仅要做安塞腰鼓的欣赏者，更要做人生路上的敲鼓者，我们的鼓在哪儿？它就在我们的心中！下面，请同学们跟随老师的节奏，用敲打桌子的声音作为你人生的鼓点吧！

生敲响热烈的鼓点。

☞我们教文言文

《岳阳楼记》教学设计

曹正昌

一、学习目标

正确理解文中的难词、难句，领会全文大意，并从写作特点上把握全书的思路。

领会作者的写作意图，领会警句的作用。

领会文中骈散结合的句法。

二、学法指导

《岳阳楼记》是一篇文质兼美的古代散文佳作。学习时，学生可在听课文范读录音、看"岳阳楼胜景"录像的过程中，充分感受本文语言凝练、形象而富有音乐美的特点。对文章表现的深刻的思想内容的理解，可在教师的启发点拨下完成。

三、重点·难点·疑点及解决办法

正确理解难词、难句，可以通过让学生借助工具书自学。在此基础上组织讨论来完成。

语言文字的美感，宜在反复诵读中体会。警句的深刻内涵，宜在教师适当补充背景知识下理解。

范仲淹的"先天下之忧而忧，后天下之乐而乐"的思想境界应该如何评价，是学习的一个疑点，宜在教师的引导下，联系作者所处的特定社会阶段，进行正确地分析。

四、课时安排

2 课时。

五、师生互动活动设计

学生借助书下注释、工具书自学文章，理解难词、难句，领会文意。

学生结合听范读，看碟片和自由诵读，一边领略岳阳楼美景，一边感受本文语句错落有致、富于音乐美的特点。

教师设计讨论题，在边读边议中领会文章主旨及作品把叙事、写景、议论、抒情紧密结合，融为一体的写作特点。

六、教学步骤

（一）第一课时

1. 明确目标

(1) 介绍作者，了解写作背景，写作动机。

(2) 感受本文语言美的特点。

(3) 理解 1、2 节文意。

2. 整体感知

本文选自《范文正公集》。

范仲淹，字希文，苏州（今江苏吴县）人，是北宋著名政治家、文学家。仁宗时，曾任参知政事（相当于副宰相）。他主张改革弊政，提出了许多改革措施。但这些改革多少触犯了大官僚地主的利益，以致推行不久便告失败，他也被贬官外放。

岳阳楼，在今湖南省岳阳市，是唐代张说（yù）兴建的。《岳阳楼记》是范仲淹贬居邓州（今河南邓县一带）时，应好友滕子京的请求写一篇散文。其时，滕子京重修是岳阳楼，范仲淹作记，苏舜钦书写，邵悚（sǒng）篆额（用篆字书写匾额），一时传为“四绝”。《岳阳楼记》先略述滕子京重修岳阳楼一事，交代作记缘由，然后着力描写“迁客骚人”登楼时的两种不同览物之情（或“喜”或“悲”）。由此直接过渡到议论，表达了作者“不以物喜，不以己悲”和“先天下之忧而忧，后天下之乐而乐”的政治抱负，表达了不向旧势力妥协的决心，并以此来勉励友人，警策自己。

3. 教学过程

（1）导入新课，放“岳阳楼胜景”录像，激发学生求知欲望。

（2）指导朗读。听录音，要求注意字音、停顿和语调的高低抑扬。

（3）教师强调读骈句的一般规律，学生自由朗读，体会本文语句骈散结合，错落有致，极富音乐美的特点。

完成课后练习二。在复习骈句知识之后，强调读骈句的规律。

相接的两句话，字数相同，意思相对，叫作骈名，骈句以外，统称散句。

读骈句，节奏必须整齐划一，凡四字句皆两字一顿。其余按意义划分节奏。相邻的两组骈句之间，必须有稍长的停顿。

（4）对照注释，运用工具书，理解1、2节文意。着重理解下列语句：

① 政通人和，百废俱兴。

② 刻唐贤今人诗赋于其上。

③ 予观夫巴陵胜状，在洞庭一湖。

④ 此则岳阳楼之大观也。

（5）概括两节大意，理解它们在全篇中的作用。

4. 总结拓展

本节课，着重体会了本文语言的骈散结合、凝练形象有特点。为加深认识，可以通过完成课后练习四，体会文章遣词用字的妙处。

（1）洞庭湖本是无生命之物，用“衔”、“吞”易使人产生有生命之感，并领会到洞庭湖气吞山河的壮阔景象，形成一幅生动的画图。波澜也是无生命之物，用“惊”则易使人产生有牛命之感，并领会“春和景明”的平和气氛。

(2) 说洞庭湖“气象万千”,可联系上文“衔远山……朝晖夕阳”,领会到景物变化无穷之意。

(3) “薄暮冥冥,虎啸猿啼”是虚写,宜理解为登楼者在特定氛围中所产生的幻觉,既渲染出环境的恶劣,又烘托人物的悲凉心情,可使学生进一步领会“满目萧然,感极而悲者矣”的意思。

在理解文中难词难句,体会全文大意的基础上,通过点拨引导,使学生进一步领会本文骈散结合的语言特点。

可提出以下几个问题让学生思考讨论。

(1) 文中哪些段落以骈句为主?哪些段落有较多的散句?

(2) 本文在什么情况下多用骈句?在什么情况下多用散句?

(3) 纯用骈句的语段和骈散结合的语段在朗读时会产生哪些不同的语言效果?

小结:

骈句,指的是结构相似、内容相关、行文相邻、字数相等的两句话,跟对偶相似。散句,是相对于骈句而言,骈句以外的句子都是散句。一般地说,一篇文章中仅用几个骈句,算不得“骈散结合”,必须使骈句达到一定的数量,才可以算得。本文首段全用散句,写岳阳楼“大观”,起结均用散句而中间写景则用骈句。写洞庭湖上一阴一晴的景象,所用骈句最多,语言也高度凝练。结尾起结全用散句,过渡句“然则何时而乐耶”也是散句,其余又全是骈句。总之,记叙、议论时多用散句,描写、抒情时多用“皓月千里,浮光跃金,静影沉璧,渔歌互答,此乐何极”等骈句。骈散交错,节奏不断地变化,读起来声调铿锵,易使人产生审美的感受。

5. 布置作业

(1) 背诵 1、2 节。

(2) 预习 3、4、5 节,思考本文是如何把叙事、写景、抒情、议论融为一体的?

(二) 第二课时

1. 明确目标

理解第 3、4、5 节文意,领会本文表现的主题思想及融记叙、写景、议论、抒情为一体的写作特点。

2. 整体感知

岳阳楼景色之美,世人公认。范仲淹受朋友嘱托写作《岳阳楼记》,其目的却并不限于展示胜景,更是为了借题发挥,抒写自己宽广的胸襟和远大的政治抱负。尤为突出的是，作者在文章中能把叙事、写景、抒情、议论紧密地联系成一个统一的整体。

3. 教学过程

(1) 学生自学，疏通第3、4、5节文意，着重强调下列文句：

① 去国怀乡，忧谗畏讥，满目萧然，感极而悲者矣。

② 长烟一空，皓月千里。浮光跃金，静影沉璧。

③ 心旷神怡，宠辱偕忘，把酒临风，其喜洋洋者矣。

④ 不以物喜，不以己悲。

⑤ 先天下之忧而忧，后天下之乐而乐。

(2) 分析领会本文的写作意图，即本文表现的主题思想：

明确：课文第一节交代写人背景和作记缘由。字里行间反映了作者的积极的政治态度。接着作者从空间、时间不同角度描定写岳阳楼的美景，由“览物之情，得无异乎”一句，使我们读者不由联想到，作者是为了由景写人们的览物之情。第3、4节，作者把形式多样的览物之情概括为极有代表性的两种，即物暗己悲，景明则喜。这两种，看起来“异”，其实是本质相同的集中议论，两次设问，层层推进地揭示了写作目的，即本文的主题思想——通过对迁客骚人登楼时或悲或喜的“览物之情”的分析议论，表达了作者“不以物喜，不以己悲”的阔大情怀和“先天下之忧而忧，后天下之乐而乐”的政治抱负。

(3) 分析体会本文融叙事、写景、抒情、议论为一体的写作特点。

明确：课文第2节是叙事，第2节主要是写景，第3、4节先写景后抒情，第5节议论。其间的联系在于：既为一名胜古迹作记，就不能不叙写缘由，不能不描写景物。抒情是由“览物”而来，可谓情由景生。议论是对前面叙事、写景、抒情的总发挥，但更直接的是由抒情生发。因此，它们相互联系，浑然一体。

4. 总结扩展

通过这一节课的学习，我们从中了解了，这篇“记”是作者借写景、抒情，进而发挥抒写自己远大的政治抱负的。全文围绕“如何对待贬谪”展开，事、景、情、理融为一体。

为加深理解本文的主题，可以启发学生开拓思维，思考下列问题：

作者所认为的古仁人之心是怎样的？该如何理解“先天下之忧而忧，后天下之乐而乐”一句？你能举几个例子吗？

答：古仁人之心应是“不以物喜……则忧其君”，古仁人的可贵在于“忧”——

忧君忧民不忧己，由此自然而然地概括出古仁人的宽大胸襟和高尚情操——“先天下之忧而忧，后天下之乐而乐”。孟子主张国君应当“乐以天下，忧以天下”，是针对封建君主提出的，目的在于缓和封建统治者和人民大众之间的矛盾，维护封建社会的安定，客观上也有利于人民。范仲淹在本文中把它发展成为“先天下之忧而忧，后天之乐而乐”的观点，并以此作为对待仕途进退的原则，具有深远的意义，这种思想虽带有时代和阶级的局限性，但他所提倡的吃苦在前，享乐在后的精神，在今天仍有教育意义。

范仲淹出身贫寒，为官以后能关心民间疾苦，以俸禄在家乡置“义田”千亩，救济族中贫寒的人，死后无余财；在朝廷则敢于直言进谏，虽屡遭贬谪，而全不在意。他一生所为证明他确实有这样的抱负。我们伟大的无产阶级革命家毛泽东、周恩来、邓小平等，他们一生也都在实践这个伟大的抱负。

5. 布置作业

分析理解下列问题：

(1) 写岳阳楼的哪些景色？在写景之后又转入什么意思？

答：“予观夫……备矣”写景，写出岳阳楼前壮阔的景观；“然则”以下转入写情——每个人的遭遇不同，览景的心情也会不同，作者用“反问”的形式强调登楼之人“览物之情”的“异”。

引导学生概括第二段段意：写洞庭全景并提出“览物之情，得无异乎”一问。

(2) 作者接着怎样写出不同的情？

答：先写景渲染悲的气氛，并扣住迁客骚人的“去国怀乡，忧谗畏讥”的心情，后写景渲染喜的气氛，并点出“心旷神怡，宠辱偕忘”的心情。两段一暗一明，一悲一喜，形成鲜明的对比，并为下文埋下伏笔。

《陋室铭》教学设计

薛洁

一、教学分析

1. 课程目标依据

《义务教育语文课程标准》明确指出：7～9 年级学段学生阅读浅易文言

文，能借助注释和工具书理解基本内容。注重积累、感悟和运用，提高自己的欣赏品味。这就要求教师在教读文言文时要充分发挥学生学习的主动性，引导学生在有感情的反复诵读中体会传统文化的迷人之处，并教给学生疏通文义的方法，让学生自主愉悦的学习，从而使学生在课堂学习中能够真正体验到审美的乐趣。

2. 教材内容分析

《陋室铭》是我国古代散文中的精品。全文采用托物言志的写法，借"陋室"抒发作者的情怀，以"惟吾德馨"的立意贯穿全篇，极力抒写"陋室"不陋，表达了一种高洁傲岸的节操和安贫乐道的情趣。全文寥寥 81 字，短小精美，给人以隽永畅达、丰姿绰约的气韵。

3. 学情分析

我所带班级共 50 人，学生经过初一上学期的学习，已初步掌握文言文的学习方法，而且经过以往的朗读训练，他们很容易感受到短文的独特之处，容易从朗读中获得学习的喜悦感与成就感，进而主动加入到背诵、解说、创作等学习活动中来。

二、教学目标

知识：掌握文言常用实词，翻译全文，背诵全文。

技能：学习本文托物言志的写法。

感情：理解作者保持高尚节操的愿望和不求闻达、安贫乐道的情趣。学习古人的优秀品质。

三、教学重难点

掌握文言常用实词，翻译全文。

理解作者保持高尚节操的愿望和安贫乐道的情趣。

四、教学评价设计

小组展示评价（具体做法：在熟读成诵的环节，教师引导学生想象着陋室中的情境，小组合作扮演刘禹锡这个角色，有感情的诵读课文。然后每个小组推举一位代表配乐朗读，并请其他小组成员进行评价。通过这种评价方式既考察了学生的记诵积累，又充分调动起了学生的积极性。并使学生在悠悠琴声中，在有感情的诵读中获得美的熏陶。)

课堂检测评价(见导学案二)。

五、教学方法

教法:多媒体辅助教学法、情境教学法。

学法:诵读法、小组合作探究法。

六、教学环境与媒体设计

利用多媒体,播放视频,创设情境,展现陋室美景,激发学生兴趣,帮助学生深入理解作者高洁傲岸的节操和安贫乐道的情怀。

七、课时安排

1 课时。

八、教学过程

见表 3-1。

表 3-1

教学环节	教学内容	教师活动	学生活动	媒体应用	设计意图
创设情境(2 分钟)	创设情境,故事导入	讲述有关刘禹锡的小故事	通过听故事了解《陋室铭》的来历	展示陋室图片	简介作者及写作背景
出示目标(1 分钟)	1. 知识:掌握文言常用实词,翻译并背诵全文。 2. 技能:学习托物言志的写法。 3. 感情:理解作者保持高尚节操的愿望和不求闻达、安贫乐道的情趣	出示并解读学习目标	朗读并理解学习目标	多媒体出示:“学习目标”	让学生清楚课堂学习的努力方向

续表 3-1

教学环节	教学内容	教师活动	学生活动	媒体应用	设计意图
整体感知（5 分钟）	1. 欣赏范读视频。 2. 检查预习，订正字音： 陋室（lòu）， 德馨（xīn），（tái）苔痕 鸿儒（hóng）（rú），案牍（dú）	1. 播放视频。 2. 依据《导学案》进行预习检查。 3. 对学生的交流进行适时的纠正和补充	1. 欣赏视频。 2. 借助《导学案》进行自主学习（见导学案二第 2 题）。 3. 交流自主学习情况	多媒体出示：范读视频	引导学生读准字音、读准节奏
朗读品味（10 分钟）	1. 了解有关铭的知识。 2. 进行朗读指导。 3. 朗读练习和展示	指导学生诵读课文	1. 指生诵读，师生点评。 2. 了解有关铭的知识。 3. 指生诵读，师生点评。 4. 全班齐读	多媒体出示： 1. 关于“铭”的知识。 2. 朗读指导。 3. 配乐朗读	以读带动对课文的理解，使学生感到以读为乐
疏通文义（10 分钟）	文义贯通： 1. 山不在高，有仙则名。水不在深，有龙则灵。 在：在乎/于名：变得出名，动词灵：变得有灵异——词类活用 2. 斯是陋室，惟吾德馨。 斯：这，指示代词。	对学生的回答给予评价和完善；对重难点进行精当点拨。	1. 四人小组合作交流，利用文下注释自由轻声译读课文，不懂的地方做标记。 2. 完成句子翻译（见导学案二第 3 题）	多媒体展示：重点词句的解释、翻译	引导学生自主学习，疏通文义，并进一步掌握学习文言文的方法

续表 3-1

教学环节	教学内容	教师活动	学生活动	媒体应用	设计意图
疏通文义（10 分钟）	馨是指香气，这里指品德高尚。德艺双馨，省略句，根据课下注解补充："则不觉其陋"。 3. 苔痕上阶绿，草色入帘青。倒装式的翻译"苔痕绿上阶，草色青入帘"。倒装式的翻译"苔痕绿上阶，草色青入帘"。 4. 无丝竹之乱耳，无案牍之劳形。使动翻译。之，取消句子独立性，不译。 5. 孔子云："何陋之有？"标准的倒装句。正确语序"有何陋"疑问句宾语前置	对学生的回答给予评价和完善；对重难点进行精当点拨	1. 四人小组合作交流，利用文下注释自由轻声译读课文，不懂的地方作标记。 2. 完成句子翻译（见导学案二第 3 题）	多媒体出示：重点词句的解释、翻译	引导学生自主学习，疏通文义，并进一步掌握学习文言文的方法
研读赏析（10 分钟）	1. 划出描写陋室的句子，并回答本文在写陋室之陋，还是在写陋室不陋，并阐明理由。 2. 以上三个方面全都是围绕文中哪句话展开的？ 斯是陋室，惟吾德馨。 3. 文末提到诸葛亮、扬子云、孔子这三个人有何用意	教师提问点拨，引导学生赏析文章句子，理解刘禹锡安贫乐道的情怀	朗读课文，小组合作交流圈点勾画	多媒体出示：有关研读赏析的相关问题	引导学生理清文章层次，理解文章主旨
熟读成诵（5 分钟）	1. 创设情境朗诵。 2. 结合图片诵读	创设情境，指导朗读	熟读成诵	多媒体出示：配乐展示图片	背诵名篇佳作，积累语言材料提高鉴赏能力和审美能力
课堂小结（1 分钟）	梳理结构提纲	引导学生梳理本文结构提纲		多媒体出示：本文结构提纲图	总结本课的学习重点、难点
布置作业（1 分钟）	任选题材，仿写课文				

教学流程如下：

故事导入，创设情境

⇩

整体感知，朗读课文

⇩

结合注释，疏通文义

⇩

研读赏析，把握主旨

九、板书设计

陋室铭

刘禹锡

（引题）斯是陋室，惟吾德馨

环境清幽

（安贫乐道）

陋室不陋，交往高雅（高洁傲岸）

生活恬适

古贤自喻

（托物言志）

由“卖油郎”迸发的课堂教学小火花

冷爱霞

周四下午第一节是语文课，今天奉送“下午茶”的是李阳，她为同学们准备了小说《诊》，读得很清晰洪亮，我就此将小说人物形象、插叙、主题等引导思考之后，学生已是兴味盎然，对于七年级学生来说，教师的真情投入，很容易感染孩子的情绪，引发他们的热诚。

一节 40 分钟的课，只剩下 30 分钟。《卖油翁》的课件首页已呈现在孩子们面前。这个课件是青年教师曹娜娜日前刚用过的，全组一起研讨过此课，课堂充实扎实，此课件很适合一节新课。

备课组活动研究的学法是：学生预习的基础上，设置了五步：第一步了解作家作品；第二步讲故事；第三步细化文章字词句；第四步是揣摩重点词句，分析人物形象；第五步是阐述道理。那节研究课娜娜上得不错，除了没有诵读得很充分或者让学生表演缺憾之外，重要知识目标都达成了。

今天，早读时间学生已经自由诵读了文章，正了字音，也初步了解了故事。

从头学习，学生会不会觉得淡然？只有半小时，时间也不允许。我在欲板书“卖油翁”的时候，灵感就在那一刹那涌动了。

我顺手在黑板上，用黄色粉笔写上了课题——“卖油郎”三个字，这三个字一落地，学生哗然，有的学生说老师写错了，有的学生嬉笑起来。我顺势问，可以把标题改为“卖油郎”吗？一石激起千层浪，学生纷纷表示——不可以，不可以。我问，为什么不可以呢？结合课本细节，说出你的理由。

整个教室由沸腾变成了宁静，继而不少学生举起手。

孙亚为最活跃，他找的理由很多，先从“翁”和“郎”字上分析，一个是老人，性格比较沉稳；一个是青年，性格比较开朗，要说明一个“熟能生巧”的道理，“翁”比“郎”更有说服力。我说，有点意思啊！便顺手板书了“熟能生巧”四个大字，这就是此课揭示的道理。

我接着追问，从哪些词语可以体现出一个“老者”的态度与性格呢？学生纷纷举手。宗文博，一向沉默的一个男孩，站起来说，陈尧咨“善”射，“当世无双”，公亦以此“自矜”，即，自夸，而卖油翁“释担而立，睨之久而不去”，课下注释说陈康肃公是北宋官员，如果是“卖油郎”的话，“郎”，年纪轻，资质低，见人家自夸，也不敢“睨之”。

学生点头，这时，我请一向当听众的王泳凯来到前面，又让孙亚为扮演陈尧咨。两人合作即兴表演“睨之”的场景。只见王泳凯双手交叉在胸前，眼睛一眯，愁向向孙亚为，这一“睨”惟妙惟肖，只是略微显得“卑微”了一点，身子弯曲了些，头有些缩。学生在笑声中体验到场景与人物的心理。

学生七嘴八舌地说老人看的时候是“睨之”，一个神态，写出老人不屑一顾，也有同学反驳，也不完全是看不起，因为是老人，才觉得更自然。已经结合了课下注释和生活体验，有点道理，我们继续进行。

徐硕举手，说陈尧咨“十中八九”，卖油翁只是“但微颔之”。我顺势问，说说什么意思？他说：“只是微微点头。”我说：“对，‘颔’是名词‘下巴’，在这里是‘点头'，用做了动词。请你把这句读出来。"徐硕一边读一边点微微点头。请宗文博合作表演此场景。学生掌声响起，两个同学到讲台前，一个以射箭技艺高超自得，一个只微微点头。

揣摩的不错。课继续进行着，我再次追问：从哪里还可以看出，用"卖油郎"不合适呢？

江天一说，老人经验丰富，当陈康肃公问"汝亦知射乎？吾射不亦精乎"时，卖油翁说"无他，但手熟尔"看得出这是个老人，才从容不迫。当"康肃忿然"，说"尔安敢轻吾射"时，老人从容地说"以我酌油知之，无他，唯手熟尔"看得出，老人很有底气。

老人如何表现的呢？学生纷纷做动作，模仿老翁的动作——取，置，覆，酌，沥。我顺势说，有一个字，也可以看出可能是老人才有的动作，很仔细，是哪一个？"徐！"学生异口同声说。对，是慢慢地舀油，很稳当。

最后一个环节，一个"笑而遣之"的"笑"字，如何理解呢？两个学生再次登台，表演"笑"，和"遣"的场景，体验人物的心理。

学生一个个举手陈述自己的观点和发现，连一向上课沉静的、表情漠然的学生也微笑，加入到课堂中，发现的火花一次一次迸发。

最后，我做总结时说：问与答共两个回合——

第一个回合。"问"由"微颔"、"自矜"而起，此"问"是逼出来的。"问"是进攻性的，有火气，不服气。答者招架，沉着回答。"无他，但手熟尔"轻描淡写一句。这一句更有损陈的自信自矜心理，于是引出问与答的第二个回合。

第二个回合。"问"者火冒三丈，"忿"；语气是责问"安敢"。"答"者摆事实，不仅说，而且当场表演，表演了再说，胸有成竹，从容自若。在事实面前，康肃"笑而遣之"，由"忿"而"笑"，心中信服。之后，我出示了学习目标：

在下一节课，我将引导学生分析文章的剪裁，可以这样梳理——

欧阳修把生活中的素材作了合理的详略处理。主角是卖油翁，写陈的善射，只为了陪衬卖油翁的善酌。因此，写陈射技之精只作概括交代，不加渲染。主要笔墨放在酌油的现场操作，采用白描手法，细腻传神。该略，惜墨如金；该详，泼墨如水。细部清晰，动作、神态、手艺和议论，均写得精确。一段详，一段略，略中有详，详中有略，详略交叉运用，服从于突出中心的要求。

这样的课堂，既加深对课文的理解，又激发了学生的学习兴趣，可谓一举两得。至于字词，做专项练习即可以解决。

☞我们教作文

以物为线　巧构思

李威

一、微课

在阅读和写作的时候，我们会经常看到，也会经常用到一些线索。

所谓线索是以某个事物或某种情感等将文章的材料组织和串联起来，并贯穿于全文始终的一种写作技法。从结构上看：贯穿全文，彰显行文脉络，把文章中表达的思想内容贯穿起来，使文章条理清晰，层次井然，结构严谨，浑然一体；从艺术效果上看：借助线索，能够凸显文章构思风格，体现出文章的个性化形式之美。

线索的设置有多种方法，用六个单字来表达就是：人、事、物、时、空、情。这六种线索有简单也有复杂。这次，我们从简单实效开始，学习以物为线索的记叙文写作。

以物为线索的作文往往是以一个具体的实物贯穿全文，将各种人或事都集中到它的周围，以此来展开故事情节。下面，我们以七年级的一篇课文《羚羊木雕》为例进行学习。

《羚羊木雕》讲述的是子女和父母之间发生的一场小矛盾。写了“我”被父母逼迫把送给了最要好朋友万芳的羚羊木雕要回来故事。文章围绕羚羊木雕展示，由妈妈的追问引入本文线索——羚羊木雕，并由此物贯穿送木雕——要木雕——还木雕的情节变化，在情节发展中重点表现我和万芳的纯真友谊、我被逼迫要回木雕时的委屈和难过，进而体现作者的写作意图：赞美小朋友们真诚无私的友爱，告诫做父母的要理解孩子之心，尊重他们的感情，尊重他们的友谊，见图3-2。

在文中，羚羊木雕成了贯穿事件的纽带，它既是我与万芳友谊的见证，也折射出父母对待小朋友间的友谊与对待金钱的不同态度。

由此可见，以物为线索贯穿全文对于故事叙述、情感表达的重要性，对彰显主题的重要意义。

那么，在此类文章中怎样才来安排好“物”这一线索呢？

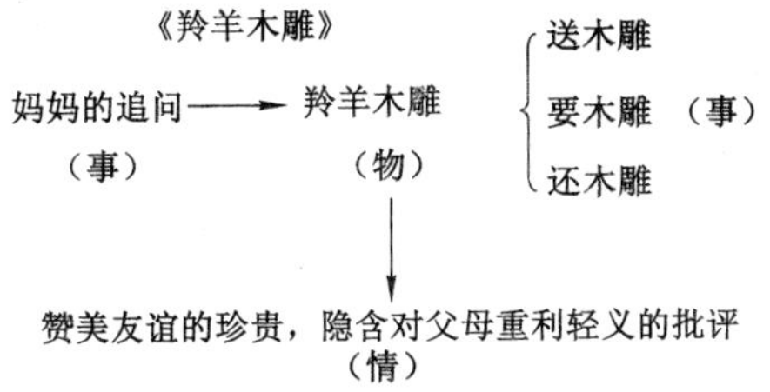

图 3-2

第一，开头点物。文章开头应交代这个物的特征及由来，但不必过于详细。如《羚羊木雕》开头就点明了羚羊木雕的珍贵——质地好（黑色硬木雕成）、产地远（非洲带回），以体现它的贵重、价值高，便于后面情节开展。第二，以物串事。线索要在文中反复出现，起到过渡作用。如《羚羊木雕》中以羚羊木雕串联故事情节的起因、经过和结果，脉络清晰。第三，深情写事。对于线索所涉及的人或事应充满感情的描写，采用多样的描写手法来表现其对自己的深远影响。如《羚羊木雕》中对我与万芳的纯真友谊的描写，还有对我索要木雕的无奈和委屈等充分刻画，为抒发作者情感做好铺垫。第四，借物抒情。在结尾部分，应呼应开头，强调中心。如《羚羊木雕》在结尾处用反问句"这能全怪我吗？"含蓄地表达出：这不能全怪孩子，父母粗暴的行为也伤害了孩子们感情的意思。

以上四处要点的合理设置就会让整篇文章读起来脉络清晰，凸显出文章的个性化形式之美。但应注意：物的线索只是文章结构的辅助，情感才是要表达的重点，不要为写线索而写线索，切勿喧宾夺主！

二、教学设计

（一）学习目标

学会以物为线索，串联全文，以物寓情的写作方法。

能依据线索结构全文，列出提纲，凸显情感。

（二）教学过程

1. 贴近实际，导入新课

同学们，我们学习写作记叙文，有些同学洋洋洒洒，下笔千言而有条不紊，其中一条很重要的因素就是因为小作者能将庞杂的材料，紧紧围绕某种事物或某种情感有机地串联起来，这就是文章的线索。如果说丰富而生动的材料是一颗颗珍珠，那么线索就是将这些珍珠串成链的那根彩线。没有这根线，再美的珍珠也挂不到脖子上。可谓有珠难寻好丝线呐！记叙性文章如果缺少线索，即使材料再精彩，也不能成为好文章。那么怎样为文章设置线索，使文章文气贯通呢？今天，我们从学习"以物为线索"开始，悟文习法，学会巧妙结构我们自己的文章。

首先，让我们共同回顾前面播放的微课视频。

播放微课。

2. 联系已知，引发兴趣

同学们，看了这段微课后，相信大家对以物为线索的作文写作有了一定的了解。《羚羊木雕》只是其中的一篇典型性文章，同学们还能回忆起我们初中哪些学过的作品呢？简要说明是怎样以物串联全文的吗？

小组交流，勾起回忆，学生回答，简单串联。

预设：《爸爸的花儿落了》其中一条线：爸爸爱花——养花——花儿掉落。这反映爸爸对子女的教育和疼爱，以及儿女的长大和责任意识的增强。

预设：《荷叶母亲》、《我的第一本书》等。

3. 比较思考，触类旁通

其实，我们写文章并不一定是让物作为一件事的线索，可以由物想到好多事，以物将其串联，见图 3-3。在导学案中，我给大家介绍了一篇琦君的文章《粽子里的乡愁》（联系前面学过的《春酒》），看看此文在以物串联全文的方面与《羚羊木雕》有何异同呢？

粽子里的乡愁

琦君

异乡客地，愈是没有年节的气氛，愈是怀念旧时代的年节情景。

端阳是个大节，也是母亲大忙特忙、大显身手的好时光。想起她那灵活的双手，裹着四角玲珑的粽子，就好像马上闻到那股粽子香了。

母亲包的粽子，种类很多，最多的是红豆粽、白米粽和灰汤粽。一家人享受以外，还要布施乞丐。母亲总是为乞丐大量地准备一批，美其名曰"富贵粽"。

我最喜欢吃的是灰汤粽。那是用早稻草烧成灰，铺在白布上，拿开水一冲，滴下的热汤呈深褐色，内含大量的碱。把包好的白米粽浸泡在灰汤中一段时间（大约一夜吧），提出来煮熟，就是浅咖啡色带碱味的灰汤粽。那股子特别的清香，是其他粽子所不及的，我一口气可以吃两个。因为灰汤粽不但不碍胃，反而有帮助消化之功，过节时若吃得过饱，母亲就用灰汤粽焙成灰，叫我用开水送服，胃就舒服了。完全是自然食物的自然疗法。母亲常说我是从灰汤粽里长大的。

端午节那天，乞丐一早就来讨粽子，真个是门庭若市。我帮着长工阿荣提着富贵粽，一个个地分，忙得不亦乐乎。乞丐常高声地喊："太太，高升点（意谓多给点）。明里去了暗里来，积福积德，保佑你大富大贵啊！"母亲总是从厨房里出来，连声说："大家有福，大家有福。"

乞丐去后我问母亲："他们讨饭吃，有什么福呢？"母亲正色道："不要这样讲。谁能保证一生一世享福？时时刻刻要存好心，要惜福。他们做乞丐的，并不是一个个都是好吃懒做的，有的是一时做错了事，败了家业。你看那些孩子，跟着爹娘日晒夜露地讨饭，他们做错了什么，有什么罪过呢？"

母亲的话，在我的心头重重地敲了一下。

有一回，一个女孩悄声对我说："再给我一个粽子吧。我阿婆有病走不动，我带回去给她吃。"我连忙给她一个大大的灰汤粽。她又说："灰汤粽是咬食的（帮助消化），我们没有什么肉吃呀！"我听了很难过，就去厨房里拿一个肉粽给她，她没有等我，已经走得很远了。我追上去把粽子给她。我说："你有阿婆，我没有阿婆了。"她看了我半晌说："我也没有阿婆，是我后娘叫我这样说的。"我吃惊地问："你后娘？"她说："是啊！她常常打我，用手指甲掐我，你看我手上脚上都有紫印。"

听了她的话，我眼泪马上流出来了，我再也不嫌她脏，拉着她的手说："你不要讨饭了，我求妈妈收留你，你帮我们做事，我们一同玩，我教你认字。"她静静地看着我，摇摇头说："我没这个福分。"

她甩开我的手，很快地跑了。

我回来呆呆地想了好久，告诉母亲。母亲也呆呆地想了好久，叹口气说："我也不知道要怎样做才周全，世上苦命的人太多了。"

日月飞逝，那个讨粽子的小女孩，她一脸悲苦的神情，她一双吃惊的眼睛，和她坚决地快跑而逝的背影，时常浮现在我心头，她小小年纪，是真的认命，还是更喜欢过乞讨的流浪生活。如果她仍在人间的话，也已是年逾七旬的老妪了。人世茫茫，她究竟活得怎样，活在哪里呢？

每年的端午节来临之际，我很少吃粽子，更无从吃到清香的灰汤粽。母亲细致的手艺，和琐琐屑屑的事，都只能在不尽的怀念中追寻了。

（1）题目：

① 本文的线索是什么，对此物是怎样交代的？

② 本文表达了作者什么情感？

③ 本文在以物串联全文的方面与《羚羊木雕》有何异同？

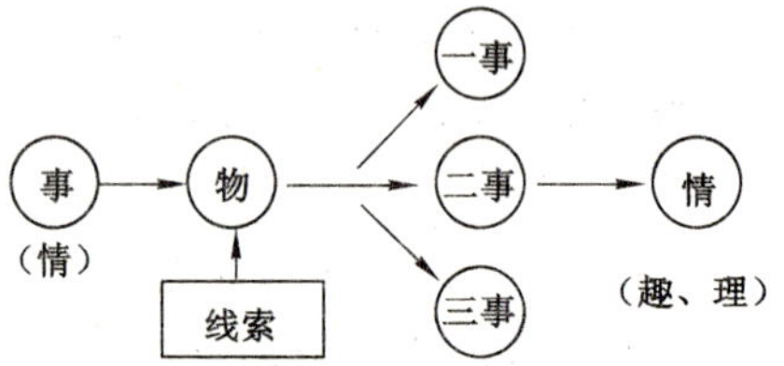

图 3-3

（2）总结：

在本文中，对往事的回忆在包粽子、吃粽子、送粽子这条线索中逐一展开，同时，粽子也寄托了作者真挚浑厚的情怀：对家乡、对童年的怀念，对慈爱的母亲绵绵不尽的爱，以及对世态人生的感慨。这种不蔓不枝的裁剪得益于文章严密的结构，得益于线索的巧妙安排。

4. 牛刀小试

导学案上给大家展示了一篇学生习作，有这么一份诊断书，请依此进行手术。

【病情概述】

条理不清。

【体质状况】

本文最大的好处是情节安排十分巧妙。

【治疗建议】

（1）能否先找到一个物作为线索？

（2）在此基础上能否对文章稍作改动，使行文更加流畅，主题更加突出。

学生习作

锁女儿 16 岁，是朝气蓬勃的花季少女。学习成绩优异，在写作方面也有极大的兴趣。她像一只勤劳的蜜蜂，不停地采蜜。功夫不负有心人，她的文章终于在报纸上发表了，并得到了人生中第一笔稿费。该怎样使用这来之不易的钱才有意义呢？对了，妈妈的生日快到了！长这么大，自己还没送过妈妈礼物呢！那，就这么办……那天早晨，妈妈照例为女儿清扫屋子，意外发现女儿的抽屉不知何时挂上了一把锁。这个年龄的女孩子，谁没有点秘密。这一点，妈妈十分清楚，但心里有了一种隐隐的不安。晚上，躺在床上翻来覆去怎么也睡不着。只要一闭眼，那把锁就浮现在眼前。索性起身，拉开窗帘推开窗户，这一看还真吓一跳：都半夜了，女儿房间的灯怎么还亮着？第二天一大早，趁女儿一上学，妈妈就迅速进入房间，环视一周，瞥了一眼铜锁，很快就发现书桌边的废纸篓里有许多捏成团的废纸。她快步走过去，捡起其中的一团废纸，展开来看。那皱皱的纸上只有一大滴墨水和三个字：我爱你……妈妈的心一沉，怒火眼中烧，这还了得，她决定行使家长的职权，决不能让女儿走入歧途！她果断地拨通了锁匠的电话。下午刚过五点半，女儿就回来了。妈妈不动声色地问道："有什么事让你这么高兴？"女儿心虚似地低下了头，溜进房间做作业去了。"吃饭了！"妈妈把饭菜放好了，向里屋的女儿喊道。餐桌上，妈妈尽量克制着自己的怒火，平静地说："先吃饭，吃完了，妈妈有话对你说！"没想到女儿先开口了，"妈妈，这是我用第一次得到的稿费给您买的生日礼物。祝您生日快乐！"女儿变戏法似的拿出一个精致的礼盒，顿了顿，又略带羞涩地说道："我爱您，妈妈。您养育了我16年，我还没当面说声谢谢……"望着精致的礼盒，又想起了那把打开的锁，妈妈百感交集。

学生活动：七嘴八舌寻找可做线索的物，并商量好怎样改文章（以小组为单位口头表述意见）。

发言完毕后，可展示修改范文。是否需要学生朗读呢？我觉得时间合理安排，应该有学生读出优秀片段或文章的必要。读、听、说也是一种语文能力。

范文示例

锁女儿的抽屉上锁了！不知何时，女儿的抽屉挂上了一把铜锁。那锁小巧精致，泛着金黄色的光泽，却刺激着妈妈敏感的神经。清晨，妈妈照例为女儿整理屋子。她又瞥了一眼铜锁，却意外地发现铜锁边的废纸篓里有好几张捏成团的废纸。想起昨天夜里，女儿屋里灯光始终未灭，妈妈心里就有了一种隐隐的担忧与不安。她快步走过去，捡起一团废纸，匆匆地展开。那皱皱巴巴的纸上只有一大滴墨水和几个大字：我爱你……妈妈的脸一下子变得煞白，她慢慢地将纸装进了衣袋里，死死地盯着那把小铜锁。五点半，女儿连蹦带跳地回家了，看起来兴高采烈、情绪高昂。看着女儿神采飞扬的脸，妈妈不动声色平静地问道："囡，捡到宝了，什么事让你这么高兴？"女儿脸一红，心虚似地低下了头，连声说："没，没有……"妈妈把手伸进了口袋里，想掏点什么却什么也没有掏出来，只是像平常一样，温和地对女儿说："去做作业吧，吃饭时我叫你。”女儿一路小跑来到了书桌旁，发现小铜锁开着，就一拍自己的脑袋，自言自语道：“呀，糟了！瞧我这个马大哈，怎么这么不小心！秘密可别被妈妈发现了！”悄悄尾随到门边的母亲，心情愈加沉重了。她边往厨房走边自言自语：“吃了饭，必须得摊牌了！”

“开饭了！”妈妈脆生生的嗓音一如既往。门应声开了，女儿左手拿着作业本，右手托着精美的礼盒。妈妈一下惊呆了：那礼盒，不就是她在女儿抽屉里看到的东西吗？女儿袅袅婷婷地来到饭桌前，一手交作业本，一手献上礼物。俏皮的嘴角微微上扬，嘴里念念有词：“妈妈，这是今天的作业，请签字；这是您的生日礼物，请笑纳！”妈妈愣愣地接了过来。女儿略带羞涩地说：“妈妈，这可是您女儿第一次用稿费给您买的生日礼物噢，您可要收好了。祝您生日快乐！”她顿了顿，又继续自豪地说道：“老师说，我昨天熬夜为您写的那篇文章，很不错，已推荐给报社，有可能发表，我念给您听听吧。”她翻开作业本，深情地念道：“我爱您，妈妈。您是一个多么善解人意、懂得尊重女儿的好妈妈……”妈妈面色潮红（面颊绯红？），手里紧紧地捏着那张已经被汗水湿透的纸，看着精美的礼盒，想起那把被锁匠打开的小铜锁，想起精心准备的饭后摊牌宣言，五味杂陈，百感交集……

5．拓展实践，深度体验

回顾那些难忘的物以及由此而令人难忘的人或事。

看到第一本国学书，牛汉就会想起童年所拥有的父子情、同学情；看见四角玲珑的粽子，琦君会情不自禁地想起自己的母亲……睹物思人，看见它，你就会想起那个人，勾起你对往事的悠悠回忆。思考在你的生活中有没有这样的一个物品，也记录着你的生活、你的感情，与同学们一起交流讨论。

预设：如有同学说到老坦克承载着深沉的父爱；一把桃木梳子流淌着妈妈的爱；香浓的奶茶寄托着爷爷对自己的关爱；烟斗记录着爷爷的孤寂与宽容；一盒干花装载着纯真的友谊；一件毛衣编织起了母爱的温暖；一双白皮鞋踏出了母亲的欣慰等。

6．教师示范，课堂小结

题目：看到它我就想起了你。

线索：大金鹿自行车。

开头：

“铃铃铃……”清脆的铃声传到耳边，刚刚送女儿到学校门口，就看到一对父子迎面而来，儿子在前面得意地骑着小巧的自行车，父亲在后面气喘吁吁地撵着，挥手大声让其慢点，这一幕让我不由浮现眼前一辆大金鹿牌自行车。

那是父亲的一辆自行车，是那个年代很平常的牌子——大金鹿，确实够大，比当时的我还高。父亲很喜欢这里自行车，为了防盗，每天骑到楼下后再一层层地推到我家四楼走廊的过道，用大铁链仔细锁上，早晨再一层层慢慢放到楼下去。因为父亲要用它载我上学。

事件安排：

铃声悠扬，我坐在后座上，父亲的呵护和坚毅的背影让充满崇拜——我艰难地自学骑自行车，它成了我在伙伴面前炫耀的资本——高中骑行上学，借上坡挑战自己——自行车老旧、破损，不再骑行，卖的时候听到父亲还在回忆一起一次回家路上骑车的事故——如今，自行车换成了汽车，我拉着父亲，父亲也满头白发，仍能听到他一遍又一遍地回忆。

中心（结尾）：

铃声渐远，那一对父子的身影也已远去，但眼前仍不觉闪现病床上的母亲，以及在床边服侍着的父亲的身影，已经好久没有再去看望他们了，也是该我尽孝道的时候了。

这节课你的收获是——

《让插叙为作文添彩》导学案

李威

一、学习目标

回顾经典课文中的插叙片段，理解插叙的方法和作用（重点）。

欣赏使用插叙手法的优秀习作，明确插叙写法的要求。

在写作中能有意识地较为灵活的运用插叙写法为作文添彩（难点）。

二、知识卡片——插叙

在记叙的过程中，由于表达的需要，暂时中断叙述的线索，插入另一个或几个与中心事件有关的情节和事件的叙述方式，叫作插叙。

三、学习过程

1. 课文引路——了解插叙之妙

通读课文《爸爸的花儿落了》,梳理概括:在毕业典礼进行过程中英子都回忆了哪些事?每一次回忆是怎样展开的?

(1) 眼前的事(主体事件):"我"坐在大礼堂里准备开毕业典礼,毕业典礼后回家,老高告诉"我"爸爸过世。

(2) 回忆的事(插叙事件):① 昨天到医院看望爸爸的情形。② 爸爸惩罚"我"赖床。③ 爸爸冒雨给"我"送花夹袄。④ 爸爸爱花。⑤ 爸爸叫"我"闯练汇款。

(3) 衔接文字。① 她说:"夹竹桃是你爸爸种的,戴着它,就像爸爸看见你上台一样!"爸爸病倒了,他住在医院里不能来,昨天我去看爸爸……(由毕业典礼过渡到医院探病)。② 但是觉得爸爸讲的话使我很不舒服,自从六年前的那一次,我何曾再迟到过?当我在一年级的时候,就有早晨赖在床上不起的毛病……(由医院探病过渡到爸爸惩罚"我"赖床)。③ 啊!这样的早晨,一年年都过去了,今天是我最后一天在这学校里啦!当当当,钟声响了,毕业典礼就要开始……(由赖床被打、爸爸送花夹袄过渡到眼前的毕业典礼)。④ 如果秋天来了,爸爸还要买那样多的菊花,摆满在我们的院子里、廊檐下、客厅的花架上吗?爸爸是多么喜欢花……(由毕业典礼过渡到爸爸爱花)。⑤ 陈家的伯伯对爸爸说:"老林,你这样喜欢花,所以你太太生了一堆女儿!"我有四个妹妹,只有两个弟弟,我才12岁…… 我为什么总想到这些呢?韩主任已经上台了……(由爸爸爱花过渡到毕业典礼)。⑥ 无论长得多么高,多么大,老师,你们要永远拿我当个孩子呀!做大人,常常有人要我做大人,这些人都随着我的长大没有影子了,他们是跟着我失去的童年一起失去了吗?爸爸也不拿我当孩子了……(由毕业典礼过渡到闯练汇款)。⑦ 我很高兴地想:闯过来了,快回家去,告诉爸爸,并且要他明天在花池里也种满了蒲公英,快回家去!快回家去!拿着刚发下来的小学毕业文凭红丝带子系着的白纸筒……(由闯练汇款过渡到毕业典礼结束回家给爸爸看毕业文凭)。

梳理小结:在使用插叙手法时,哪些东西能触发回忆?

思考:若删掉插叙的事件,对于中心的表达、人物的塑造、结构的安排有哪些影响?

2. 佳作欣赏——丰富插叙之妙

阅读优秀习作《就这样慢慢长大》、《你要好好的》，看看这两篇文章是如何使用插叙写法的？

就这样慢慢长大

静静地端着一杯茶坐在窗边，茶面上萦绕着缕缕白烟，透着若有若无的清香。眼角无意间瞟到那最终还是放在阳台上的茉莉花呢，思绪似潮水般涌了上来……

我和爸妈又吵架了，只因为那盆茉莉花。

上午，爸妈刚买菜回来“女儿，快看，妈给你买了什么！”妈妈兴奋地说道。正在沙发上看电视的我，懒懒地走过去……好漂亮的一盆茉莉花！绿油油的叶子，片片都透着它独特的清新，顶端还缀着两个含苞待放的花骨朵。“这样的花得放在阳台上才好，看着有朝气。”我斩钉截铁地说道。可妈妈却不以为然：“这么娇嫩的花怎么能放在阳台呢？可不得被吹坏了，得放在室内。”意见分歧，莫名的怒气迫使我说了句违心的话：“你们到底是不是我父母啊，都说了放在阳台了，为什么就不能？”我越说越觉得委屈，到最后竟然和他们吵了起来，到现在都没说一句话。

看着阳台上缀着两个花骨朵的茉莉花，觉得无趣，只是徒增伤感罢了，索性去外面走走。

我一个人在街上漫无目的地走着。走到街道拐角处时，看到一对母女。母亲大约二十八九岁，女儿只有五六岁，扎着两条辫子，脸红红的，睁着大眼睛对母亲撒娇要吃冰淇淋，母亲拗不过她，拍拍她的头，笑盈盈地说：“好，我带小可爱去吃冰淇淋。”一道雷劈在我心中，在我脑中打响。曾几何时，妈妈也曾这样宠着我，现在那幸福遗失到哪去了呢？

回到家是已经天黑了。晚餐桌上，我们都没说话，气氛很是尴尬。我只大口大口地吃饭，好尽早结束这场晚饭。这是妈妈习惯性地夹了些鱼香肉丝给我，我下意识地把碗向后挪了挪，爸爸的眉头皱了皱，妈妈的脸色又白了几分。我张了张嘴，想要解释什么，但最终沉默。气氛更是尴尬。我像难民一样把饭吃完，回到卧室关上门躺在床上。

回想起今天那对幸福的母女，我不由得想，是什么时候开始，我和爸妈开始疏远了呢？是什么变了吗？原来什么都没变。小时候幻想着长大，长大了又怀念小时候，猛然回头发现，我们已经慢慢长大，已经回不去了，唯一能做的就是珍惜现在。时间是不会倒退的，我们是会长大的，珍惜现在，才不会让将来后悔。

那晚下了很大的雨，我直到深夜才慢慢睡去。

第二天早上起来，瞥见阳台上那盆茉莉花，昨天的那两个花骨朵，今天已变了个样。经过昨夜的暴雨，一个花骨朵被风吹落了下来，而另一个却开得那样娇美。

听见厨房传来脚步声渐近，我回过头，看见妈妈正把做好的早饭端出来，我咧嘴一笑："妈，早！"妈妈愣了一下，随即释然："早！"

你要好好的

晚自习下课后，慢慢地收拾起东西，下楼，推车，学校里已经没有几个人了。我故意留到最后走，是想一个人静一静。

父母的不理解，老师的误会，同学之间的小矛盾。一时间，心里被这些烦恼充满了，堵得喘不过气来。

出校门口，迎面来了一个老师，应该是某个送学生下晚自习的主任吧。我习惯性地说了一句"老师再见"，主任似乎略有惊讶："哎！你好！"——一个再普通不过的场景了。就在我经过他的时候，他突然很亲切地说："要好好地呀！"这样一句熟悉的话让还沉浸在烦恼之中的我产生了幻觉，仿佛那一刻，我不是他的学生，而是他的孩子。我心头一颤，忙回头想看清楚他是谁。昏黄的路灯下，他只留给我一个柔和而亲切的背影。

也许他只是看天色太晚，我一个女孩子又没有人结伴回家，有点担心，就关心了一下。但就是这句再普通不过的话让我感动到想流泪。

记得读幼儿园、小学时，学校离我家不远，我都是自己去学校。每天出门前，妈妈都会叮嘱一声："要好好地呀！"久而久之，就成了习惯，只当是"再见"之类的告别语，并无多少感觉。

到了这儿来上学，妈妈不在身边了，外婆在这里照顾我。由于我骑车技术较差，自行车又难控制。刚开学那一阵子，我三天两头出状况，外婆很放心不下，每天早上出门前也总叮咛一句："路上小心，要好好地啊！"现在我自以为技术过硬了，就没把这句放在心上，有时甚至觉得烦。但外婆每天都不忘说这句话。

其实，家里最唠叨的人是爸爸。他有事没事都会打电话给我。有时实在没话讲，关心两句后竟然问我有没有事要跟他讲，每次我都绞尽脑汁找话题，痛苦得很，以至于后来听到电话响我就想躲起来。但是，我忘不了的是每次爸爸打电话给我最后一句都是："在那边要好好地啊！"听到最后我都没感觉了，就三个字：真麻烦！

也许我就是这样，习惯了别人的关心，从而忘记了感动，经常为一些鸡毛蒜皮的小事生气。

也是到现在，我才明白，一句"要好好的啊！"实在包含了太多。

这就是生活的真谛了。好好地学习，好好地生活，好好地和人相处，这些才是最重要的。只要能够"好好的"，那点小矛盾、小误会、小摩擦又算得了什么呢?!

一阵晚风吹来，我顿觉神清气爽，忙加快了速度，外婆一定还在灯下等我呢。

(1) 勾画文中使用插叙的语段，并分析文章是怎样使用插叙手法的？

(2) 结合以上二篇文章，思考：写作文时使用插叙手法要注意什么呢？

三、学以致用——灵活运用插叙

阅读下面的文章，思考：若用插叙来增强文章的表达效果，该在哪里插叙和怎样进行插叙？

我长大了

七年级2班　郭美琳

成长是青春的舞曲，喜悦，烦恼，成功，挫折……然而，在那次小插曲中，我长大了！

那是周五的下午，放学了，我带着放假的兴奋在校门前多玩了一会儿。寒风呼啸，树上的树叶零零落落，草儿在地上被风拍打的斜着身体，依旧是冬季，但在车站的同学们却不感到寒冷，并没有一丝想要结束话题的意思。终于车来了，人群一拥向前，"呼，终于挤上来了！"本想等下一辆公车的，却看见表上的时针已指到了六，便上了车。

下了车，我和姐姐并排走着，依旧在聊着百谈不厌的校园故事。走着，走着，便看见伫立在寒风中的爸爸，冷风无情的吹打着爸爸的全身，他手插裤袋，脸颊被风吹得通红，头发在风的拉扯下，我似乎看见了白丝。不觉鼻头一酸，泪腺似乎失灵，开始往外冒眼泪，我将头轻仰四十五度角，想要那圆滚的泪珠回到原处。我一步步走近爸爸，他那原先容光焕发的面颊，此刻却显现出几条皱纹，在那通红的脸上跳跃。看到我们，他的嘴角上扬，继而露出了牙齿。"爸爸你怎么在这?"我问。"今天下班早，就来接你们！""哦。"我满不在乎地回了一句。"你们的爸爸老了，以后就靠你们了哈！"爸爸半开玩笑地突然来了一句。"瞎说些啥！"我略恼的声音传去。"以后你们呀……"爸爸依旧喋喋不休地说着，双眼望向夜空，散发着耀眼的光芒，似乎看到了未来，看到了他的晚年……我不敢开口，因为我怕惊扰父亲那充满希望的眼神，也怕一开口，眼泪就会止不住……

到了家，我望向父亲那宽厚的肩膀，原来是这样一双肩膀，扛起了一个家，扛起了我的学业，扛起了母亲的爱，扛起了一个希望，这一刻，我仿佛长大，立下了一个愿望：我一定会给爸爸一个幸福的后半生……

爸爸，我会努力，我会成功！我真的长大了！

温暖的阳光

母爱是伟大的，就像温暖的阳光，洒落在我们心田，虽然悄无声息，却让一棵棵生命的幼苗感受到了最宝贵的温暖。

那是阳光明媚的一天，写完作业的我一边听着歌，一边拖地，妈妈像往常一样在厨房忙碌着，又在做我爱吃的糖醋排骨。

"吃饭啦！女儿，又做了你爱吃的糖醋排骨！""来啦！"我答应着，来到餐桌旁，只见满满一桌子都是我爱吃的菜。妈妈照例一边往我碗里夹我爱吃的糖醋排骨，一边说着她说了无数遍的话"你正在长身体，要多吃点！"可是她始终没有给自己夹一块糖醋排骨。我的心里不禁酸酸的……

吃完饭，妈妈要去上班了，走到门口，妈妈仍像往常一样，甜甜地说"再见！自己在家，乖乖的啊！"

妈妈的爱最无私，虽然我给她的有时是狂风暴雨，但她给我的永远都是温暖的阳光。

运用本节课所学的插叙方法，选择一种触发点，为以上文章增添一处插叙，使文章内容更充实完整。

预设：

一种情绪：由第三段的"我的心里不禁酸溜溜的……"想到那天，学校提前放假，回家才发现母亲吃饭时，桌上只有白菜、萝卜两碗菜。

一个场景：由第二段场景想到母亲经常给我洗衣，织毛衣，辅导作业，又忙碌上班，我现在长大了，应该帮母亲做点家务事。

一件物品：由第三段的"糖醋排骨"，想到去年母亲买排骨摔跤受伤；或想到母亲见我作业没做完，不让我吃糖醋排骨……

一句话语：由第四段的一句话，回忆："前一个月母亲说我成绩退步，要加油。我听了嫌弃母亲啰唆，甩了筷子，钻进自己房间。可过后母亲晚上回家仍像往常一样，叫我吃饭。"

举例：

一个场景：

妈妈在厨房看见我在拖地，会心地笑了。我不由得想起了小时候的我，只是安心地享受着妈妈的付出，却从未想过去回报妈妈，经常是作业一写完，就马上扑向心爱的电脑，可妈妈却还要做饭、洗衣、拖地……现在我长大了，该是回报妈妈的时候了。

一个物件：

问着厨房飘来的丝丝缕缕的肉香，我想到了小时候的情形：只要妈妈在做糖醋排骨，我就会像个小馋猫一样跟在妈妈身后转，目的是想先尝一口。这时，妈妈总是一边嗔怪着说"你真是一只小馋猫"，一边加紧在锅里翻炒。在即将出锅时，妈妈总会先挑出一块纯瘦肉的排骨送到我的嘴里，还不忘刮一下我的鼻子，连声提醒着："慢慢吃，别烫着了！"

一种情绪：

那天，学校提前放假，当我欢呼着推开家门时，却发现妈妈愣了一下。开始，我以为是我的突然回家引起的。可当我坐在餐桌前，看到妈妈闪烁不定的眼神，看见桌子上只有一碟青菜时，我才明白妈妈发愣的真实原因。我的眼眶不由得就湿了，连忙埋下头去扒拉碗里的饭。那顿饭，虽然只有一碟青菜，可我却觉得胜过山珍海味。

一句话语：

"乖乖的"，我乖吗？青春期的我，有段时间特别叛逆，有天中午，妈妈做了四五千米的车回来专门为我做饭。而在饭桌上吃饭闲聊时，我因为一件小事和妈妈大吵起来，随后摔了筷子，转身冲进自己的房间，把妈妈一个人留在餐厅里，孤零零的。可妈妈上班时，仍用甜美的声音和我道别，好像什么事都没发生。

三、小试牛刀：作文题

妈妈的一句叮咛，老师的一个眼神，朋友的一声问候，陌生人的一次热情相助……都让我们倍感亲切，备受鼓舞，也是我们走出风雨，走向远方的勇气和力量。

请从自己经历的事情，以“我长大了”或“我在XX中长大”为题目，写出不少于650字的记叙文，要有真情实感。

要求：运用插叙的方法，一个中心事件为主轴，中间插叙几件事，反映他人对自己点点滴滴的关爱。

☞我们教综合性学习

《古诗苑漫步》教学设计

卢桂华

【教材】

人民教育出版社的语文教材八年级下册，第五单元的写作口语交际，综合性学习《古诗苑漫步》。

【活动目标】

(1) 认知目标：

① 了解诗歌发展史，学习吟诵、欣赏、演唱古诗，提高欣赏能力。

② 学习围绕主题查找资料的基本方法，积累名句，能够写作编辑作品。

(2) 能力目标：

① 培养学生口语交际和写作编辑能力，提高语文综合素质。

② 掌握基本的微机操作知识（复制、粘贴、排列文档等），使用 powerpoint，浏览网页等。

③ 培养交流与合作能力。

(3) 情感目标：

学习名家高尚的道德情操，品味作品中蕴涵的情感，感受中华诗词文化的灿烂辉煌，培养热爱传统文化的情感。

【活动设想】

古典诗词，词语凝练，意境深邃，韵律优美。综合性学习，是对课内诗歌学习的一个延伸，能够进一步培养学生热爱祖国灿烂的古典文化。在这样的综合性学习中，应重视学生主动积极参与的精神，培养学生的探究精神和创新意识。通过课内外学习相结合的形式组织学习，让学生独立思考、编辑作品，并把现代信息技术与诗词教学相整合。旨在提高学生独立思考能力和合作探究意识和综合语文能力。

【课时安排】

(1) 课外活动两周。

(2) 课内活动二课时。

【活动准备】

(1) 让学生明确活动内容，培训小组长。

(2) 请同学将喜欢的诗歌及作者介绍制成 powerpoint 上传到网站。

(3) 组建评委：语文老师、班主任及其他班语文科代表 5 名。

(4) 教师准备《诗风词韵伴我行》多媒体课件。

【活动过程】

(一) 第一周活动过程

内容：

(1) 发动准备阶段，让学生明确本次活动的目标、任务。

(2) 教师准备多媒体课件，发送到校园网，共同上多媒体课《诗风词韵伴我行》，激发学生学习热情，初步领悟诗词内涵，学习赏析方法。

地点：多媒体网络教室。

教学过程：

1. 导入

同学们，诗词是文学艺术中的一朵奇葩，那里有“长河落日圆”的壮美，有“禅房花木深”的幽美；有陶渊明的“采菊东篱下，悠然见南山”的闲适；也有杜工部的“安得广厦千万间，大庇天下寒士俱欢颜”的理想……今天，让我们走进诗词的海洋，伴随诗风词韵，共同感受那份独特的美。

你知道哪些著名的诗人或词人？学生回答，交流 powerpoint 文件。

2. 探究

探究活动一：点击了解中国诗词发展史(点击粗体字可打开网页内容)

(1) 了解不同的历史时期，出现了哪些艺术形式及代表诗人。

(2) 自由链接网站，找到喜欢的诗人(词人)，或讲讲他们的故事，或充满感情地朗读诗词，简单说说自己喜欢的理由。

附：课件中部分网站链接。

http://www.guxiang.com/shici/shijing

http://www.guxiang.com/shici/tangshi

http://www.my285.com/gdwx/gdsc/scsb

http://www.guxiang.com/shici/yuanqu

http://www.ccnt.com.cn/literature/wenxue/shiren

探究活动二:赏析《枫桥夜泊》

(1) 打开课件《枫桥夜泊》,师生共同赏析。

(2) 读读台湾作家张晓风对这首诗的阐释。

探究活动三:任选一种活动,自由赏析诗词

(1) 赏析《水调歌头》活动提示:

① 打开课件欣赏《水调歌头》。

(有朗读,有内容分析,有王菲的MTV《水调歌头》)

② 打开苏轼简介,了解豪放词派的代表苏轼。

③ 结合搜集的资料,谈谈您对这首词的看法和体会。

(2) 赏析马致远《天净沙·秋思》活动提示:

① 打开课件《天净沙·秋思》自由赏析。

② 合作小组讨论赏析。

(3) 自由链接网页旁边网站,找到自己喜欢诗词赏析。

探究活动四:讨论诗词赏析的方法

(1) 知作者明风格;(2) 看提示,定基调;(3) 品语句,悟感情。

3. 结束语

同学们诗词之美,在意境。只有从理解诗词的意境入手,才能体味到诗词的神韵。中国人是一个爱诗、词的民族。

……

愿同学们热爱诗词,让诗风词韵伴随你成长的每一天!

4. 作业

以小组为单位,明确分工,通过各种渠道,查询相关资料,分门别类古诗。可按诗歌体裁对古诗分类为:古体诗,近体诗,律诗,绝句等。

内容:咏志,咏物,咏史,感怀,田园,边塞,山水,送别,思乡,友谊等。

流派:现实主义,浪漫主义。

朝代:古诗和现代诗。

（二）第二周活动过程

内容：

（1）小组成员之间相互提出意见或建议，以供进一步修改编辑作品。

（2）诗歌朗诵，在小组热身、准备。

（3）课内活动阶段。

（4）成果展示。

地点：班级。

成果展示过程：

主持人：开场白（略）。

1. 古诗词的编辑

用打印文稿或演示文稿的形式向同学们展示小组编辑成果。

活动评价：由评委对展示的思想内容、艺术形式、创意策划及口语表达等进行评分。

2. 古诗词的朗诵

配乐小组合诵或推选代表朗诵一首或几首诗歌。

活动评价：从读音、语调、表情、背景音乐与意境的配合等方面评分。

3. 综合展示

诗配画，画配诗，为诗谱曲，唱诗词等。

活动评价：由评委对展示的内容、作品的选择画与诗是否相配、是否有意境等进行评分。

成果展示评奖活动说明：

① 由评委选出一、二、三等奖，一等奖 5 分，二等奖 4 分，三等奖 3 分，小组成绩为每位成员个人成绩，算做期末考核的部分。

② 在校内进行优秀作品展览。

4. 作文

在日记中写下本次活动的感想。

【教后记】

本综合性学习，是对课内诗歌学习的一个延伸，在这样的活动中应突出学生的自主性，重视学生主动积极的参与精神，培养学生的探究精神和创新意识。通过课内外学习相结合的形式组织学习，让学生独立思考、编辑作品。旨在提高学生独立思考能力和合作探究意识及综合语文能力。

尤其是信息技术与诗词教学的整合，有效筛选了信息，加大了课堂信息量，使教学内容生动形象，提高了学生学习兴趣，为后来的诗词编辑和吟唱及写作打下基础。

上完本课，我真切地感受到：语文综合实践使得语文课堂不再是传统意义上的教室，教科书不再是传统意义上的课本，学生学习时间也已不再是也已不是传统意义上的 40 分钟，教师也不再是知识的权威。通过自主编辑，多媒体技术等多种教学手段的综合运用，使学生产生浓厚的学习兴趣和积极的情感体验，达到教与学的和谐、情与知的统一。只是，由于学生水平参差不齐，尽管培训了小组长，但个别小组人员水平仍不高，在准备阶段应注意分组人员水平的均衡。

第四章
吹尽狂沙始到金
提升之路

美国教育家帕克·帕尔默说："真正好的教学不能降低到技术层面，真正好的教学来自于教师的自身认同与自身完整。"名师工作室作为教师成长共同体的一个载体，它只能从外围来助力发展，教师真正的成长必然取决于教师个人内心深处的自我觉醒、自我修正和自我完善。于是，我们一行九人便踏上了不断完善自我、提升自我的求学路。世界这么大，我们这就携手去看看；教育思想如此丰富，我们这就置身其中去体验。

暑期赴南开大学学习体会

冷爱霞

感谢青岛市教育局为我们名师工作室主持人提供的这次高端学习机会，7月4日至7月9日，短短的一周，充实的一周，十场报告，聆听十位名家的倾心分享，第一次，我们与南开大学的教授们面对面交流，获得了全新的感受——开阔了视野，丰富了知识、更新了观念。学习期间所得，感悟颇多，几经沉淀，已变成一笔宝贵的财富，珍藏于心，且内化为行动。

再次翻阅《青岛市名师工作室主持人培训班学员手册》，回味着南开大学高端继续教育（EDP）中心为我们精心组织的暑期培训学习过程，一幅幅画面，一个个细节，一种种观点，都给我留下了享用不尽的财富。

一、感慨于南开文化的深厚底蕴

车子驶进南开大学，古朴的灰色楼宇，简洁的校园设施，静静流淌的粼粼河水，微风轻拂的依依垂柳……眼前的一切，或许你真的难以将此画景跟一所知名老校联系在一起。伫立在"为中华之崛起而读书"的周恩来雕塑下，抬头仰视伟人面容，一股浩然正气刹那间扑面而来。听接待我们的白长虹院长轻轻讲解，浓浓的学术氛围一下子将我们深深感染。“允公允能、日新月异”，南开大学的校训里，饱含着始创者爱国教育家严修、张伯苓先生多少厚望和期待啊！

每位教授开讲前或者讲课中，都传递着同一种声音，怀揣着同一种情感，那就是对南开大学悠悠文化，朗朗校风的真情赞叹。时代变迁，不变的是南开精神、南开人以天下为公的气魄和责任——“允公是大公，而不是小公，小公只不过是本位主义而已，算不得什么公了。唯有允公，才能高瞻远瞩，正己教人，发扬集体的爱国思想，消灭自私的本位主义。”炮火纷飞的年代里，面对日寇的轰炸，南开精神没有倒下；在新时代里，面对社会办学的私心利和功利，南开的使命初衷不改。

“允能者，是要做到最能，要建设现代化国家，要有现代化的科学才能，而南开学校的教育目的，就在于要具有实际工作能力的人。”过去是这样，现在亦是如此。我朋友的儿子前几年已由南开大学环境科学与工程学院考入清华念研究生，每次与他交流，也总能感受到一个南开学子对知识的追求，对能力的崇尚。如果能够对学生负责，对社会负责，那么这所大学不能不值得全社会的赞誉，“学府北辰”，这样的美誉，对南开大学来说是名副其实的！

“所谓日新月异，不但每个人要能接受新事物，而且要成为新事物的创始者；不但要能赶上新时代，而且要能走在时代的前列。”求是的学风和严谨的治学态度，与时俱进的思想，已融汇在南开大学 EDP 教育中心为我们安排的涵盖面宽、知识内容丰富、能开阔视野、拓展思维的课程里，几天时间里，我们遨游在知识的海洋中，感慨万千，心已深深陶醉其中。

二、感动于专家教授的博学方正

在南开大学听教授讲课，时刻都能感受到他们广博的学识，强烈的责任感和与时俱进的创新意识，周志强教授《互联网时代消费文化与经济创新》，让我们拨开网络面纱，开阔了眼界，瞭望到最前沿的变化多姿的大千世界；张晓唯教授的《周恩来的执政生涯与领导风格》，让我们领略了周总理真实、充满人性，智慧、充满魅力，为国家命运“鞠躬尽瘁，死而后已”的光辉历程；秦海英教授《领导决策中的博弈思维》，则让我们在轻松幽默的比喻和事例中，获得了开放思维，懂得世事与人情；百家讲坛主讲人孙立群教授《以史为鉴，感悟人生》，让我们学到了他尊重历史，严谨治学，以史为鉴，旨在治国的精神品格……每一场报告，我们听到的不仅是知识，更是专家们坚守精专的学术品格，正直谦和，不居功自傲，更不妄自菲薄的巍巍尊严。这样的谈吐，坦诚，平和，该看淡什么，又该看重什么，流淌在专家们的眉宇间，又让你在文字里、在话语里慢慢思忖回味！

曾任天津市南开中学校长的康岫岩教授，将她与南开的相识相融，娓娓道来，将《我的办学思想——生命高素养教育》传递给听课的我们，高远的视野，深厚的境界，为当下优秀公民、为优质生活服务的理念，不由让我们感叹！在吴克峰教授的《国学智慧与幸福人生》中，在刘运峰教授的《媒体传播中的文化素养与理性追求》中，在杨斌教授的《文化事业发展中的科学管理思维与方法》中，我们沉浸在过往与当下、国内与国外、文学与史学、文化与素养的交织里，让思维尽情驰骋！在天津中学付强主任的《学科组建设的关键是加强课堂教学研究》中，也让我深深思索，自己目前所缺的，不就是将一线的经验，提炼成符合教育规律的教育思想吗？

"博学之、审问之、慎思之、明辨之、笃行之"，通过学习开阔了胸襟和眼光，同时也开阔了自己思考的路径。学完课程，我深刻感受到教授们精专的学识和自主创新的能力，这份来自于坚持不懈的精神和严谨治学的态度，这些由内而外迸发出的优秀品质，都是让我感动于心。日常教学与科研工作中，我想，只有运用创新思维，跨出固有的框框、跳出习惯思维，才能找到新的工作方法和措施，才能不断提高教学艺术，以正直的人格和公平的态度，更好地服务于学生的健康成长与学校的公平教育，我将去好好学习！

三、感叹于培训理念的精细暖心

学习期间，我们不仅获得了专业理论知识，学到了教授们认真调查研究、发现问题、分析问题、解决问题的研究精神和思维方法，我们更感叹于南开大学高端继续教育（EDP）中心的老师们严谨的工作态度和精细化的服务思想。

精美的培训手册，明确的学习要求，科学的课程安排，学习讲义的规范呈现……无不感受到培训中心优质的服务品格；每一节课前，主持人对主讲教授的介绍，对上课所需用具的准备，对学员准备的水果与茶点……无不充满了诚挚的爱，暖暖的情。尤其是值得一提的是，培训中心为我们准备的那一枚南开大学的校徽和那一本有南开标志的笔记本，捧在手里，满含着情谊和温度，又蕴含着自豪与敬慕。

犹记得我们进行《沙盘模拟课程——团队决策与科学管理》训练时，培训中心的教师团队，将活动要领为学员细心讲解，教师成员具体分工，为我们学员“沙漠掘金之王”活动指导并服务。学员们则被分成六组，队长、口号、分工，准备就绪，便向古楼兰出发，历经波折，决胜智慧，最终各队依次根据运金众寡而决出胜负，优胜者团队每人可以获得一样小小的奖品。当我们接收到富有南开特色的奖品——印有南开标志图案的钥匙环时，孩童一般，或者笑容满面，或者诉说着小小遗憾。面对精致的青花瓷色彩的奖品，珍惜之情油然而生，这种富有特色的活动样式，印刻着南开思想的小小物件，一点一滴，无不传递出南开培训中心的真爱情怀！

更让学员敬佩的是开班仪式和结业仪式，领导致辞，培训中心负责人讲话，刘云峰教授跟每个手持结业证书的学员合影留念——一张张，一幕幕，一组组，都让人觉得这么隆重而富有成就感！尊重人性，把握心理，培训中心的精细化工作样式温暖着我们火热的心！

四、感恩于岛城团队的热诚协作

能够成为青岛市名师工作室优秀团队的一名，我感到无比荣幸；能够在张局长、陈处长、刘科长以及青岛教师培训中心的领导老师们的带领下，参加此次高端学习，更是无比自豪！具体负责我们名师工作的石香文老师，自从工作室成立以来，他一直以满腔的热忱给予学员以指导和帮助，而此次培训学习，他更是以平和的态度，热诚的言行，为我们联系食宿，协调事务，与工作室成员们融为一体，深得学员信任和尊重！学员们亦如此，较高的素养，守时的作风，彼此关照的品格，为培训增添了一份独有的魅力！在这样的优越和谐的条件下，每位学员都鼓足了劲，充满着学习的热情；在这个夏日里，每位学员都充满期待，如饥似渴地汲取。每个人的笔记都认真细密，每个人的相册都饱满丰实，学习使我们的心更凝聚，学习使我们的情更真挚，心怀感恩，我们今后的工作定然会因这种虚心好学的态度和行动而更富有成效！

暑期研修已告结束，我们不负领导重托，提升了理论水平，优化了知识结构，综合素质不断提高，同时又结下了深厚的师生、同学之情。新学期已开始，此次学习已成为一个新起点，我们将在工作中树立求真务实的工作作风，把树立远大理想和做好本职工作结合起来，勤奋工作、积极开拓，勇于创新，在平凡的岗位上，再创新的辉煌！

愿南开精神，将我们的心照得更亮，将我们的路拓得更宽！

小国大味道

——我的新加坡之旅

姜丽丽

每一次行走，都是眼界的开阔；每一次经历，都是境界的提升。文明无国界，他山之石，可以攻玉。

——题记

短短的新加坡之旅早已结束，然而，有些东西却难以忘怀，并时时想起。这个文明岛国的点点滴滴，已如雨后春笋般，密密的渗入我的心田。

环境篇

告别青岛，孩子们脸上掩不住的兴奋，或许是对新加坡的向往，又或许是期待已久的自由。从寒冷的北方来到赤道，我们在上机前就做足了功课，一下飞机，孩子们就解除掉身上厚厚的衣裤，脱下笨重肥大的鞋袜，只想着来一场温暖的、自由的、没有雾霾的旅行。

没想到，坐上大巴后，我们完全被震住了：蓝天、白云、海水、沙滩、绿树、红花……一张张美丽的图景在眼前掠过！宽阔的道路两旁绿树成荫，全是高大的热带树种，树枝粗壮，树冠延伸开来，像一把精致的绿伞撑在头顶。交错的枝干把阳光划成小块小块的，在地上留下光斑和树的大片阴影。新加坡作为“花园中的城市”、“阳光明媚的城市”，真是名不虚传！

生活真奇妙，仅仅几个小时，我们就经历了截然不同的两个世界，经历了截然不同的两重天，飞机上带来的烦闷、疲劳早已不翼而飞。

后来才发现、才感觉到，如此干净、清新的空气，固然与岛国的海洋性气候有关，但更重要的原因在于居民良好的环境保护意识。在这里，即使是角落旮旯，也看不到垃圾和纸屑，随处可见的垃圾桶，如果不是醒目的 rubbish，你会认为这是放在马路上的一个摆设品。在这里，没看到有人在公共场所抽烟，没看到尘土飞扬的拆迁工程和建筑工地，更没看到浓烟滚滚的大烟囱……人们在鲜花中生活，在绿色中工作，呼吸着清新的空气，品尝着绿色环保的食品。讲授“新加坡城市环境保护政策”的刘博士告诉我们，新加坡拥有完善的废弃物收集系统与环保处理基础设施，并且政府对环境污染严管重罚，环保教育在新加坡是一种终生教育,每个公民都要有环保意识,并且身体力行。

文明篇

在这个花的国度,唯一不舒服的是天有点热。在太阳的暴晒下,每每过马路,黄灯亮起时总有一种想快速跑过去的冲动。可每当这时,前面行色匆匆的新加坡人,反而放慢了步子,停了下来。后来才知,只要绿灯没亮新加坡人是不会越雷池半步的。行走在马路上,最大的印象是,当你要过一个没有红绿灯的路口时,司机大老远看你要穿过马路,会立即放慢速度,然后在隔你一小段距离的地方停下来,让你过去。如果那时候,正好你也看到有车过来,想停下来避车,司机往往会跟你摆摆手,示意你先过去。更让人难以理解的是新加坡路上没有交警,也没有交通协管,这个问题我问过新加坡人,确实没有。

这就是新加坡的马路道德。马路道德来自哪里?除了重罚和鞭刑,更高层面可能来自于公民的素养。

几天下来发现新加坡私家车不多,打听才得知税费非常高,政府鼓励人们乘坐地铁。可又想,新加坡人口密度这么大,这么多人乘坐地铁是不是很乱很拥挤呢?哪知不看不知道,看后很受教育。地铁站的确很多人很拥挤,然而很安静很干净,没有嘈杂声说笑声,有的只是匆匆的脚步声和地铁站的广播声。进入地铁后,人们或站着或坐着,或看书或冥思,没有谈笑声电话声,没有吃东西喝饮料的。真是近朱者赤,环境影响人啊,连我们这群爱吵闹的孩子们也是一路无语。

新加坡的文明远不止这些。爱嚼口香糖的我出行时忘带了,去了 shopping mall,没有,又去了小超市,也没有!问问当地人,答曰:新加坡没有卖口香糖的!再想想我们的街头、广场,随处可见口香糖印记,惭愧啊!每天的桌餐,一顿饭下来,盘子都是“空空如也”,问孩子们,答曰:吃饱了。但内心不免有些许不满:新加坡人也太小气了!负责人何校长看出了我的心思,笑着说:“在新加坡,剩饭是要罚款的。”原来,新加坡法律明确规定:在餐馆浪费食物,需加倍付费。在新加坡的餐厅里,客人点菜时,会有服务员提醒你,菜量有多大,提醒客人点餐时心中有数,以免多了浪费。新加坡没有连绵的矿山,没有茂密的森林,没有一望无际的稻田,但新加坡人受到了良好的教育训练,那就是“勤俭节约”。

教育篇

在短短的 9 天时间里,我们先后参观了新加坡国立大学、中正中学,通过听取校长介绍、参观学校育人环境、与老师座谈交流、孩子们参与学校活动等多种形式，身临其境地感受这里每一个教育细节。

首先给我留下深刻印象的是新加坡的校园环境文化。一堵堵荣誉墙，装满了学校获得的各样的奖杯锦旗及学生的优秀作品；一面面楼道墙，处处张贴着孩子们灿烂的笑脸及丰富多彩的活动剪影。墙壁、地面、楼梯、餐厅到处都在与您对话。这里，有办学理念，有价值引领，有哲思语录，有温馨提示。每一个细节都散发着为学生服务的意识；每一句话语都充满着对学生的无限关爱。校园内的一草一木，一色一景，都是可触摸的文化，潜移默化地影响着师生。环境育人，这种浓浓的文化气息的校园不正是我们需要的吗？

难忘的还有新加坡的课程设置。学校注重扩大学生学习范围，充分利用校内外资源让学生加强体验创新。每年学校都会为学生安排一系列的深广活动，学生可根据兴趣与能力，选择他们想要参加的活动。可选择做社区服务、义工服务、志愿者服务；可选择戏剧训练课程、领袖训练课程、思维训练课程；可选择烹饪课、木工课、面食课；可在教室，可到室外；可在国内，可出国外……从形式多样、内容丰富的深广活动中，我们惊异地发现：新加坡对学生的教育培养目标是全方位的，他们重视的是学生能力的培养、公民意识的培养、社会责任感的培养、创新能力的培养。

这让我想起了两位作家的一段话，席慕蓉曾经说：如果一个孩子在他的生活里没接触过大自然，譬如摸过树的皮、踩过干而脆的落叶，她就没办法教他美术。因为，他没第一手接触过美。龙应台曾说：上一百堂美学课，不如让孩子自己在大自然里行走一天；教一百个钟点的建筑设计，不如让学生去触摸几个古老的城市；讲一百次文学写作的技巧，不如让写作者在市场里头弄脏自己的裤脚。由此可见：经历、实践是一笔宝贵的财富，这种注重探究思维、德育智育相结合的教育方式是非常必要的。

站在新加坡河畔，目光沿河流的方向蔓延，眺望着代表城市名片的狮头鱼尾雕像，我看到了一个优美而又高雅的花园和一个文明的国度。

无限惊喜新加坡，小国，大味道！

大山里的教育情怀

——到贵州省安顺市送课随感

李威

安顺，因拥有黄果树“世界级瀑布”而举世闻名。安顺市虽与青岛市相距2222.7千米，但两座城市结下了“山海携手”的不解之缘。作为青岛教育的一张名片，青岛市语文名师工作室成员的我们也应为姊妹城市教育的发展贡献自己的力量。因此，应贵州省安顺市关岭县民族初级中学的邀请，十月，冷爱霞语文名师工作室的我们一行七人到达安顺送教。

贵州是一个多山的省市，乘飞机到贵阳后还需乘两个多小时的车程到安顺关岭，民族中学的校长和副校长亲自到贵阳接机并开车送我们到学校，这一隆重的见面礼着实让我们感动，第一时间感受到了校领导的重视和热情。在去关岭的路上，我们对“望山跑死马”有了深刻的认识，明明近在眼前的山脉愣是在七拐八弯的山路上跑了半个多小时，这还是在乘汽车的情况下，可以想象重峦叠嶂的山脉确实可以轻易将以前出行工具并不发达的劳动人民牢牢地困在了大山里面。而仅靠马和人力行进的古代商人又是花费多少代价趟出了一条著名的茶马古道啊。

我们的目的地学校——贵州省安顺市关岭县民族初级中学位居安顺市关岭布依族苗族自治县辖镇。关岭县是一个少数民族聚居的地方，其中布依、苗、黎等民族占80.8%，大多已汉化，交流说汉语而很少说苗语（民族中学的罗主任就是苗族人，他会几句苗语，而这已经是很了不起的了）。传三国蜀建兴年间诸葛亮平南中，部将关索驻此，后将其山岭命名关索岭，镇以岭名。关岭县是个山城，依山而建，面积不大，据说开车半小时就能绕城一圈，这里的经济与青岛相比确实有差距，没有高楼大厦，人们的代步工具以电动车、面包车为主，很少见到崭新的小轿车，我们要去的民族中学建在山上，山路崎岖，很陡也很窄，大部分马路仅容一辆汽车通过，山上几乎没有柏油马路。

关岭县民族中学在当地是非常有名的学校，全县前20名他们学校就占了15名。就是这样的口碑学校，师资力量也是奇缺，全校3000多学生，教师却仅有100多名，校长一人教两个班的化学，为了能不耽误教学，校长总上第一节课，这样上完课正好不耽误出去开会。学校里的书记、副校长都担着初三的课程，其中，教学副校长还是初三一个班的班主任，学校的任课老师的授课量非常大，平均每位老师一周 20 多节课，只教一个学科的老师同时上三个班的课，其他的老师跨年级、跨学科、跨文理的现象极为常见，学生在校时间很长，早上 5:30 上早读，晚上 10:00 结束晚读结束回家，老师们全程陪护，在巨大的工作量面前，老师们没有抱怨，全都在兢兢业业履行着教书育人的职责，反而是校长在见到老师时就谆谆教导：别累坏了，悠着点干。真为这里的领导和老师感动。这里的民风非常淳朴，晚上十点放学丝毫不用担心安全问题发生。

到达这里后我惊讶地发现，来送课已不是此行的主要目的，受到触动才是我们最大的收获。通过接触，我们了解到这里的学生很多都是留守儿童，他们渴望靠学习走出大山，见见外面的世界，因此，他们的学科积极性非常高，每个班生源达 80 人多，班额是我们学校的两倍以上(就这样还是拒收了许多学生的结果)。诚然，当地的教育理念较青岛而言确实相对落后，老师繁重的上课任务使得他们充分备课都不一定做到，怎能奢求他们再认真研究新的教学方式、更新教学理念呢，因此，他们的课堂以教师的讲为主，而大多数学生也都习惯了这样的授课方式，教学成绩可以说明这一点，也因为有这么一批可爱的孩子，这里老师的教学不是一件令人苦恼的事，大家都在尽自己最大的所能传授孩子渴求的知识。这里的孩子们非常聪慧，适应能力也强，像海绵一样尽力吸收着所有遇到的知识，他们遇到我们并不怕生，反而能主动与我们攀谈，问我们山外的生活，每天，我们送课者上课的方式明显不同于当地老师的授课，但学生们都能积极配合，课堂效果非常好，这让我们感到一丝欣慰，很快地融入到了大山里的教育生活中，我们为能将自己的教学心得带到大山里来而高兴，也算实现了自己的一个教育梦想，在这里也有了一批喜欢自己的学生，我想这是作为教育工作者莫大的幸福吧。

我还想再夸夸这里的孩子，“穷人的孩子早当家”，在这里确实是这样的。走在马路上，随处可见刚刚上小学的学生自己背着书包泰然自若地走在放学路上，自己付钱在路边买吃的，甚至干脆自己做饭，这些 6～7 岁的孩子手里拉着或背上背着更小的孩子需要照顾，小小的他们早已没有城市里小孩所有的不知所措，他们已经开始自主安排自己和家人的生活，承担起家庭的责任，中学生的他们也不像是我们想象的那样，起立回答问题也不怯场，有的学生的回答明显很有主见，能让我们感到他们为生活在这虽然偏远但却美丽的地方感到骄傲，这也给我们上了一课，让我们对孩子有了莫名的敬佩。这里的孩子非常喜欢他们的任课老师，他们是懂得感恩的，据说，因为我们工作室法洪雪老师的课堂非常精彩，学生们在上完课后就笑嘻嘻地对他们的语文老师说："老洪（这是位学校的政教主任），咱们啥时候也能在你的课堂上这样的课啊。"这是当事老师亲口转述，说的时候没有恼恨，而是满眼的慈爱，孩子的话语里没有责怪，有的是亲近，孩子们的纯真、率直表露无遗。

师者，传道授业解惑也。我认为这里的老师用他们的身体力行践行着作为教师的职责，虽处山上，却仍能深切地感受到教师的教育智慧，令人钦佩。感动之余，工作室主持人冷爱霞老师和成员们纷纷慷慨解囊，自发将有助于孩子学习的名著和作文书籍免费赠予这些可爱的孩子们。此次名为送教，实际上我们受到的感动更多，送教时间虽短，但情谊永存，愿这份弥足珍贵的友谊源远流长，让我们与关索感情更加坚贞，愿贵州省安顺市关岭县民族初级中学的所有师生们永远快乐。

嗨，教育家

——"未来教育家"论坛深圳纪行

法洪雪

两天报告体验，一天亲历校园，我体验了什么是高端论坛，什么是开放办学。

回程的路上，我在想：

以前，觉得自己是井底小蛙，鄙陋；

连连得奖以后，觉得自己跳出井口，得瑟；

在这次培训之后，觉得自己虽然跳出井口，但是井外天空是如此广阔，反思自己，汗颜！

我这样想着，这样写着，回想听到的台上的讲座，也回想和同行的几位胶州本土的教育家身上所受到的熏陶，渐渐知道应该怎样继续前行，怎样向着教育家的方向迈进。现在，如果让我说说教育家的成长，我想谈谈这样几点体会。

一、聚一些灵气

这次论坛的主题是：营造教育家成长的自由生态，来自各地的专家学者从教育行政者、校长以及教师成长的三个层次对于教育家的成长做了不同角度的阐释。在两天的报告中，我接收了大量的信息：教育家、教育家成长规律、教育家情怀……

不仅如此，我在各位专家的报告里听到了很多关于教育家成长的"灵气"：那些古今中外的教育家们，他们都能从教育现象中迅速提炼出教育规律，并从这些教育规律中寻找适合本土的教育方式，更难能可贵的是，能将这种教育方式再次总结梳理，形成新的教育理念。有的教育理念，已经传了几百年，有的正在向外界传递。

江苏省教育科学研究院孙孔懿教授谈到他亲临苏霍姆林斯基的家乡和工作地的经历。在讲座中，孔教授满怀深情回顾苏霍姆林斯基的教育经历，谈到苏霍姆林斯基对于教育现象的研究。孔教授了解到：每天，苏霍姆林斯基都会在清晨来到他的办公室，静静思索，思考教育现象和教育规律。我觉得这就是苏霍姆林斯基的教育家的"灵气"氤氲的地方。他必定在此沉淀、思索，找到了教育的灵感。忽然记起自己读过的《和青年校长的谈话》，苏霍姆林斯基写道：为什么学生的回答总是那么贫乏、平淡而又刻板？为什么在这些回答里缺乏儿童自己的、活生生的思想？于是，我开始记录学生的回答，分析他们的词汇量、言语的逻辑和修辞成分……我一边分析在同事的课上所观察到的情况，一边愈加深入思索问题：儿童是怎样借助词来学习思考的？思维又是怎样反过来促进言语发展的？在对儿童的思维进行指导中，从教育学的方面看，究竟有哪些缺点？诸如此类的教育灵感，就在苏霍姆林斯基对于教育现象的痴迷的研究中一个个涌现，在这些"灵气"中，我还发现，要有这种教育的"灵气"，这个教育家的本身首先要是一个真正的人：正如苏霍姆林斯基一样，他爱祖国，爱父母，爱亲友，爱孩子。孔教授说，"苏霍姆林斯基的教育思想的根基扎在人民之中。他从小就是一个好儿子，好学生，后来成为一个好丈夫，好老师，好校长，好公民。每个接近他的人都会接受他的磁化。"苏霍姆林斯基也说过：要成为孩子的真正教育者，就要把自己的心奉献给他们。对孩子的爱，成了他教育生命之所系。教育灵气，归根结底，来自于对孩子以及对于教育事业的爱。

同行的几位校长，也让我见识到了这种"灵气"：北京路小学的张校长，在了解到滨海小学的升旗仪式的时候，总结说"这就是很好的及时教育"，并且提及自己学校里的有着同样效应的及时教育。我惊叹于他能在瞬间将看到的现象和自己的管理实践联系起来的"灵气"。在参观学校的时候，每每遇到一些教育现象，几位校长都会有不同的询问。在他们之间讨论中，我得知，他们是在思考怎样将自己看到的教育现象和自己学校的教育实际结合起来，怎样的教育实践更加适合胶州本土的教育……思维在碰撞，教育家的"灵气"也在这样的学习交流碰撞中越来越显露无遗。

二、守一颗恒心

原中国人事科学院院长、中国人才研究会副会长、中国人才学理论的奠基人王通讯教授在谈到教育家成才的四大建议的时候，说到了最重要的一条是："贵恒久"。持之以恒，才可以由量变到质变。王通讯教授谈到了一个柯林斯的"飞轮效应"：飞轮效应指为了使静止的飞轮转动起来，一开始你必须使很大的力气，一圈一圈反复地推，每转一圈都很费力，但是每一圈的努力都不会白费，飞轮会转动得越来越快。达到某一临界点后，飞轮的重力和冲力会成为推动力的一部分。这时，你无须再费更大的力气，飞轮依旧会快速转动，而且不停地转动。这就是"飞轮效应"。其现实意义就是，人在进入某一新的或陌生的领域的时候，都会经历这一过程。如果要让飞轮转起来不花太大力气，条件是要有足够的坚持，这也意味着得用时间足够来保证。

在从南国回来的日子里，我常常想起这个"飞轮效应"，也想起同行的几位已经俨然是教育家风范的校长的话。有幸和深圳路小学徐瑞芳校长一起同行，和她一起的时候，并没有听她说起一点点关于自己的"伟绩"，只是回来后听其他老师谈起徐校长，我才知道她竟然是 1998 年的山东省特级教师，2009 年的山东省齐鲁名师建设工程人选，2010 年的全国基础教育名师，现为青岛市第十届党代会代表、山东省中小学德育研究专业委员会理事、国家课程资源项目建设人选等，终身享受两项国家政府特殊津贴。在一起学习的日子，她总是提前到达听课现象，我想，这种对于教学知识的孜孜以求和恒久的坚持促成了这样一位教育家的成就。后来，听第五实验小学的赵建华校长谈起自己的成长经历，提到自己在实验小学的时候，全校在校长的带领下形成了一股奋力成长的风气：没有人去逛街购物，没有人闲扯聊天；大多数教师是师范毕业，但是在实验小学的氛围里，很多教师用了两年多就拿出了自学的专科、本科文凭；每天放学后，办公室大多都亮着灯，教师们要么在苦学、要么在钻研业务……长久地坚持，使得实验小学人才辈出，而赵校长也从实验小学被选聘为局属小学的校长，并且依然坚持着自己的业务拓展，兢兢业业于教育管理的专业发展之中。

教育家成长是教师人格修炼与专业素养发展的过程，是一个持续积累中飞跃提升的过程。守一颗恒心，一颗执着于教育的恒心，是教育家成才的关键，也是我从胶州本土教育家的言行里得到的启示。我相信：起初的每一次努力，可能效果都不明显，但是能量在每一次“敲击”中积累，只要恒心不该，我们就总是行进在成为教育家的路上。

三、瞄一个方向

专门研究人才成长规律的王通讯教师讲过一个“刺猬理念”：这是柯林斯颇为推崇的一个简单明确的概念。在古希腊寓言中，狐狸是一种狡猾的动物，能够设计无数复杂的策略，偷偷向刺猬发动进攻。但每一次刺猬都蜷缩成一个圆球，浑身的尖刺指向四面八方。刺猬屡战屡胜。从这则寓言中得到启发，把人划分为两个基本的类型：狐狸和刺猬。狐狸同时追求很多目标，把世界当作一个复杂的整体来看待。而刺猬则把复杂的世界简化成单个有组织性的观点，一条基本原则或一个基本理念，发挥统帅和指导作用。不管世界多么复杂，刺猬都会把所有的挑战和进退维谷的局面压缩成简单的——实际上几乎是过于简单的一刺猬理念。对于刺猬，任何与刺猬理念无关的观点都毫无意义。

那么，我们的教育研究的理念也可以同理可证：选目标很重要。瞄准你最喜欢而且擅长的事情，而且这个权衡的过程不能过长。就像是刺猬一样，要知道一条发挥和指导作用的基本原则。经过挑选，选出一条线，简单执行下去。谁像狐狸一样复杂，追求太多目标，反而就是什么也搞不成。回想一下，苏霍姆林斯基的在教学中沉思和实践不也是瞄准了一个目标吗？

再者，我想到这个要“瞄准”的目标，还包括要有这样的信念：课堂里走出教育家，校园里成长教育家。中外教育的历史中，凡成为教育家者，都视教育为生命，始终充满着饱满的激情。不求回报，不谋职位，而是把自己的生命价值寄予教育，把教育作为终生的追求。真正的教育家对教育事业的情感发自肺腑，而这种激情的持久且饱满是基于对学生的深切关爱而萌生。当你瞄准目标后，你会发现机遇会随之产生，就像是几位参与论坛的一线教师所说：所有的机遇，看似偶然，实则必然。只要你不放弃努力，就一定有机会。

一路走来，一路思考，一路就这样写着，也这样深深感念于局领导高瞻远瞩地看到我们这些一线教师的成长瓶颈以及给予我这次学习机会的厚望；感念于这次难得学习机会给我的当头一棒——啊，原来我的路还很远很长，原来还有更险的山要攀登，原来还有更高的天空要瞻望！

是啊，成长是有规律的，优秀教师身上的许多共性的特质：教育灵气、恒心不改、目标坚定以及勤于学习、善于学习、较好的反思精神、职业情怀等，都需要我好好学习、时时警醒——“不为彼岸只为海”，即使不能成为教育家，也要走在成为教育家的路上。

访学印象

卢桂华

深秋野望

晨起，出发。每个人脸上都写着欣喜与兴奋。放下手头烦琐的工作，扔下家务和淘气的孩子，我们开始了快乐的科研访学之旅。

高速上，与车轮一起飞驰的还有我们放飞的心情。秋天的原野，斑斓而绚丽。透过车窗向远处望去，天空澄清而又缥缈，使人想听见一曲高飞的云雀的歌。时而看到金色的原野上，竖着光秃秃的疏落的树干和枝丫，直刺着高远的蓝天和淡云，呈现出一种向上的姿态。还有那不断离我们远去的一幅幅油画：沾化的冬枣林郁郁苍苍，累累的果实挂满稍头；磅礴的东营黄河口汪洋恣肆，向我们显示着他的厚实与张力；黄绿相间的旱稻田大块大块地平铺着，似乎晚稻的香气就要透过密封的车窗传送进来；娴静的秋水自在地流淌在苍茫的原野，沉静而又清亮。好一派绚烂而又明媚的秋色！

寻梦南开

我是为了寻梦走进南开校园的。这里是总理的母校，这里走出了53位院士，这里还有一位让我仰慕的教育家。

晨曦微露，悄悄地和俩仨伙伴走进南开，但见总理像赫然眼前，底座上“我是爱南开的”几个字使我不由一颤，多么平实而又简单的话语，多么至情至性的总理啊。

甬路旁边挺拔的桦树如同卫兵般排列成行，俨然成为教室、宿舍的守护神；幽径中，湖畔边，体育场上，晨练者舞剑，打拳，快跑，不一而足；草、花、树错落有致，即便在秋意浓浓的十月，仍是一片生机盎然。

作为一所百年老校，南开大学并没有许多古建筑。新建的省身楼虽谈不上高大雄伟，但格外引人注目。此楼是为纪念“微分几何之父”陈省身先生而建，先生不断追求真理的一生，渊博的学识，卓越的贡献，以及高尚的人格魅力，让我油然而生敬重感。

随着路人所指，走进教育家伯苓先生长眠的小公园。想起昨日张武升教授讲的伯苓先生的事迹，他把南开办成与北大、清华三足鼎立的学校，他深爱着这方土地，死亦长眠在这里。看着那黑色的大理石碑文，不由想起艾青的《我爱这土地》，是一种怎样的热爱，使他死后亦要立在这里？我仿佛听到了伯苓先生的魂魄依然高喊着“允公允能、日新月异”。曹禺先生曾经说过“南开是天津的风景，是天津的骄傲！而南开人骄傲的是南开的精神与灵魂。”我想伯苓先生即是南开之魂，他用风风雨雨的生命历程，矢志不渝地追求南开乃至中国教育事业的更高境界——我已读懂了先生。

情动教科院

没有气派的大门，没有辉煌的流金大字，一栋简单的九层建筑朴素地立在那里，天津教科院朴实得如秋天里的那株高粱。就在这里，我平静已久的心产生了新的悸动。

我们离名师究竟有多远？听着陈雨亭博士的报告，我不断地思索：作为一名毕业十几年的“老”教师，我该如何实现专业化发展，向名师迈进？

教学一直是我所深爱的工作，语文教学更是自己所热爱的学科，但为什么近几年一直滞步不前？许多种想法在内心深处翻腾，不断碰撞，却始终未能形成体系。近几年，从事学校校本培训、读书活动、教育科研工作，这些工作使我学会了思考，只是大部分思考总是未果，有些零星的火花也未能燎原……

所幸的是，在迷茫中我有幸遇到陈雨亭博士，今天她用柔婉的声音告诉我们：不要把经验的自动积累当作提升，否则毕业五年和十五年没有区别；教师学习教学要不断练习，要常常反思，学会思考，进行自我改进；要加强自我管理，要从学生那里，从同行那里，从专家那里不断地寻找反馈意见，不断地提升自我；更要研究名师，多读好书，选择地学习他们的成果……

陈博士的话使我警醒。不由地想起今年的“中国好声音”节目，一些比较成熟的选手，总难成为顶级高手。哈林老师对金润吉说：“你要把自己揉碎了，然后重新组合。”我想我也应该这样。如何把自己揉碎？那就要如郑燕祥“行动学习循环图”所显示的，打破原有思维模式，用新的思考方式丰富自我。

课间休息时，陈博士真切地说：“你如果想进步，就要像中医的针灸一样，用针刺痛的感觉激发内在动力。”是的，只有感受到痛，才会有蜕变。我想我找到了方向:沉下心来读书学习,静下心来教书育人,不断丰富自己的文化底蕴。唯有用心思考,在教学中开展研究,在研究中不断探索、实践、反思。或许我没有机会去办一个新理念的学校,不能像《没有围墙的学校》里的老胡子那样办体制外的教育,但我同样可以在自己的课堂上开创民主与自由的气息,用自己的坚持、激情、爱心给学生一个健康成长的环境,让思想的自由之花在课堂绽放。

我们离名师有多远?或许近在咫尺,又或许远在天涯。我已有了方向,我会用更坚定的脚步丈量属于自己的师者人生。

百年老校的魅力

——上海市卢湾区第二中心小学考察报告

曹正昌

不知不觉,崂山区名师的研修培训进入了第二阶段——到学校考察,包括跟班听课、参与学校教研活动、观摩班级管理工作、与指导教师进行访谈、考察校园和班级文化建设等等。我们考察的学校是上海卢湾区第二中心小学,这是一所上海市重点小学。

学校坐落在上海市复兴中路上,无论是行政楼,还是教学楼,都是那么小巧精致,尤其是行政楼内的装饰古朴中透着高雅,很有海派文化风味。温文尔雅的陈瑾校长热情地接待了我们,简单介绍了学校的百年发展史后,我们就按照学科、年龄段分了组,选择不同的指导教师开始了听课学习。

几天下来,我被卢湾二小这所百年老校深深折服了。从校容校貌到学校文化建设,从教师课堂教学到教研组研讨,无不给人以启迪和思考。我觉得这些启迪可以归结为两个字:"实"与"活"。

"实"指的是实实在在、扎扎实实。

首先,学校是实实在在地搞素质教育。

每天走进校门,总会看到不大的院子里(还称不上操场)学生在踢球、跳大绳、踢毽子、玩游戏……体育老师在边上进行指导。每个孩子脸上洋溢着快乐、轻松。在教室里,我们翻阅了学生的作业记录本,机械抄写的作业很少,说的、读的作业占大多数,因为学生手头没有所谓的配套练习册等教辅材料。"只靠一本教材怎么保证学生的学习质量呢?"面对我们的疑问,指导教师乔燕主任说:"我们根据所学内容每个单元出两张小测试卷，一份单元检测题。”噢，及时检测，检测题少而精，把学生从题海战术中拯救出来，学生练得轻松，学得有效。听乔主任介绍说，学校的课程分基础型课程、拓展型课程和探究型课程。每周五下午是拓展课程，学生走班上课，发展自己的兴趣和特长。

虽然还没有亲眼见到学生上拓展课的情景，但是从语文课堂上学生出色的发言、流畅动情的朗读，从体育课上老师认真的指导与训练，从数学课上学生敏捷的思维反应，我已经感受到了卢湾二小师生的优良素质。王建军教授在他的报告《教育变革与教师专业发展》中说过：真正的理念在一个人具体的行动细节中。的确，从卢湾二小师生的一举一动中，我们感受到了素质教育的魅力。

其次，学校的教研活动开展得扎实、实在。

这一点给我留下的印象最深。卢湾二小倡导“启发式，少而精”教学模式，为了打造启发式课堂，学校加强团队合作，充分发挥集体的智慧。学校所有的学科每周都要以教研组为单位举行教研活动，针对某个单元的教学困惑，抑或是某个研究专题，大家共同讨论，探寻最佳解决办法。在这样的教研活动中，每位教师准备充分，侃侃而谈，每个人都是教研的主人。再想想我们的教研组活动，几乎变成了教研组长的一言堂，其余老师大多是抱着“听别人说”的心态，不善于发表自己的见解。于是教研活动缺少了思维的碰撞，缺少了活力于张力，收效也就大打折扣了。其实，教研组研讨是最灵活、最有效的研讨模式，只有扎扎实实搞研究，学校的教学质量就会明显提升。

讲完“实”，就该讲“活”了。这里的“活”指的是学生的发展是活泼泼的。

不说别的，单从校园文化建设可窥一斑。学校很重视班级文化建设。每一间教室里都布置得琳琅满目，墙壁上、后面展板上全是学生的书画作品，色彩鲜亮、内容生动而富有灵性。作品想贴到墙上就贴到墙上，想放在吹塑板上就放在吹塑板上，每个班级各有特色，并没有整齐划一的安排。再看楼内大厅里的几块展板，上面是学生的出游计划书，看得出是学生自己布置的，很随意地用图钉按在上面。想想看，学生的作品要是中规中矩、精巧细致地安排布局，这份工作要谁来完成？能体现出孩子们活泼的天性吗？整齐划一、精雕细琢固然好，但往往失却了孩子的灵性。

因为学校推行的是“尚智”教育，倡导“启发式”教学，所以无论是语文课堂还是数学课堂，教师的教学设计简约、精巧，课堂提问富有张力。这样的课堂教学，学生学得主动，学的灵活，竟是越学越聪明。课上认认真真地学，课下轻轻松松地玩，学生的发展真是活泼泼的了。

每天，满怀期待迈进黑漆雕花的大门。每天，怀着沉甸甸的喜悦走出黑漆雕花的大门。

用优质教育托起孩子美好未来

——厦门学术年会培训感悟

姜丽丽

11月28日参加了在厦门市举行的中国教育学会第二十八次学术年会。本次学术年会的主题是"核心素养与适合的教育"。年会既有主论坛，又有分论坛，还设置了微论坛，把相关问题细化、具体化，提升了会议的针对性和实效性。

年会中，不管是教育部基础教育二司司长郑富芝的讲话，还是教育家陶西平、张民生的主旨报告，不管是做适合的教育、国际视野与本土实践等分论坛，还是构建移动学习环境、特色社团建设等微论坛，中心都是一致的，就是培养什么样的人，怎么培养人。大家一致认为：教育应当帮助学生为明天做好准备，让每一名学生都拥有成就美好未来的素质。

让每一名学生都拥有成就美好未来的素质，其实就是培养学生的核心素养，即学生应具备的适应终身发展和社会发展需要的必备品格和关键能力，如个人修养、社会关爱、家国情怀，尤其是自主发展、合作参与、创新实践能力。我想，这素养是可培养、可塑造、可维持的，可以通过学校教育而获得。

一、多样课程——学生发展的绿色通道

学校不能只重视学生知识和技能的掌握，更要关注学生优秀品质的培养，当学生离开学校的时候，学到的知识可能很快会被淘汰或遗忘，但是他在学校熔铸而成的各种精神品质却将伴随一生。如果有一天我们的学生从学校带走的最有价值的不是知识，而是他们不畏挫折、勇敢前行的自信，追求新知、独立思想的习惯，科学严谨、锐意创新的方法，那么，我们就是成功的教育者。

课程就是实现学校育人目标的核心载体。"学校开设什么样的课程，就会形成什么样的办学特色，就会培养什么样的人才。"基于学生核心素养发展，我校将国家课程、地方课程以及学校课程进行科学而有效的结构调整，调整为德育类、

学业类和特色类三大类课程。

调整后的德育类课程包括常规养成课程（主要是日常行为规范及养成教育课程）、主题活动课程（包括入学季、毕业季、升旗仪式、主题班会、传统节日等）和实践体验课程（包括"五个走进，一个走出"活动课程）。德育类课程属于综合课程，德育类课程的开设，加强了学科与学科之间、学科与社会之间、学科与学生之间，教师、学生与教材之间的互动，使得我们的综合课程更具有开放性，更贴近学生的学习生活和社会生活，保持了鲜明的时代特征和活力，促进了学生认识的整体性发展。

学业类课程包括《语文》、《数学》、《英语》、《思想品德》、《历史》、《地理》、《生物》、《物理》、《化学》以及《音乐》、《体育》、《美术》、《综合实践》等13门国家课程。

特色类课程属于选修课程，学校开设了将近40门选修课程，内容涉及人文素养、科学素养、身心健康、生活技能、艺术审美、学科拓展等六个方面，这为学生自主选择提供了广阔的空间。丰富多彩的课程，满足了学生的兴趣、爱好，为学生个性化发展搭建了高平台。

二、愉悦课堂——学生发展的高效空间

我们清楚，学生每天大部分时间都在课堂上度过，课堂教学质量的高低直接决定着生命质量的高低。因此，创造适合每一个学生的教育，功夫在课堂，应切实把课堂作为实施素质教育的主渠道，力争让课堂教学成为引领每一名学生发展的高效空间。

基于此，我校经过近十年的学习与实践，逐步探索并提出了适合于教育教学实际的"三学六段"课堂教学模式。

"三学"，是指教学过程中的三种学习方式，即自学，导学，助学。自学，强调的是学生的自我主体角色；导学，强调的是教师的主体角色；助学，强调的是师生间的双主体角色。

"六段"，是指教学过程中的六个环节，即导入激趣，自主探究，合作互动，质疑释难，巩固提升，拓展迁移。导入激趣是通过以旧引新、情境创设、巧设悬念等不同方式，巧妙导入新课，充分激发学生学习的兴趣和求知欲，为下步的自主探究作铺垫。自主探究主要是让每个学生都积极主动地去探索、去学习，并加强合作交流，少走弯路。合作互动是自主学习之后，进行小组交流，对疑难问题进行讨论。质疑释难是充分鼓励学生敢于提出自己无法解决的疑点问题，敢于反驳

或提出补充意见，教师适时给以评价和鼓励。巩固提升是通过达标练习，巩固所学知识。拓展迁移是教师在课堂上设置少量的拓展题目，让学生去思考、练习，让学生感觉到桃子不是容易摘的，要跳一跳，从而培养学生敢于面对困难和克服困难的信心和勇气。

“教育要学生带走的不仅是书包里的东西，还有超越书本知识的人的素养。”“三学六段”课堂教学模式教会了学生辩证思考，教会了学生获得学习体验，教会了学生口头与文字表达。整个课堂教学以人为本，一切从学生的实际出发，教学生自己学会学习、学会思考、学会表达，有效促进学生“软能力”的增长。

三、多元评价——学生发展的指向标

什么是成功？有人以地位和财富为准，有人以自身的影响力和创造力为准，还有人以在自身基础上的提高和超越为准……其实，真正的成功是多元化。多元化的世界需要多元化的人才，而多元化的人才需要多元化的教育教学和多元化的评价。

学校所有的行为，围绕需要解决的问题，都应该基于课堂、基于课程，更要把促进每一位学生综合素质的全面发展作为出发点和落脚点。当我们有了更多评价学生的维度，所获得的反馈信息才会更标准、更全面，对人的评价才能更加准确，这样才有利于发展和挖掘学生潜能，促进学生综合素养的培养与提升。

近年来，我校结合实际，整合学校课程，进行了多维度的课程评价研究，逐步探索并提出了适合于我校教育教学实际的学生发展“三三”评价模式。即将整合后的学校课程划分为“德育类、学业类和特色类”三类课程，尝试从“学习过程、思维品质、水平呈现”三个维度对学生进行综合性评价。在评价过程中我们分别赋予不同类别、不同维度以合理的权重与权限，重视过程性评价、全面评价、能力评价，并最终根据三类课程的评价成绩，以等级的形式或评价性、建议性语言，形成学生的“综合发展性报告”。我们研究的最终目标，就是以多元化课程为依托，以多维度评价为抓手，促进学生全面发展，提升学生个性品质。

德国著名教育家第斯多惠认为：“教学的艺术不在于传授的本领，而在于激励、唤醒、鼓舞。”泰戈尔也曾经说过：“教育的目的应该是向人传递生命的气息。”多元化评价从尊重生命开始，使人性向善，使人胸襟开阔，使人唤起自身美好的“善根”，可谓“随风潜入夜，润物细无声”。

作为学校，作为教师，我们的心中要装着学生，要清楚每一位学生适应未来发展应该具备的素养，改变过去“以知识为中心、教材为本位”的教学格局，将课程改革作为立德树人的突破口，课堂上调整好教与学的关系，让“特色、多样、选择、适合”成为评判教学质量的关键，最终让孩子们走向能力，走向核心素养。

让我们用优质教育托起孩子美好的未来！

走在学习的路上

——观摩山东省初中语文优质课评选活动有感

李素玲

内生的力量是强大的。倾听内心的声音，找到课堂回家的路。

——题记

淄博桓台。初冬时节，天气一天比一天凉。

但桓台实验中学的偌大的多功能厅里，我们却是热血沸腾，因为在这里，山东省初中语文优质课比赛隆重举行。而我有幸和李同君老师观摩了此次盛大的活动，享受了一顿难得的丰盛大餐。真正领略了一大批优秀教师的风采，真可谓受益匪浅，感受颇多。让我重新审视了自己以往的课堂教学，再次进行了新的定位。现将一些浅薄的体会用拙劣的文字表达出来，与大家共同分享和探讨。

本次优质课评选内容限定为小说。来自全省各地的 30 位老师展示了 30 节精彩纷呈的课例，设两个会场同步进行。课上，各位参评老师引经据典、异彩纷呈，与淳朴的学生相得益彰，不时擦出智慧的火花。学生既尽情徜徉于小说中形形色色的人物中，提升了语文素养；又有效贯彻了语文教学以“学生”为主体，以“教师”为引导的教学理念。课后省语文教研员张伟忠老师对此次参评老师的课做了深入解读，并对今后语文教学工作做了重要指导。结合自身现状和当前的语文教学，我就我们今后教学做以下几点反思。

一、教师语言具有艺术的魅力

教学是一门艺术，教学语言更是一门艺术，谁能将它演绎得好，就能抓住学生的心。从某种意义上说，教育就是通过语言造就人才。可见语言艺术的魅力是教书育人的重要因素。一位优秀的教师，应该具有驾驭教学语言的高超技能，这样才能将学生的注意力紧紧地吸引过来，使学生乐意且热烈地盼望接受老师所传授的知识，学习效果也就事半功倍。

当我听着这十五位教师的课时，我想教师的语言竟有如此之魅力，它能带领学生学习古代文化的精华，就仿佛是同小说中的人物进行心灵的直接对话，从他们的文字气象里，感受博大的胸襟，和丰沛的人文情怀，将古代文人的思想感情引出狭小的课堂，深入人的心灵深处……在讲解《芦花荡》时，老师引导学生一边观看芦花荡的图片，一边听老师的介绍，描绘了色彩美、梦幻美、力量美的月下苇塘图，为理解好人物打好基础。

二、开放引导的课堂让人耳目一新

1. 精心设计教学环节

教学设计是老师为达到预期教学目的，按照教学规律，对教学活动进行系统规划的过程。从各位教师的课堂教学中，我能感到她们准确把握教学目标，从学生已有的知识基础、生活经验、认知规律和心理特征设计教学。找准教学的起点、突出教学的重点、突破教学的难点、捕捉教学的生长点，处处体现了以人为本的学生的发展观。比如董董老师的《香菱学诗》一课，设计了识香菱、知香菱、怜香菱三个环节，很自然地就把一个可怜乐观的封建女子呈现在学生眼前。

从每一位授课教师的教学过程来看，准备精心恰当，从导入新课到布置作业课后小结，每一句话都很精炼、每一个问题的设置都恰到好处、板书也充分体现了知识的结构体系。值得一提的是亓凤翠老师讲的《故乡》的板书，板书设计层层递进，层层深入，由故乡延伸到整个中国，使学生更好地理解了本文的主旨。

2. 充分备课，从学生学情出发

这 15 节课，每位教师都在教材的解读上下了功夫，毕竟是精英风采展示课，体现出各位教师备教材、用教材很充分，使学生有如身临其境，学习理解就容易了一些。当然，备课的另一个侧重点是要关注学生。学生是学习的主人，是课堂的生命。因此教师在备课时应多从学生的角度出发，看怎样预设才能让学生由不会到会，由不懂到懂，另外，恰当的教学组织形式、教学方法、策略的选用，也是教师在备课过程中必须考虑的问题。不管是哪种类型的课，都应在教师的引导下不断地发现问题、提出问题、思考问题、解决问题的过程。只有充分的备教材、备学生、备教法，才能有足够的底气。

3. 善于使用鼓励性评语和积极评价

老师们努力营造宽松、民主的评价氛围。让学生享受成功的喜悦。“好孩子是夸出来的。”整堂课中，老师对于学生的回答都给予充分的肯定，并采用多种形式的表扬，让学生沉浸在成功的喜悦中，这对于平时听到都批评多的学生来说是很少有过的，因而上起课来兴趣更浓、劲头更高。因此讲课教师都注意了营造宽松、民主的评价氛围，宽松、民主的评价氛围是实施激励性口头评价的重要前提。

三、专家引领，高屋建瓴提出当前课堂所需

最后一节的评课议课活动，使我对新课程、新理念有了更深刻的了解。

文本解读基本分为三个阶段，即自然阅读、专业解读、教学研读三阶段。很多教师忽视了第一个自然阅读的阶段，认为读课本不重要。其实不然，因为在这一阶段中，我们的感受与学生的感受往往是相通的。抓住第一感觉对备课十分重要。专业解读考查的是老师平时有没有不断更新自己的知识，与以前相比较，现在的学生给我们提出了更高的要求，要求我们要不断提升自己，多多关注最新的研究成果，吸收百家之长运用的自己的教学研究中。不能就某篇课文讲哪篇课文，一定要有一定的广度和深度。第三个阶段就是教学研读，这是介于第一第三两个阶段中很重要的变庞杂的研究成果为考虑学情的研读过程。

语文教学的过程是一个循序渐进、水到渠成、自然而然的过程，因此文本的解读也必然是由浅入深、由形象到抽象、由理解到审美思考的过程，在这个过程中，语文教师要带领学生在文本中徜徉，贴近文本、体悟文本，实现从语义层到形象层，再到审美层，最后到思想层的跨越，真正从多个层面，一步步春风化雨地、潜移默化地熏陶、感染学生。

纵观 15 节课例，我认为执教老师都是将其篇幅长、文段多的小说题材，做到了长文短教，转换成为飘逸灵动的情景短剧，学生学在其中，乐在其中。教师指导学法，让学生积极的富有创意的构建文本意义，交流自己的个性化理解，可以说是扎实、朴实、厚实，是这次优质课比赛的亮点。

以上是我结合自己的思考谈的些许体会。“路漫漫其修远兮，吾将上下而求索”，桓台之行，不虚此行。我认为，每一次学习都是一个新的起点，是思考的起点、研究的起点、实践的起点。在以后的教学中，我会和我们语文组的老师们不断学习，不断反思，博采众长，学习百家而顿悟，积淀教学素养，让我们的语文教学充满快乐、智慧和超越。

平凡的善举

——学习"支教岛"团队事迹有感

徐艳

再一次聆听"支教岛"团队的事迹报告，感动震撼之余，眼前又浮现出几年前李淑芳老师应邀来我校《做一个幸福的教师》的倾情演讲的场景。其中的若干个细节已随风而逝，但那场报告对我的触动却是侵入了血液，刻入了骨髓。整天忙于烦琐的教学，外出学习的机会本不多，听到看到的也往往是那些离我们很远的几乎是飘到云端的"大家"的真知灼见，时常有想学习也无处捞影子的困惑。像李老师这样，职校毕业，曾干过五年的民办教师，老家隔着我们只有几十里路的即墨"老乡"，为人处事低调内敛到尘埃里的邻家大姐姐，给我们一种莫大的亲和力。李老师是个平凡的实在人，她的起点并不高，她能做出这么大的成绩，用她自己的话说，是"爱和责任在岗位上闪光"。

李老师是个有"大爱"的人。她腾出数年积蓄购买的百余平方米的新房给外地来青岛培训的老师们使用，并联合其他志愿者承担老师们在青学习期间的全部食宿费，而自己和家人则依然居住在三十多年前的老房子中。

李老师及其团队有着心系农村教育事业的高度责任感和使命感。李老师出身农村，又有着在农村教学的经历，她深知大多数的农村教师视野闭塞，知识面狭窄，而外出学习的机会又少，于是，李老师带领她的"支教岛"成员十年如一日发扬红烛精神，累计送教下乡近千次，组织五十六批次共六百余名偏远教师来青培训，志愿教师送讲座四百余场——足迹遍布大江南北，十余万教师受益，受益学生更是不计其数……

李淑芳老师那略带乡音的话语时刻萦绕在耳边，"支教岛"岛主周加惠老师清瘦的面庞不断浮现在眼前，让我自省，催我奋进。环顾我的周围，不是也有许许多多的"李淑芳"、"周加惠"们屹立在我们的三尺讲台，用自己的勤奋坚忍和爱心智慧践行着教育的真谛和为师者的良知。

我们学校的大多数老师都有着在农村工作的经历，我们对农村教学"乐此不疲"，数学组更是被誉为有"支教癖好"的教研组。最近几年，先后有孙仁杰、江崇平、江云霞、张海丽、刘永霞、于明明、刘爱华等教师去偏远农村学校支教过，今年又有教研组长尹心英外出到菏泽郓城支教。国庆节期间，我们欢聚在外出支教回来的尹老师的身边，听她讲郓城学校的校容校貌，校规校纪，办学特色，师资力量，生源优劣……最后，尹老师有些动情的几句话让我们再一次认识到了农村学校工作的艰辛和复杂。她说：郓城的青壮年大都外出打工了，留守孩子特别多，许许多多的中学生结伴在外租房住，在如花的年龄，她们的身心遭受着摧残，学习成绩可想而知。学校里班主任待遇不值一提，老师们大都不愿意干班主任，学校管理松散……我们一同去支教的三名老师感到一种从未有过的责任，我们将会尽我们最大所能帮助学生，无论是生活还是学习。我知道，尹老师虽然没有李淑芳“支教岛”团队心系农村教育的拳拳赤子之心那么强烈，但自己从农村出来，当自己羽翼丰满心智成熟时也想为农村教育贡献自己的绵薄之力。我们说不出豪言壮语，我们干不出惊天动地，但我们至少可以添一块砖，加一片瓦，让支教学校的孩子因我们的到来而多长一点见识，多露一丝笑容。

数学组的刘爱华老师去年在即墨刘家庄中学支教，当着班主任，教两个班的数学课，她把开发区中学严谨扎实的工作作风带到了支教学校，“扑下身子当地种”，教学成绩以绝对的优势遥遥领先。其实，刘老师也有上吐下泻早饭吃不下却赶到学校给学生上早读的艰辛，也有牺牲午休给学生补课而出现的头昏脑涨，也有双休日做颈椎按摩星期一又精神抖擞地出现在学生面前的难言，可是，她没有出声，没有人知道这个“拼命三郎”的娇小老师内心究竟有多么强大，也没有人知道这个体重只有一百斤的女人在家里是老公手心里的宝，当然，更没有人知道她老公竟是刘家庄镇政府的镇长。曾经，也有人质疑过，刘爱华到刘家庄支教，就是想利用老公的人脉少干活，刘老师用自己的行动告诉好事者：身正不怕影子歪！

这就是我们的教师，这就是那群在“支教岛”团队激励下的平凡普通人，他们说不出什么高深的理论，也写不出什么专业的专著，他们日复一日年复一年的在平凡的岗位上奉献着他们的爱心，践行着陶行知先生“捧着一颗心来，不带半根草去”的奉献精神。

向李淑芳“支教岛”团队及我们身边所有心存善举的平凡教师致敬！

水韵江南读教育

——随胶州名师团赴苏州学习感悟

冷爱霞

印象里，苏州是江南的名片，自打叶圣陶先生的《苏州园林》里认识了她，苏州就让我魂牵梦萦了。几到苏州，几看苏州，几叹苏州，几梦苏州，每一次都被苏州的幽静美景所吸引。而这次，随胶州名师团前往培训，一周的学习，与同仁并肩携手，与名家面对面交流，第一次，我对江南的教育又有了别样的感悟与遐思。

梦里江南，从此又变成了我心中课改的前沿、文化的圣地。优雅的环境、深厚的底蕴、明朗的思想，关注生命成长的大爱情怀……在归来的两周里，逐渐沉淀，并最终拨动我的心弦，凝成“无声、无痕、无憾”三个词，于是乎，我便将它们称之为教育之“三无”，并以此为思想引领，指导我今后的教育实践了。

于“无声”处：环境陶冶性灵

自然环境，润物无声；社会熏染，大音希声。

当我的步履踏上苏州这方水韵名城时，碧波绿树，小桥流水，悠悠竹林，丛丛春色，将一个“雅”字，推入我眼帘！当乘车进入苏州工业园区探寻教育踪迹时，心中再次被激荡起片片涟漪，开阔的道路，开放的园林，幽静的湖水，又将一个“厚”字，植入我心田！

那个清晨，往独墅湖学校听苏州教育学院博士生导师母小勇教授的报告。等待时光，漫步校园：独卧校门口内正中的巨石，其上红色大字雕刻的“独树一帜”的草书，室内二十余个孩子们稚气的脸庞……都在我心湖上投下静静的光影。在这一方风景苑里，一切都是愉悦的：聆听教师的字正腔圆，窃听孩子们的琅琅童音，天籁里充盈着轻松，没有丝毫的急功近利，整个庭院，更显优雅。

成长就应该这样，只需慢慢等待，犹如等待楼宇间的那丛小红花，静静地开。

在《专家型中小学教师的品质与发展规划》里，母教授从国际视野，由古至今，用孔子和苏格拉底与弟子对话的鲜活事例，阐释了专家型教师的作用：发展学生的能力，让学生学习完整的文化科学，设计探究情景，给学生以学习支架等观点，让我们领悟专家型教师成长之必需与真谛。

由此我想到流传千古的《子路曾皙冉有公西华侍坐》，老师与弟子探求治国之道，众人皆谈，唯点不语，孔子再问，点曰："莫春者，春服既成，冠者五六人，童子六七人，浴乎沂，风乎舞雩，咏而归。"夫子喟然叹曰："吾与点也。"这个生活化故事既展示了孔子向往自然和谐的教育观，也展示曾皙高雅宁静的志向；忽又忆起智慧大师苏格拉底的《拔掉心灵的杂草》，大师指着眼前那丛生的杂草，问弟子该如何清除，众人想尽办法，而大师微叹。第二年，大师再次出行，杂草依旧，弟子们恍然悟出——"在杂草里种上庄稼"，竟是去除芜杂最好的方法。这个哲理故事多年来一直启迪我：在孩子心灵上种上善与美的庄稼，是清除芜杂，引导孩子走向阳光、走向快乐的最好办法。

沉浸自然环境，讲述故事，寄寓道理，给弟子以启迪，圣人的启发式教育令人叹服。苏霍姆林斯基亦如此，环境育人的理想在他的帕夫雷什中学里被表达到极致。

巴甫雷什中学的环境是优美的，是全面规划、刻意设计、精心打造的经典，也是具体的、生动的，它揭示了理想育人环境的基本特征：第一，物质材料是丰富多彩、易于变化的，体现了物质决定精神的唯物主义法则，学生在这种环境中必然精神焕发，并于潜移默化中收到全面发展的效果。第二，这种环境必须是由师生积极参与、共同创造的。学生亲身参与环境建设，可激发他们对周围环境的关怀与爱护，这本身就是德、智、体、美、劳的综合教育。第三，这种环境必须具备充足而丰富的"精神食粮"，如团结、友爱、互助的人际关系和积极向上的校风等。

漫步所到的苏州工业园区的校园，静谧的环境，雅致的标示语，激人向上的箴言，无不彰显着教育的魅力——"静等花开，慢慢走"，这样的感觉，时时扑入胸怀。教育是生命潜移默化的过程，其变化是缓慢、细微的，教育需要润物细无声，需要生命的沉潜，深耕，不去透支兴趣、爱好、天赋，让教育散发出快乐的"味道"。苏州的水是柔的，教育的情想必也是柔的吧。正如泰戈尔小诗所写：使卵石臻于完美的，并非锤子的打击，而是水的且歌且舞。

曾读乔良的《高原，我的中国色》，被他抒写的黄土高原的力量所震撼。在他笔下，用来做对比的江南，"没有弥漫天际的黄沙烟尘，没有冰，没有雪，没有能冻断狗尾巴的酷寒……"作者如此嗔怪："那叫人柔肠寸断的杏花春雨啊，竟把黄帝子民们孔武剽悍的魂魄和膂力一并溶化！"

而此次来苏州，忽然颠覆了作家所带来的固有情感：课余闲步，别有一番雅趣，精美的独墅湖、浩渺的金鸡湖，淡雅的留园地，华灯初上时分，湖面水波微漾，远处灯光点点，不能不让人心生喜悦与敬畏。

小小的自己，站在一角静读遐思：江南虽没有象征炎黄子孙之根的轩辕柏，但却不是那“易碎的玻璃”，她自有她的性格，她自有她的神韵。也许，就是这样柔静的环境，才孕育出这样柔美的教育，柔韧的人生——摒弃喧嚣，不急不躁，一如在园区第十中学所见，课间，学生漫步绿树林荫下，赏景闲谈，神情恬淡，没有尘土飞扬，没有追逐喧嚣，以环境陶冶情操，这也是当下教育的追求吧！

于无痕中：文化熏染生命

文化熏陶，潜移默化，历史厚重与时代信息结合，让苏州教育焕发出新的活力。

感受最深的是苏州市振华中学，熟悉的名字，迥异的感觉。袁卫星校长带考察人员往信息化媒体教室，两个电子白板的不同步显示，给教学带来的便捷直观令我们艳羡。投资百万的设施，彰显着苏州教育的蓬勃发展。世界 500 强企业落户苏州工业园区已超百家，强大的经济给教育坚实的后盾。当前，全球教育信息化建设的美好愿景，令人振奋。微信中欣喜地获悉，国际教育信息化大会日前在青岛召开，《青岛宣言》为全球教育信息化建设提供了行动指南，与国际教育交流合作、教育资源共享，为打造智慧之城、创新之城、活力之城提供了人才支撑，也必将给岛城及各国教师带来更多佳音。

如果说信息技术是时代文化带来的惊喜，但踏入苏州振华中学，厚重且不可复制的，更在于其厚重的历史与文化了。徜徉历史悠久的百年名校，深厚的文化底蕴带给我们深深的震撼。袁校长与团队前往报告厅，一路上，我们从林间甬路边走边看，百余米长的灰色格调砖墙，清晰的绿色字体嵌刻，使文化墙更显得典雅厚重——蔡元培的讲稿、叶圣陶的来访、王季玉女士的大爱，构成一幅流动的卷轴，给岁月以厚实，给教育以启迪。

振华是一种文化，也是一种气象，是一种潜移默化的力量，是一种令人敬仰的情愫！

无须解释什么，在袁校长的讲座《让每个生命成为最好的自己》中，口语化的表述，对生命尊重，对生命教育的思考，已深入内心。能够想象得出，国旗下讲话，班会交流，教师课堂融入，会是怎样的一番情景？“诚朴仁勇”，关注生命，文化熏染下的教育，想必也是无痕的吧！

无痕教育让我们的生活变得丰富而灵动，充满理想又立足现实。犹记得前年漫游唐寅园，遇书法家刘金鹏先生，正挥毫泼墨，为游人题字写诗。那时儿子刚考入中央财经大学金融学院，我也随同老师们将儿子的名字写在信笺上交给他。有幸获得书藏头诗一首:“赵燕合和育栋梁,世界苍怀任龙翔,乾坤盛世为民生,发奋努力铸辉煌”——赵世乾发。飘香的翰墨,美好的愿望,让我们每一天都沉浸期待里,这幅字画一直挂在我家客厅,育子无痕,激励孩子大气地做人。

在生命成长的无痕迹里,在时间流逝的无痕迹里,徐斌校长得到生命成长的启迪,并将这种源于自然天地的教育思想与我们碰撞,揭示了“无痕教育”的基本内涵——把教育意图与目的隐藏起来,通过间接、暗示或迂回的方式,给学生以教育!他不仅阐释教育的至高境界,也分享了自己思想形成的渊源——如何在武学境界中,悟出教育“手中无剑,剑在心中”的真谛。徐校长将风格比作“思想的血色”,强调其“鲜活”;将风格比作“思想的雕塑”,强调其“成形”,并且指出“理性加实践”是形成风格的途径。康德说:“对一种教育理论加以筹划是一种庄严的理想,即使我们尚无法马上将其实现,也无损于它的崇高。”这种对教育和生命成长的个性化认识,值得我们尊重。

独特的思想,高远的格局,大象无形,包容万千,便是一种崇高的境界:至人无己,神人无功,圣人无名。这样的情怀,只有在中国的深厚土壤里才能孕育而生!

在无憾里:思想照亮未来

老当益壮,意气风发,醉心教育,智慧人生……听专家报告,面对一张张平和而大气的面庞,这些词语不住地涌出,为教育奉献的无憾,对孩子生命成长引领的无憾,给予学员深深的思考。

高万祥校长,61岁的老先生,3个小时的报告,流畅自然,彰显了读书人的魅力。“从现在起,做一个优秀的读书人”,报告厅响起学员的跟读声,是期待也是决心,这句话成为高校长报告的主旨之一。他还说:一个学生就是一个未来的公民,一所学校就是未来的社会。社会责任感,教育的穿透力,使教育使命更加沉重。尊重生命,回归真教育,他诗意地呼吁做到“三个一”——人人参与研究课题,人人有一个导师,人人能写一手好文章,这是专家型教师的前提。

回眸二十五年教育路,忽而庆幸,这些年自己还能在阅读中汲取养料,不断成长:《大学章句序》、《不适与学习》、《教养与教育的统一》让我悟出了诸多教学原则和方法;《读书与书籍》、《中庸》、《思与辩》丰富着我的思想内涵;《归来的温馨》、《在炊烟中守望》、《故乡的野菜》让我体味着生活的挚爱与温暖;倾听傅雷心声、看朱光潜谈美、感毕淑敏“爱的沉思”使我多了份面对生活的淡定与从容。《教学勇气》“漂流”到我的手中,我跟随帕克·帕尔默走上了这条“少人踏足的小径”,来关注教师的心灵成长,撰写的6000多字的《与心灵对话 与勇气同行》,让我增长了教学底气、获得了更多的教学勇气。读书学习,跟书籍结下终生的友谊,这给我的工作增添了无穷的智慧和力量。潺潺小溪,每日不断,才会注入思想的大河,才会使得读书不是为了应付明天的课,而是出自内心的需要和对知识的渴求。

我也感到庆幸:能够珍视学习机会,灯光下捧书而读;能够持之以恒,把自己的教学感悟留在了《爱之歌》、《尝试集》、《心灵之旅》、《收获》等《杏坛情结》系列个人专辑中,出版《个性化写作:为生命放歌》,更使我的人生日渐丰富,使我多年的写作教学有了更大的意义。无憾人生,也是我多年来的一种追求吧!与61岁的高校长、71岁的丁榕老师相比,年轻的我们还有什么理由不去学习,不去奉献呢?

教师职业本身就是与劳碌与繁忙共生的,这更需要我们读书学习、思考研究,走向理性,从而提高教育教学的艺术性。这些年,阅读和写作却始终与我相伴,归属感和成就感一直使我感受着教育的乐趣和生命的精彩。

但跟与我同龄的徐斌校长相比,也不由觉得羞赧。他引领工业园区第二实验小学等几所名校发展,又负责江苏省的学习共同体进步,这需要怎样的精力、何种信仰的支撑?

回来后,在25日清晨的随笔《人生旅程静等花开》中,我这样写道——

入职之初邂逅苏霍姆林斯基,1993年相遇魏书生老师,新世纪聆听李镇西的心声,日前被李希贵校长、窦桂梅校长所折服……当怀着一些想法走在教育路途中,我忽然感到自己的人生格局是不够大气的,常常汗颜自己读书之少,奉献之微。去年深秋到深圳参加论坛,更是被教育名家所吸引;今年春末夏初往苏州学习,再一次被母小勇、高万祥、袁卫星、徐斌等教育名家深深打动。

我告诉自己,人生旅途、教育旅程,不在乎走的长度,而在乎做的厚度与高度。曾为通过国家二级咨询师考核、通过全国计算机能力考试,为自己的学习力而窃喜,从诸多名家的成长历程中,我明白,学习应该是不带功利的自我提升,应是常态化的为提升生命质量的途径。有学习,才有精神后花园的鸟语花香,小河流水。

四十岁的辉煌,来自十八岁的志向,激励我至今。为50岁做准备,为终生有价值的生活奠基,我对自己又提出了新的方向——不能停止探求的脚步,不能仅仅用著书来记录过去,而应该是用思想照亮未来,用行动来助推更多教师成长,用大爱来使更多孩子受益，无悔于自己的教育人生。

苏州归来已数月，每每回味，都深受激励。在我心中，教育就是一朵美丽的梦想花。入职的欣喜，职后的努力，直至今天取得一点点成绩的欣慰，都成为孕育花开最美好的回味。

展望未来，希望相随。年前，为期 5 年的青岛市名师培养工程已结业，青岛市首批名师工作室也开启。徜徉教育百花园，做一只小小的蜜蜂，快乐地采撷，酿造，分享，我终将无怨无悔！搁笔之时，忽然涌出这样的几句话，略表心声——

苏州归来脚步轻，水韵江南教育情。

静等花期慢慢长，秉烛无憾走人生！

感受精彩

——东北师大学习心得

李威

7 月 18 日～22 日，我们走进了东北师范大学培训、学习、交流。在这几天的培训中，我的感觉是快乐而又充实的，我们听取了教育专家的报告，来自一线教师的亲身实践的经验，每一天都能让我感受到思想火花的冲击，培训学习给我带来了前所未有的收获。现撷取其中的印象最深的几个方面，简要谈谈自己的体会。

一、要做一名胸怀大爱的老师

东北师大附中王玉娟老师的讲座深深地打动着我。我们在王老师精彩的教育故事中走近了她和她的学生。

王老师用一颗爱心呵护学生心灵的成长，用自己的智慧编织一次又一次精彩的班级活动，在活动中培养学生的感恩心、自尊心、自信心、责任心、坚强的心；她用一颗善良睿智的柔心，关注孩子们身心的健康，培养孩子们形成终身的学习能力；她用一颗宽容博大的诚心，期待着每一个孩子都成为奇迹，以发自内心的赏识期待每个孩子都成为具有特色的好孩子。

曾经我认为自己也是个有爱心的老师，当看到孩子们一双双纯洁明亮的眼睛、一张张充满信任和期待的年轻脸庞时，涌上内心的只有爱与动力。我期待着通过自己的努力让每一个学生都有所长进，发挥自己的潜能，做最好的自己。我努力走近学生、融入学生。我小心地呵护着学生的心灵，细心地体察着学生的喜怒哀乐，尽量去做到尊重、理解、平等。我认为我的付出就是爱，但是真正的是爱要能够经得住时间的考验，经得住困难和挫折的打磨。当问题学生经过多次努力仍然毫无起色时，当学生不服从管教顶撞老师，师者尊严受到挑战时，当付出一片真心却得不到理解和回应时，我看待学生的眼光多了几分理智与清醒，多了一些无奈与悲哀。仔细想来我的受挫源于我是以自己为出发点，我的付出是以证明自己和实现自身价值为前提的，因此这只能是一种自私的、狭隘的爱。

而王玉娟老师坚信“每个孩子都是好孩子”，放大学生的优点，激励学生，让优秀成为一种习惯。做一名胸怀大爱的教师不仅要爱每一个孩子，更要从全方位关心、关怀每一个孩子，让他们健康、快乐的学习，因为成长比成功更重要。这才是“以人为本”的教育观，这才是胸怀大爱的好老师！

二、要做一名有教育思想和教育坚守的老师

东北师大附中的郝淑霞老师作的《一堂好课的标准》的报告从“怎样评价一堂课和怎样上好一堂课”两个方面给我们剖析了一堂好课的标准。尤其是她在“怎样上好一堂课”中提到的“学生需要什么就给什么，适合学生的才是最好的，能激励学生的才是最对的”对我的触动特别大。黄老师面对学生道德观念缺乏的现状和自己的团队精心研究，探索形成独具特色的校本课程——礼行天下，在一个个发人深省的问题和案例的指引下，学生的心灵得到了净化。台上的郝老师，神采奕奕、侃侃而谈，向我们讲述了他们的研究初衷、具体的实施过程以及产生的效果，那份自信和从容令在场所有的老师赞叹和敬佩。这才是以学生为本的教育。这才是胸怀教育理想的好老师！

郝老师的讲座让我深深地感觉到：作为教师，应有自己的教育情怀和坚守。在大力追求升学率的今天，我们常常湮没于试卷、考题，常常忽视学生的心理需求和学习的兴趣，感觉自己所做的工作是对提升成绩有益的，就理直气壮地要求学生去做，不管学生喜不喜欢、接不接受。我们不舍得拿出时间来搞点语文的特色活动，而把大量的时间放在阅读的强化训练上，甚至在没有升学压力的初一课堂上，也规规矩矩不敢越雷池半步。让学生快乐学习需要每一个有教育情怀的老师付出努力，郝淑霞老师就是我们的榜样。

这几天的培训学习，从优秀教师的身上我学到了教学的本领，而且学到了如

何做人、为师。通过培训学习、交流碰撞，我深深的感受到：教师胸怀大爱，倾心投入和学生进行情感的沟通和交流，才能赢得学生的信赖。做一名有教育思想和教育坚守的老师，广泛的博览群书、积蓄能量，才能在教育事业中幸福而充实的成长！时间是短暂的，但是收获是永恒的。我将以此为契机，积淀丰厚的文化底蕴，磨炼高超的教育智慧，在教学路上不懈前进。

我对自己有“三问”

——参加青岛市乡村骨干教师培训有感

薛洁

4 月 23 日是世界读书日，多么神圣的日子，这一天我坐在青岛市中小学乡村骨干教师培训会场静静聆听杨瑞清校长、薛跃娥等名师讲述那动人的教育故事。听着，听着，我入迷了。一次次肃然起敬，一次次泫然欲泣。而第二天曾继耘教授的《草根式课题研究的价值与策略》又让我茅塞顿开，对课题研究有了全新的理解与认识。短短一天半的时间，收获满满，思绪万千。在总结与反思中我在脑海中忍不住自问自答了三个问题。

问题一：我的教育梦在何方？

回答：心若在，梦就在。

(1) 这颗心是一颗爱教育的心。

杨瑞清校长作为“文化大革命”以后第一次恢复中考的师范生，一心想要建设行知小学。面临着大好的留城就业机会，主动要求分到偏僻的江浦县建设乡五里大队小学工作。如果这只是年轻人的梦想与激情，那也算不了什么，哪个年轻人刚参加工作时不是豪情满怀呢？可是杨瑞清就像一棵树一样在农村扎根、生长，不断摸索探究行知教育。甚至为此辞去了县团委副书记的职务，而今已坚守 35 年，行知小学由起初的只有几间漏风漏雨的教室和破旧的桌凳，只有七八个教师的山村小学，发展成为备受世界一百多个国家瞩目，令人倍加向往的中华文化浸儒基地。杨瑞清真正达到了“人生天地间，各自有禀赋，为一大事来，做一大事去”的境界。杨瑞清如果没有对教育事业的一腔热爱，又怎能承受住 35 载的风雨兼程？

黄岛区的薛跃娥老师 1986 年，年仅 18 岁不顾家人的强烈反对，放弃到银行工作的机会,成为薛家岛东山小学的一名代课老师。从教的最初三年一个人教六个年级,不仅没拿到一分钱的工资,还欠下了 100 元的账。学校校舍条件差,门无锁,窗无玻璃,她就捡薄膜挡玻璃,割棉槐条蘸墨水当笔;学校课程资源差,她就将生活当课本:修鞋的老人、过路的行人、小商贩、村民都成了学生的观察写作对象。她将大自然当课堂:蝈蝈、蛐蛐、大龙虾、西红柿、风、花、雪、月都成了教具。她以朴实的语言告诉人们:“教育是一项爱的事业,是用爱浸润的。如果你不喜欢当老师,就努力让自己喜欢。如果你努力了还是不喜欢,那就远离吧!因为只有喜欢才能干好!喜欢成就梦想,信念战胜困难。”

艾青曾在《我爱这土地》中写道:“为什么我的眼里常含泪水,因为我对这土地爱得深沉。”我想说:“教师有了对教育这方沃土的热爱,才会有激情,有梦想,才会成为一个幸福的追梦人。”

(2) 这颗心也是一颗爱学生的心。

教育的本质是爱,没有爱就没有教育,但仅有爱也是不够的。要爱,要会爱。杨瑞清校长提出教师要用爱去赏识学生,要有花苞心态。千瓣莲为何迟迟不开花,只因为它在积蓄力量,准备着千瓣绽放那一刻的辉煌灿烂。同样教育面对的是一个个鲜活的生命,不要总是嫌有的孩子笨,反应慢,迟开一定有迟开的道理,一定孕育了别样的美丽,我们不要心急,而是耐心的等待、呵护,直到花开。教师用“花苞心态”看学生,学生就只有两种:一种是美丽的鲜花,一种是可爱的花苞。这意味着教师需要宽容和等待,等待花苞的徐徐开放。

静等花开本身应该是一个充满爱的过程,很美的过程,快乐的过程。如果没有这样的心态,学生的缺点就会在教师的眼中逐步放大,教师就会急功近利,方寸大乱。教师若自己不快乐又怎能给学生爱与幸福?我就曾经有过这样的经历。班中有一个多动症的孩子,曾给我造成很大的困扰。大事不犯小事不断,每天都会有孩子到我这儿告他的状。偶然的一个机会,我发现他痴迷于画漫画,教师节他还送给我一副他画的画,外加一块巧克力,接过礼物的瞬间,我心里暖暖的,心想:“再多缺点的孩子也有可爱的一面呀!”我对他说:“你画的画真好!你简直就是一个天才!知道吗?胶州三中有一个美术班,你好好学习,以后可以去那里考考试试。”他听了,双眼立即明亮起来,很认真地问我:“老师,胶州三中在哪里?”他写满希望的神情多么可爱呀!我忍不住笑了,给他详细地一一解答。此后,他听话了很多,尽管学习没有大的起色,却能安安静静画画。他还代表班级参加了学校组织的绘画比赛,比赛过后他很急切地一遍遍向我询问比赛成绩,他从未对一件事如此认真过，尽管比赛成绩并不突出，我还是在同学们面前大力表扬他，我想说不定以后他还真能在绘画方面有所造诣呢！

由此可见心态变了，世界就变了。就如杨校长所说："花苞心态，才是真爱；花苞心态，缺点可爱；花苞心态，耐心等待；花苞心态，和谐时代。"

问题二：路漫漫其修远兮，我该如何去求索？

回答：多读书，勤动笔。

（1）多读书

1995 年联合国教科文组织宣布 4 月 23 日为世界读书日，每到这一天加泰罗尼亚的妇女就会给丈夫或男朋友赠送一本书，男人们则会回赠一支玫瑰花。书是最好的礼物，读书是快速成长的唯一途径。

杨瑞清校长说教师要学会成长首先要读书，读好行知这本大书，读好实践这本活书，读好生命这本天书 。薛跃娥老师的初始学历是高中毕业，身处贫穷山村的她很少有外出学习培训的机会，她却能有一位普通的山村小学教师成长为全国优秀教育工作者，是因为她乐于读书，她读大量的教育名著，更新自己的教育理念。她说："教师不仅要读成人的书，还要读小孩子的书。"读过之后才能向学生推荐更好的书。今年 48 岁的她依然是那么好学，每期的新教育网师课，她都会端坐于电脑前认真 聆听与阅读。青岛的薛虓嵩老师之所以把课上得精彩纷呈，让学生产生"哎呀，这堂课就剩 40 分钟了"的不舍之情，得益于他的课外功夫，每年三四十本的阅读量，成为他在课堂上的源头活水。

读书可以为我们打开一扇窗，为我们提供看到不同景色的机会。读书 ，可以让教育更精彩，可以让生命更丰富！

（2）勤动笔

曾继耘教授说：中小学开展教育课题研究的主要方法是勤于反思。而动笔写一写是反思的主要方式。我们每天都要写，或者给自己规定隔一段时间写一写记教育中富有灵感的，闪光的东西。杨瑞清校长有着多年写随笔的习惯，一百多本笔记本，六七百万字，经过梳理便诞生了当代教育家丛书《走在行知路上》。薛月娥老师勤于动笔，于是《中国教师报》《山东教育报》《基础教育论坛》等刊物上就有了她的一篇篇佳作。其中，她发表在《优秀辅导员》上的文章《父亲，现在告诉您，女儿"官"有多大》令我尤为感动。

其实 生活中、工作中点点滴滴的感悟就是颗颗珍珠，串起来就是一件美丽的作品。而我们大部分人对教育教学的反思只是在脑海中昙花一现，因为惰性疏于记录整理，所以日常的反思便零零散散，断断续续，甚至随着时间的延长慢慢淡忘。于是我们就成了故事中那个扔了玉米摘桃子，扔了桃子摘西瓜，扔了西瓜追兔子，最后空着手回家的小猴子。

问题三：课题研究离我有多远？

回答：原来你就在我身旁。

杨瑞清校长说："与其把教育当任务，不如把教育当实验。"其实这强调的是一种研究的精神与态度。农民需要细心观察、认真琢磨庄稼地里存在的问题，及时灌溉、施肥，不断改进培育的方法，才会收获丰硕的果实。同样教师要有研究的精神教育才会不断进步。此次学习交流活动让我强烈感受到青岛城乡各地区浓厚的科研氛围，就比如说现在各学校正轰轰烈烈开展的社团活动，走班制，不正是对课程的选择性与学生个性发展的探索、研究吗？

可是课题研究在我心中曾经是那么遥不可及。我曾一度认为，课题研究是梧桐树上的金凤凰，绝对高大上，不会飞入寻常百姓家。我作为一名教师学校怎么布置我就怎么做，自己认认真真教学就可以了。但听了曾教授的报告，我才发现自己的浅陋，其实课题研究就在我身边。

教师教育教学活动中面临的任何一个真实的小问题，都可以作为课题进行研究。比如平度蓼兰小学"留守儿童"的课题、即墨八里庄小学有关"进步教育"，的课题，都是针对当下教育教学中存在的真实问题展开的实实在在的研究。课题研究的方法也并不困难，曾教授告诉我们课题研究就是一个发现问题→制定计划→展开行动→进行观察→再次发现新问题的一个螺旋上升的过程，只要有一双善于发现问题的慧眼，人人都可以搞课题研究。

思考了这三个问题，我内心对教育的认识变得更加明晰：心怀教育梦想才能去远航；多读书、勤动笔是梦想隐形的翅膀；展开双翼去研究，就会能见到更美丽的海洋！

老师的老师

法洪雪

此次华东之行，伴着我们读书学习的，总有一个微笑着的脸庞，那张脸庞属于班主任孙丰富老师——他是我们这群骨干教师的老师。做"老师的老师"，孙老师很称职。

微笑着做老师

一行 8 天，孙老师总是微笑着：布置任务、强调纪律、嘱咐行程……以至于我们这些个别“调皮”的学员有点儿时的想法的时候，都互相提醒一句“这样不好吧？老师会生气的”——我们不想那张微笑的脸庞因为我们的行为不当而走样儿(吼吼，希望老师你能看到这句哦，这是那时的我们最真实的想法)。

在华东的时候，我们只是觉得应该照着孙老师要求的那样去做，我们做到了，而且做得很好。

回胶州的时候，当我重新坐在我的办公桌前，沉淀那张微笑的脸庞，我想我得到了一种艺术——关于做老师的艺术。

老师，首先应该是微笑着的！老师的教育应该在微笑中进行——就像孙丰富老师那样。他微笑着、轻声细语地嘱咐我们应该准备哪些材料；他微笑着、有点儿狡猾地告诉我们他自己的唱歌经历、鼓励我们上台试一试；他微笑着、却又郑重其事地一次次申明纪律，告诫我们一定要有胶州教师的风采……他微笑着告诉我们的这一切，我们都不好意思做不到。于是，我们兢兢业业；于是，我们敢于表现；于是，我们纪律严明；于是，我们获得了华东师范大学领导以及上课的教授的一致肯定和赞许，教授的那句“我从来没有见过如此勤奋和高效率的研修班”使得我们倍感振奋并觉得已经可以对得起孙老师的微笑了。

回想我们自己的教育，我们也做着任课教师和班主任，这种微笑着做教师的艺术是否可以从孙老师那里传承到我们心里、我们的工作中？

孙老师，我在试着微笑，请您监督！

会激励的老师

老师，还应该是善于激励的。

因为我并不是真正意义上的语文科班出身，甚至算不上课堂教学的科班出身(我的专业是思想教育)，所以对于语文教育还是有着一定的畏惧的，不敢轻易发表观点——特别是在这样一群语文骨干之中——我害怕自己说错，害怕被人取笑，害怕看到人家不屑一顾的眼神……哦，我忽然想到了一只缩着壳子的小龟：我有它的“潜质”哦。

那次观摩课，我们在课后进行了评课活动。我还是想缩着的，但是对面恰好坐着眯眯眼笑着的孙丰富老师，一对眼儿，就是他那鼓励的眼神。于是在心里自编自导自演一截对话：

“说！”

“不敢说！”

“又缩？说！”

“说就是说！谁怕谁！

“呵呵，关于这两节课，我想结合王意如教授今天上午的授课谈一下自己的看法……”

“说了，也没怎么着嘛。说了之后才发现，原来我可以在这么多高手面前叨叨两句的，原来大家并没有鄙视我的味道的！原来……”

“哦，老师，多谢鼓励！”

会引导的老师

又是一期简报，这次是我和高翠霞老师主编。因为第一期和我们之后的第五期都是高手在办，我们没有底气。忐忑中，去询问孙老师的意见。

老师依然微笑着，回答说：“照着你们自己的意思去做，相信你们会做出不错的简报来的。”这就相当于“交权”了？有了老师的鼓励，我和高翠霞老师以及我们特邀的编辑刘德素老师便“日夜兼程”，废寝忘食地完成了编辑工作。即使如此，交到孙老师手上，已经是晚上了。老师大手一挥（我至今记得他的动作），说：“好了，你们好好休息一下吧。剩下的工作我来！”“欧耶，我们撤了！”一声欢呼，我们跑了。第二天的简报出炉，发现出版的简报竟然在我们的粗坯的基础上有了很精致的改观——目录编排、主编、编辑的呈现方式都是我们所没有想到的，就连那篇我匆匆写成的通讯稿也被老师改得更加精致……

我们难以想象孙老师为这些后期细化的工作忙到几点，他只是引导我们去做，然后把我们的工作成果美化、细化到他能想到的所有！拿到简报，我们更加有了成就感，在这样的激励中，在这样的一步步的引导和“以身示范”中，我们觉得以后再做这样的事情更加有了自信和底气。

在胶州八中的办公桌前，敲着这样的字样，我回想老师的挥手间，反思自己在以后的教学中，是否能做到如此有心、用心，并充满对学生的爱意的教导？

哦，老师，谢谢你的深意！

孙老师在返程的时候，微笑着告诉我们，他因为没有带我们好好在大上海看看而表示深深歉意。他说自己太狠了，自己在反思。但是，我却想要说的是，我们得到了比逛大上海更多的东西，有教授给的，也有孙老师您给的啊。大上海以后可以随时逛，但是这样的成长机会却可能只有一次，甚至在这样的年龄和际遇中，错过一次就可能错过一生！

老师，多谢教诲！老师的老师啊，我会循着你的脚步，做一个好老师！

教育任重道远 名师与我们同行

——烟台班主任专业成长培训感悟

姜丽丽

每一次行走，都是眼界的开阔，境界的提高。烟台之行，相遇李凤遐老师，乃人生一幸事。

六十三岁的李老师，三十三年教龄，三十二年班主任，年年带高三，六个班历史，且退而不休，仍站在教学一线上。她，没有一个六十三岁老太的龙钟，没有一个三十二年班主任的疲惫，而是步伐矫健，精神矍铄，乌黑的头发使她看上去像四十三岁。一上午三个小时的讲座，李老师一直站着，说话铿锵有力，声情并茂，时而娓娓道来，时而激情澎湃，时而风趣幽默。面对这样一个自信、阳光、向上的老太，我不禁汗颜，自己小李老师二十岁，竟常常生出许多疲惫感，常常感叹时光易逝，人生易老，缘何这六十多岁的老太竟如此精神抖擞呢？

退休之时，李老师曾在自己的博客中写道："作为一名教师，三十多年的职业生涯也许会在年复一年、日复一日的平庸中荒废。垂暮之年，也许会为自己的碌碌无为而羞愧。我甘心做一名碌碌无为的教书匠，因为我喜欢这份工作。从教后，我为自己制定了从教职业生涯规划并为之努力。因此，在成就学生的同时，也成就了自己。"这段话引人深思，三十多年的付出，均源于对这份工作的热爱。

其实，大道至简。任何一份工作，如果你不是真心喜爱，又怎能做好呢！李老师因为深爱自己所在的学校，深爱自己所教的学科，更深爱自己的那群孩子们，所以才会青春不老，有激情，有活力，以至于没有高血脂，高血糖，高血压，却只有高幸福指数！以至于退而不休，依然回校当班主任，依然教六个班的历史！反观我们，为什么时时感到身心疲惫？是不是我们对这个岗位不够热爱，对这群孩子不够热爱？是不是我们仅仅把这作为一份职业，一份养家糊口的工作了呢?！因为爱，所以付出；因为付出，所以快乐！选我所爱，爱我所选！李老师的阳光心态大概源于此吧！

工作之余，常常听有的班主任说：我为这群孩子付出了那么多，每天起早贪黑，精疲力竭，咋就换不到他们的真心呢？其实，这样的班主任真的大有人在。听了李老师的报告，我想我们真得静心思考一下了：我们会爱孩子吗？我们的表达方式正确、恰当吗？孩子们能感受得到吗？

对于今天的孩子们我们需要重新审视：他们一不迷信宣传，二不崇拜权威，三不轻易服从，如果孩子出现问题我们就一味地批评指责、空洞的说教将无济于事。

我们来看看李老师是怎样为我们指点迷津的：

要扬其长，避其短。扬长扬长，越扬越长，批差批差，越批越差。

走进学生身旁的班主任是合格的班主任；走进学生心灵的班主任是真正优秀的班主任。

有心无痕的教育是最高最美的教育境界。

最好的管理是示范，最好的教育是感染。

管理无小事，学生处处在效仿。

看看，这个无职位、无头衔、无专著的草根老师，绝对不是一般的“草根”，这“草”是冬虫夏草的草，这“根”是人参根的根。这个“草根”老师告诉我们，只有基于“平等、尊重、理解、宽容、自信、自律”为前提的“爱”才是真爱，这才是班主任的管理之“道”。李老师，为了和孩子们拉近距离，竟买了一本网络大全加以学习，想想我们能做到吗？面对犯错的孩子，我们总是用“我像你们这么大时……”教育他们；我们总是在滔滔不绝的指责批评；我们常常恨铁不成钢的勃然大怒……爱，也要讲究艺术！讲究艺术的爱既温暖了学生，也幸福了自己！

爱，更需要耐心！当老师，最幸福的事莫过于受到学生的尊重及爱戴，李老师无疑是幸福的。一条条充满感激的短信，一声声来自远方的问候，更有那一封封诉说师生美好往事的邮件……句句情深意切，感人肺腑！这些，让李老师深深体会到：三十三年的付出，值了。我想，这份被爱，缘于李老师爱的真诚、执着，更缘于李老师静待了“花开”。

李老师说：学生就像一座花园里的花，有的春暖娇艳，有的夏热芬芳，有的秋霜妩媚，有的冬寒傲雪。的确是，每个孩子都有自己的花季，只是一年四季开放的时间不同，而我们往往缺少了等待的耐心。这让我想起了龙应台的《孩子，你慢慢来》中的一段话：“我，坐在斜阳浅照的石阶上，望着这个眼睛清亮的小孩专心地做一件事；是的，我愿意等上一辈子的时间，让他从从容容地把这个蝴蝶结扎好，用他五岁的手指。”每每读到这，我总有种莫名的感动，为作者的爱、沉着和耐心所折服。

反观我们的教育，我们是否曾盲目地拔掉那些还没来得及开花的“小草”，使它错失了成为珍奇蜡梅的成功机会呢？面对天资聪慧，却贪玩好动的孩子，我们是否会想“朽木不可雕也”？面对反应迟钝，启而不发的孩子，我们是否会说“孺子不可教也”？作为教师的我们，应该时常抱着“闲看庭前花开花落，漫看天外云卷云舒”的闲适，以平静的心态，多点耐心，多点时间，等待孩子们的长大，给每一棵草以开花的时间，给每一个人以证明自己价值的机会！

现在，讲座虽已结束，但李老师侃侃而谈的话语仿佛还在耳边，那指点江山、挥斥方遒的神态仿佛还在眼前。一位六十三岁退而不休的老教师，一位永远“十八”岁的不老女神，用她的激情、热情感染着我们，激励着我们。教育虽任重道远，但是因为有了爱与被爱，我们必将收获幸福和快乐！

听山大附中刘霞老师的课有感

徐艳

站在山大附中的校园里，我不禁迷惑了。这里，没有想象中参天蓊郁的白杨、高耸入云的古松，也没有翠绿怡人的竹林、香气氤氲的蝴蝶兰。什么也没有。小小的校园里只有两栋小楼，占地八亩，局促之极，连弹丸之地都称不上。长途跋涉就为了这么一个小学校？

一个长发女子摇曳走过，修长的身材，一袭水墨图案的宽松长裙，清秀的面庞，柔和的眼眸，一头青丝用藕荷色的发卡束起，举止之间优雅飘逸。只可惜的是，她走起来怎么一跛一跛的，是老天嫌她太完美了吗，一丝遗憾浮上心头。

上课了，走进来竟然是她，讲课题目是《口诵心惟——行走济南系列之李清照》。孩子们一起来问好就把我们镇住了，弯腰鞠躬，长揖(长揖好像是抱拳，这却是两掌伸开，大拇指朝上)，喊道“老师好！”。讲课的老师叫刘霞。刘霞老师微笑着站在我们眼前时，大家都有眼前一亮之感。恍惚中，你觉得她就是从古代穿越来的一个大家闺秀。

她的嗓音既清亮又柔和，婉转美妙，完全没有那些粗鲁沙哑的浮躁，是我从未听过的天籁之音，完全出自天然，没有任何矫揉造作，连王菲的声音也不能与之媲美。她说话已经很美了，又轻启玉喉，吟诵起了《诗经・硕人》。她的声音像黄莺，比黄莺有内涵；像美玉，比美玉有活力；像吴侬软语亲切柔和，可是又没有那些暧昧气息，是那样清新。

她唱道“手如柔荑，肤如凝脂。领如蝤蛴，齿如瓠犀”，一个端庄美丽圣洁的千古第一美女庄姜的形象浮现在眼前，情态毕现；她唱道“巧笑倩兮，美目盼兮”，我们眼前浮现出一位倾国倾城的绝色佳人，她的美足以母仪天下，而且她即使不受宠爱被打入冷宫依然以宽广的心胸包容庄公，是那种尊贵大气之美。美丽的庄姜，受到了全国人民的爱戴，昏庸的庄公不配拥有她的爱。

她唱道“静女其姝，俟我于城隅。爱而不见，搔首踟蹰。静女其娈，贻我彤管。彤管有炜，说怿女美”，一个浪漫自在调皮活泼的阳光少女，躲起来和爱人捉迷藏，又折茅草作为礼物，形象楚楚可爱。

刘老师的吟唱时而低回婉转，时而急促激越，时而欢乐娇羞，时而沧桑沉郁，所有的都是十分悦耳，十分自然，无一分虚伪，无一丝做作。孩子们的素质也真不错，一边打着拍子一边吟诵，有的简直具有刘老师的神韵了。而且，孩子们查阅资料，歌诀体诵读，边读边打拍子，训练有素，已经有了一定的积累。他们的古典文化素养与日俱增，远非同龄人能够相比。

我不禁浮想联翩了。刘霞老师是山大附中的老师，她如此出色的表现，除了本身才情兼备，可能也去请教过山大古代文学教授吧。白发苍苍学富五车的老教授眼睛微微闭着吟诵，不时停下来讲解，刘霞老师认真地聆听着，小声跟着唱起来，击掌打着拍子，或轻轻敲打桌子，脚也和着，头微微摇摆着。然后，她录了音带回去细细琢磨，反复研究。

偌大的几千人的会场，这一堂课几乎没有一个人说一句话，大家都被镇住了，沉浸在《诗经》里，不知今夕何夕了。从济南回来已经十天了，真地体会到了“子在齐闻韶乐，三月不知肉味”那种感觉，刘老师吟诵的声音萦绕在耳畔，在脑海，在心田，在眼前，余音绕梁，很久不会绝吧？

在这个深秋的晚上，刘老师，你在做什么呢？弹着古琴古筝，呷一口香茶，吟诵着《诗经》，是吧？你是否知道我正在给大家讲奇女子刘霞的故事呢？

归来笑拈梅花嗅 春在枝头已十分

——国内高级研修班华师大学习有感

李素玲

学习前，我们期盼着，我们等待着，我们梦想着，我们望眼欲穿；学习时，我们聆听着，我们惊叹着，我们吮吸着，我们如饥似渴；学习后，我们感动着，我们收获着，我们幸福着，我们不虚此行！

—题记

9 月 15 日，带着领导的嘱托和厚望，带着对现代教学理论知识的渴求，我有幸参加了胶州市初中语文国内高级研修班的学习，来到了仰慕已久的上海华东师范大学。于是就有了印象华师大：古朴平整的石板路，绿叶叠翠的校园，静如仁者的丽娃河，林立错落的场馆……无不给人以名校的气场和质感。

接下来的短短的六天时间，我深切地感受到了一种文化的熏陶。这种熏陶，既来自于上海这个经济发达、思想前瞻的国际化大都市深厚的文化底蕴，更来自于专家教授的学者风范对我的耳濡目染。他们用鲜活的案例和丰富的知识内涵以及精湛的理论阐述，给了我们强烈的感染和深深的震撼，精辟的理论引领，使我们在培训的每一天都感受到思想火花的冲击。他们思维的敏捷，语言的风趣，视角的独特，人生态度的达观，以及那种热爱工作，热爱生活的高品位的生命形式和人格魅力令我们折服！六个紧张而充实的日日夜夜，侧眸回望，感慨良多，且用拙笔记录，愿我也能拾级而上。

一、感受名师风采

这次研修班的学习，共有 8 位专家上课，为我们呈上了一道又一道“美味大餐”，可谓精彩纷呈。同时还安排了学校观摩、课下的互动交流、自我撰写反思、体会等。以下是专家的精彩讲座：

华东师大中文系王意如教授《学者型教师的专业成长》；

华东师大中文系、博士生导师巢曾琪教授《语文课程的特点与思路》；

华东师大教育学系胡东方教授《从教书匠到课程改革专家——做一个有心的教师》；

华东师大中文系叶丽新教授《语文教育测试与评估》;

上海师范大学中文系教授 郑桂华《高效课堂的教学设计》;

上海市静安区教育学院院长宋保平《减负增效的实践与思考》;

上海市黄浦区教育学院语文教研员平智伟《关注过程的写作教学》;

上海市教委教研室副主任谭轶斌《阅读教学的三层面》。

这些讲座,或深刻,或睿智,或沉稳,或思辨……专家们用独到的见解和精辟的阐述,使我们的教育教学观念发生了很大的变化,更重要的是我们从专家们的身上学到了做学问和做人的道理。他们的讲座折射出一种责任:国家昌盛,系于教育;教育昌盛,系于我身。在这里,我的心灵也得以净化,我的人格也随之升华。

二、更新教育观念

培训学习,让我拨开云雾见青天一般,深深地认识到:对于一个优秀的教师而言,教育不是牺牲,而是享受;教育不是重复,而是创造;教育不仅仅是谋生的手段,更是丰富多彩的生活本身!要想跟上教育教学的步伐,就要先转变传统的教育观念,树立正确的师生观,增强热爱教育事业的信念。在聆听了教学改革和教师专业素养方面的讲座后,我感触颇多,记载经典语句如下。

1. 关于教师的教

要消灭"告诉式"教学,更要摒弃表演。

教学高手能从课文的任何一个点切入教学。

学生不是教师教会的,是自己学会的,教师的教在于帮助学生的学。

很多教师在辛辛苦苦、老老实实的干坏事——"拔苗助长"。

没有问题,就没有创造,压制提问就是压制创造。

学生先从感性上接受老师,再从理性上接受老师的教育。

2. 关于学生的学

点头的读书不算,摇头的读书才有价值。

学习方法可以催生解题方法。

3. 关于师生关系

聪明的老师在学生面前要学会示弱,这才是教育的大智慧。

作为教师,不要要求学生实现自己的理想,而要帮助他们实现他们的理想。

要培养"学生",而不是"考生"。

4. 关于教师专业成长

教师不去反思，经验可能会成为阻碍的力量。

教师的智力、知识水平、基本功和教学效果无必然关系。

每个教师都是独特的“这一个”。

每个讲座的内容不仅让我了解到了前沿的教育教学改革动态，而且还学到了先进的教学理念，在专家讲授的一些教育教学实例中产生了共鸣，从而让我能从理论的层次来诠释自己在教育教学中碰到的一些现象，也为我今后的课堂教学工作指明了方向。

三、拓宽学习视野

“一个人能走多远，看他与谁同行，一个人有多优秀，看他有什么人指点，一个人有多成功看他与什么人相伴，有几位好同伴，将会成就你的一生。”让我最感动的是参与现场研讨，与大家进行互动式交流、评论，所有教师共同探究、集思广益、各抒己见，大家的观点来得更直接、更朴素、更真实。在交流中得到启发，收获快乐。此次上海之行，我认识了五十位同行朋友，一周的同窗共读，七日的促膝并肩。在一次次的交流中，我们的眼界开阔了，站得更高了，对我们的教育与新课程又有了全新的认识。

四、反思助己成长

胡东方教授说：没有反思的经验是狭隘的经验，至多只能形成肤浅的知识。作为教师，要丰富自己的教育实践，就要多看、多想、多做。除此之外，还要善于反思。一位教师的成长，就是一个不断实践、不断反思的过程。培训中，我即反思：

1. 教育是一种境界——乐教

简单说就是两情：首先是痴情。要热爱忠诚于自己所从事的教育职业，愿意奉献。其次是激情，要矢志不渝、痴心不改，每天都能以饱满的热情、旺盛的精力、充沛的朝气完成教书育人的每一段行程，忠实地守候教育这方净土，乐在其中！

2. 作为老师，要能思想

巴尔扎克曾说过：“一个能思想的人，才是一个真正力量无边的人。”所以，一个能思想的老师才是一个真正力量无边的老师。因为我们面对的是活生生的人，承担的是无法复制的育人的工作，所以我们必须要有正确的教育思想，必须要能思想，成为能用思想来思想的思想者。

3. 做一个安心的教育者

作为老师，每天都被淹没在平凡琐碎、单调乏味的事务中，如同陀螺般穿梭、行走，很少能真正地沉下心来去考虑怎样才能做得更好。而且做老师久了，也就常常感觉不到幸福的存在。其实，教书育人是奉献良心的职业，不能与高官相比，也不能与富商相攀。在这方面，我们不妨学一学陶渊明先生，让喧嚣的心灵复位，做一个安心的教育者，就一定会享受到为人师者的幸福与洒脱。

走笔至此，面对着厚厚的笔记，回眸一个个精彩瞬间，我不由地心沉重起来：收获尽管充实，但培训毕竟短暂。培训结束了，留给我们的思考却远没有结束。需要我做、我能做的还有很多很多。我会站在一个崭新的平台上重新审视我的语文教学，把所学的教学理念内化为教学思想，践行在我的课堂教学，让自己走得更远！不去想是否能够成功，既然选择了远方，便只顾风雨兼程；不去想身后会不会袭来寒风冷雨，既然目标是地平线，留给世界的只能是背影！此时的心情，正如诗所言："归来笑拈梅花嗅，春在枝头已十分"！

海阔天空　学无止境

——聆听省教研员张伟忠老师讲座有感

曹正昌

2014 年 12 月 11 日，我有幸聆听了山东省语文教研员张伟忠老师《关于小说阅读教学的思考》专题讲座，受益匪浅，深感"海阔天空学无止境"。

一、文本解读有深度

同一文本，若是仅仅依照《教学参考》依葫芦画瓢，课堂教学难免如白开水般寡淡无味；反之，若是教师个人首先深入阅读，静心感悟，然后将个人见解和专业解读相结合，则将文章酿成了一坛醇香的美酒，课堂教学必将芳香四溢，意味深长。

二、教学设计有创新

"问渠那得清如许，为有源头活水来"，张老师所列举的参赛教师们的案例，创新设计为课堂教学注入了汩汩清泉，使得语文课堂灵动多彩。

如王秀波老师在执教《我的叔叔于勒》时，通过教师续写菲利普一家从哲尔赛岛回到家后，于勒回来的情景，创设特殊情境，将课堂教学有机串联起来。

首先，教师幻灯出示："快把这个乞丐打发走！"你认为，这句话是谁说的？克拉利斯还是菲利普，依据是什么？引导学生品读克拉利斯"五彩缤纷"的"说"，通过人物语言分析性格特点。除了品读文中克拉利斯的语言，王秀波老师又巧设一"说"：如果克拉利斯遇见发财的于勒，她会怎样说？幻灯出示：她动情地说——；她惊喜地说——；她流着泪说——；她高声地说——；她__________地说……学生们发挥想象，把克拉利斯此时说话的语言补充完整。

然后，教师又出示："我得了绝症，剩下日子不多了，我真想回家看看你们……"于勒说不下去了。"你这个穷光蛋，还回来干什么？"菲利普气急败坏地说。教师问："菲利普会这样说吗？请从文中找出有关菲利普语言的句子读一读。"最后，教师又巧设情境，幻灯出示：从哲尔赛回来后，菲利普翻开日记本，写下心里话，如果你是此时的他，你会怎样写？王老师通过丰富多彩的课堂活动，将学生的读、思、写自然结合在一起，既分析了人物形象又探究了课文主题。

三、学生课堂参与广

此处的"广"，指学生参与课堂的人数多，活动多，气氛活，效果好。参赛教师都秉承"学生是课堂主角"的理念，设计各种活动，吸引学生参与课堂学习。如法洪雪老师在《泥人张》中，让学生咬文嚼字品语言，品读"抠""戳"等字分析泥人张的性格；胡树花老师让学生分角色朗读《我的叔叔于勒》的相关语段，提示学生抓住人物说话的神情姿态，声情并茂搞朗读；王炎老师执教《喂——出来》，让学生参与板书，上课伊始，先让一位学生画出文中很重要的一个事物"洞"。随后，让学生在"喂"字后面的横线上板书，"小石子落下后，什么会出来"。最后，由一位高个子男生把"星期一希望什么出来"板书到"喂"字后面……学生参与广，自然就会兴趣高涨，课堂效果不错。

张老师最后提出对于小说教学，我们应该注意两个转变：从重视内容梳理到重视语言品味，从重视主题到重视形式（课堂教学的设计切入点）。他谈到教学设计应当从学生的兴趣点入手，从学生的疑问处入手。课堂教学要讲求效果，非语文的东西不要讲……

学无止境，我们平日不能一味闷头教书，耗尽胸中点墨。而应多向名师学习，多阅读思考，探索课堂教学艺术，终有一天，老师和学生会在语文课堂上产生海阔天空般辽阔自如的感觉。

谈吐之中见真功

——听程翔老师的小说课《药》有感

曹正昌

2014年11月1日至6日，由中国当代文学研究会校园文学委员会、中国教育学会中学语文教学专业委员会联合主办，北京潞河中学承办的第三届全国校园文学研究高峰论坛在北京通州潞河中学举行。

11月1日下午13:30分至15:50分，第三届校园文学高峰论坛在仁之楼第一、第二报告厅为与会嘉宾呈上精彩纷呈的文学课堂名师示范课。其中给我印象最为深刻的是语文特级教师、北京101中学副校长程翔老师的小说课《药》。

程翔老师，1963年出生，1982年参加工作，大学本科学历。北京大学附中语文特级教师，副校长。1991年获"全国中青年语文教师课堂教学观摩会"一等奖，1993年获得"全国优秀教师"光荣称号。任全国中语会常务理事，全国青语会会长，首都师大兼职硕士研究生导师。

程翔老师的主要著作有《语文教改探索集》(1994年山东教育出版社出版)、《语文课堂教学的研究与实践》(1998年语文出版社出版)、《播种爱心》(2001年广西教育出版社出版)。新著《语文人生》人民教育出版社近期出版。参加人民教育出版社高初中教材编写工作，被聘为人民教育出版社"九年义务教育新教材编写委员会"委员。曾应邀到全国部分省市、山东省各市地及香港、澳门、马来西亚做报告并执教公开课多次。

当天，我有幸观摩了程翔老师的小说课《药》。从程翔老师的课上，我懂得了什么才是真正的"语文味"。这样扎实的语文功底的确令我汗颜。他的课能让听课的每一个男女老少都能收获颇丰。程翔老师对文本的深刻独特的解读，授课过程中的收放自如，对学生的理解恰如其分的点拨都充分体现了他丰厚的文学底蕴。教师之所以能够在课堂上挥洒自如，做到如数家珍，信手拈来，在平日里必须有大量的知识储备，有丰富的文化底蕴，以及百炼成钢的教育教学生活的磨砺。一位优秀的教师本身就是一个磁场，应当具备强烈吸引力、感染力以及非凡的亲和力。他能悄悄给学生心中埋下一粒热爱文学的种子。

本堂课给我带来了深深的启迪。

一、阅读教学应该先从学生的原始理解开始

教师一定要让学生对课文具有第一印象，即原始理解，原始理解一般都是肤浅的、可笑的、错误的，这很正常。它是教学的起点和依据，是我们教学的逻辑起点。一般情况下，学生的“逻辑起点”会自然出现。程翔老师在上课开始问学生：“喜欢看小说的同学举手。”结果只有个别同学举手。这就是一种“逻辑起点”，引导学生改变原来的态度，转而喜欢这篇课文，课堂有了生成的效果，集中体现在学生的发展变化上。但有时教师提问学生，学生无人回答，或者很少有人回答，我们通常把这种现象当作学生不配合。学生不配合教师，原因可能是多方面的，但根本原因在教师。教师要反思：自己的教学设计是否符合学生的基本理解，是否从学生逻辑起点出发？只要真正从学生出发，为学生服务，巧妙地进行激励、点拨，教师就能因势利导。程翔老师就是先从学生的原始理解开始，因势利导让学生不仅喜欢看小说，而且喜欢写小说。

二、后续理解丰富和深化学生原始理解

后续理解是教师引导学生深化理解的过程，是主体。从原始理解过渡到后续理解，是阅读教学的基本过程。

1. 同学之间的小组讨论

我们的课堂不能成为几个学生的领地，每一个人都要积极参与。课堂教学不能两极分化，教师要在课堂中促进学生的发展，而不是抑制。尤其是教学过程中要体现教育的力量，时刻注意学生的心态，教师要目中有人，心中有学生。学生的小组讨论就能让每个学生都参与进来，这个讨论交流过程就像某种化学反应过程。并且讨论时学生要有话可说，这就要求教师在情境的设置上下功夫，让学生身临其境，踊跃抢答。

2. 把参考书中的观点适当提供给学生

参考书是教师教学的辅助，上面的观点也是一家之言。教师一定要尊重学生的个人见解，千万不要强迫学生接受他们一时无法接受的观点。参考书的观点不能成为学生必须接受的“霸权话语”。所以教师不能迷信参考书。

3. 融入自己对于文本的理解

学生对老师的个人观点是非常喜欢的，并且我们可以把自己的理解过程告诉给学生。教师的思维过程对学生有启发性、引导性，并且起到示范的作用，所以是很有意义的。

以上的过程丰富和深化了原始理解。教师的理解和《教师教学用书》的观点都不是终结性理解。我们只能给学生提供一个对于未成年人来说相对成熟的成年人的理解。我们不妨把它当作“相对理解”。“绝对理解”是不存在的。

三、课堂教学重在实现对文本的基本理解

对文本理解要以文本为依据，主观臆断不是基本理解，反而干扰了文本原意。实现基本理解必须从字、词、句、篇入手，在原文中找到依据，在客观面貌中找到依据。

中、高考在阅读理解方面主要考察两点：

一考，作者意——不能用自己的理解代替作者的理解。

二考，读者意——结合自己的感受谈一谈，以作者意为起点展开，不能天马行空的胡乱写，要以学生的身份来答。

长期以来，人们对文本的解读达成了共识，这个共识就是基本理解。我们的教育是基础教育，基础教育的特点、性质决定了中小学语文教学主要是让学生养成良好的学习习惯，是积累，是打基础，创新是次要的。北京大学中文系著名学者袁行霈提出语文教学要“守正创新”，这非常正确。所谓“全新的观点”是不存在的。也就是接受前人已有的文化精髓，能够准确地把握文本的基本理解。当然，基础理解不是唯一理解，也不是绝对理解。在实现对文本的基本理解时，杜绝用实用主义代替文学规律的把握。例如：《从百草园到三味书屋》作者对百草园的态度是充满乐趣，对三味书屋的态度是留恋、回忆、怀念。有时我们在理解文章时会产生误解，读时暴露出的问题应如何解决？就是要从文学规律上去解读文本！所以，我们不能戴着有色眼镜教课文。

当然教学中，教师本身要有专业意识，我们在语文教学当中应像程翔老师那样比学生高明得多。我们应时刻记住：语文课是要交给学生语文知识！如何做到这一点？就是教师要使学生回到语文教学的原点上，语文教学，说到底是从语文的角度给学生奠定一个文化的底子。

让语文课返璞归真，让学生真正地读出“语文味”，谈吐之中见真功，这就是

程翔老师的课。

高效课堂的动力之源

——昌乐二中“271”小组建设启示

李威

感谢李沧区教体局给我们这样一次全面了解学习昌乐二中的机会。说实话，参观昌乐二中的经历颠覆了私立学校在我脑海中固有的印象，令我受到相当地震撼：原来私立学校也可以有如此多的社团活动，可以强健学生的体魄，可以有如此精彩的课堂辩论，会培养出如此多有思想有个性的学生！

在这里，每周一的早上升旗仪式学生是即兴进行国旗下演讲的，演讲者的后面有大型LED屏幕投射演讲者身姿，前面有摄像机，国旗下讲话即时传送到网络上供大家点击；在这里，每天上下午各一次跑操，因人员多场地小，全校师生有序围绕校园跑圈，跑步的过程中每个班级都在体委的带领下喊出震天的嘹亮口号；在这里，每天都有自主学习时间，学生在网球场、琴房、舞蹈室、绘画室等各个地方尽情学习高尚的艺术。这就是昌乐二中，一个充满神奇的地方。

我们到昌乐二中的时候还是一学年刚刚开始，三个级部的变化非常明显：刚入学的初一学生还需要老师手把手地教授合作的方法，自己的高效学习手册还不知怎样为自己所用；初二的同学已经在课堂上争先恐后地争取回答问题的机会，优秀的学生已经能站稳讲台，细细地点评黑板上学生的答案；初三的课堂，我们随机听了一节数学组组内的竞赛课，课堂完全由学生将课堂占据，课上学习内容的安排、讲解等完全由学生进行，老师只在关键地方讲了三句话（讲解确实很精到），而学生课上所学的数学知识已经超出了初三的范围，在学习高中的相关知识了。

课堂、课下的精彩让我充满好奇，是什么力量让昌乐二中变得如此吸引人，改变如此之大，学生德智体美得到如此全面发展，教学成绩仍在“领跑”，短短一周的实地培训，昌乐二中带给我巨大的震撼。在深深的思考之后，我似乎有了答案——“271高效课堂”，学在课堂，功夫在课外。与杜郎口中学一样，昌乐二中也是靠模式“起家”的，昌乐二中把“模式”再一次扩展延伸，把“课上”和“课下”焊接起来，形成了一个相对完整的“271 学习态”。现结合我对昌乐二中的参观学习，谈几点昌乐二中成功体会。

1. 善于运用已有的好的规律，形成自己的特点

昌乐二中的“271”脱胎于经济学上的 20∶80 法则，即巴莱多定律。巴莱多认为：在任何一组东西中，最重要的只占其中一小部分，约 20%，其余 80%尽管是多数，却是次要的，因此又称二八定律。昌乐二中的“271”表现在：

(1) 时间的划分。“2”是 20%的时间属于教师，即一节课 45 分钟，老师的“讲”不超过 10 分钟。即便是在准许的时间内“讲”时，教师也不一定是连起来讲，而是该讲时则讲，需要讲时才讲；“7”是自主学习（自学、讨论、展示），占 70%的时间，约 30 分钟；“1”是 10%的时间，即约 5 分钟，组织“反刍过关”。

(2) 学生组成的划分。271 模式要求教师在课堂上，既要充分“利用”好 10 名优秀学生资源，又要给优秀学生提供“自助餐”，保证他们学得更好，这是第一层目标。第二层目标，要通过小组互相讨论，促进中间 70%部分的学生“向上分化”，把其中的 20%转化成优秀生，以此扩大优秀生比重。第三层目标是把原本 10%的后进生向着 70%的群体推进。昌乐二中的 271 课堂模式，从理论上消灭了“差生”，充分体现了教育对每个学生的尊重。

(3) 学习内容的划分。20%是不用讲学生能自学会的，70%是通过讨论才能学会的，10%是同学之间在课堂上展示、互相回答问题，经过老师的强调、点拨，反复训练才学会的。“2”就是自己学会的，“7”是讨论巩固学会的，“1”是同学帮助、老师点拨学会的。

(4) 学生课下自习方式的划分。20%的时间完成学案和训练案中规定的“作业”，70%的时间用作下节课的“预习”，10%的时间用作预习“自查”。

2. 评价是武器，小组评价是最好的激励，充分调动学生的积极性

昌乐二中的班级内每个小组都有组训、组规、组约、组歌，把每个小组都变成了一个战斗团队，让学生在“比学赶帮超”中做学习的主人。无论小组合作由几人进行，昌乐二中做的就是坚持不懈地开展对小组的评价。值日班长负责每天各小组的课堂评价，周六反馈给值周班长，评选每周优秀学习小组。每周进行一次展示之星和助人之星的评选活动。评价形式多种多样，除课堂评价外，作业、检测、每日常规等也进行小组评价。昌乐二中还将评价从课堂延伸到课外生活，将考评成为学生生活的一部分，与小组的捆绑评价使得学生人人重视，互相提醒，良好风气蔚然成风。评价促进了学生学习行为的转变。在课堂教学改革案

例中，我们可以看出学生的学习行为发生了重要变化：由传统班级授课制中教师讲学生“静听”，学生“单兵作战”，学生是冷冰冰的没有情感的“学习机器”的现状改变为学生“团队合作学习”、“完整的有感情的人动起来了”。学生的主体地位得到了凸显，学生成了课堂学习的真正“主人”：绝大部分课堂时间都是学生在积极活动、学习、探究、发现，课堂是在学生作为“整体的人”——有感情参与和智力活动中构建和生成的。“课程即生成，课程即活动”在课堂学习中得到了充分的体现。而且，我们看到，学生学习行为转变的背后，其实蕴含着更为深层次的学习理论的变革：学生的学习理论已经由传统的“联结学习理论”——学习就是刺激和反应的联结，过分强调“强化”，转向学习的“建构主义理论”，并且整合各种学习理论，取长补短，发挥最大的学习效果。

3. 敢于否定自我，创新改革的勇气

昌乐二中，一所私立学校，课改之前曾被外界誉为“山东省领跑高中”，其升学率一直名列前茅。我们可以想象私立学校是在怎样的学习环境下领跑，那么，“领跑”者该怎样改呢？昌乐二中没有满足于自己以往的成功，新的改革带来了教师教学行为的转变。教师引导学生在动手中发现问题、分析问题、解决问题，切实做到学、做、教互动合一的局面。教师教学行为围绕教学的全程展开，做到“课堂教学（学中做）——实践活动（做中学）——内化教学（反思体验）”。在其课堂教学中，教师完全演变为一个退居“幕后”的“导演”，把原本就属于学生的课堂“还给”了学生，激励、帮助、调节、引导学生完成了整个的学习。我们可以看到：在课堂上，教师的“有所为和有所不为”，课堂教学既在教师的引导下又不在教师完全的掌控当中，课堂是流动的、情景性，不是预设和管制的。唯有如此，学生除了掌握基本知识和技能外，才能在课堂学习当中体验学习的方法和过程，体验与人合作和学习的乐趣，并且形成正确的价值观和人生观，真正实现新课程所倡导的三维课堂教学目标。

昌乐二中的学习经历让我深受震撼，在这一周的时间里，我们与接触到的二中人交流时都能处处感受到全体师生对“271”模式的认同感和推崇度，甚至为我们几十人做讲座的都不是学校校长或中层干部，而是级部长、班主任，他们将自己平日的工作整理出来就成了很有条理的讲座，不得不佩服昌乐二中的领导班子，在许多学校仍在保持升学率的同时进行课改这种“戴着脚镣在跳舞”的环境下敢于破釜沉舟突破自我，他们成功了，成功在他们的勇气，成功在他们的坚持，成功在他们的凝聚力。这让我想起了一句话：没有不好的士兵，只有不好的将军。为昌乐二中领导的魄力点赞！昌乐二中的培训让我收获满满，我也将认真汲取改革的有效经验，探索我校课堂高效的有效措施，使我校的课堂变得更加高效。

浅谈语文教学中小组合作学习的实效性

——暑期远程培训观课有感

薛洁

[摘要] 合作学习是新课程积极倡导的学习方式。它促使学生走向民主，走向开放，让师生、生生多边互动，形成真正的学习“共同体”，旨在增强学生团队的合作和竞争意识，提高学习的合作交流能力，培养创新思维和实践能力。

[关键词] 初中语文；合作学习；有效性。

暑期远修培训过程中我反复观看优秀课例，尤为欣赏的是《学习类文言文复习〈伤仲永〉〈孙权劝学〉》一课，这堂课中，教师恰当利用小组合作方式，展开教学，充分发挥学生的主动性，具有很强的实效性。它让我意识到教师在语文教学过程中，应利用一切条件，确保学生自主合作学习的有效性。

一、独立思考是提高小组合作学习有效性的前提

爱因斯坦说过：“学校的目标应当是培养有独立行为和独立思考的个人。”独立思考是学习的法宝，新课程也要求教师在教学过程中要注意培养学生的独立性和自主性，促进学生主动地、富有个性地学习。“学而不思则罔。”读书学习，更需要独立思考。独立思考是一个自主的过程，是合作学习的前提。

因此，学生要参与讨论，参与合作探究，必须要有自己的见解和前认识能力作基础，而个体的独立思考是无法由别人或小组来代替的。只有在学生思维到了“山重水复疑无路”的境地，才会有强烈的求知欲望和合作需求，才有可能发生思维碰撞，在一番针锋相对，唇枪舌剑之后，出现“柳暗花明又一村”“豁然开朗”的效果，从而找到最佳答案。因此，我们组织学生小组合作学习之前一定要给予学生充分的独立思考的机会，让每个学生都拥有自己的一片思维天空，在此基础上再交流，这时的交流才是体现个人创造性的高质量的合作。在语文课堂合作前，我通常先让学生独立思考，留给学生充分独立思考的时间，任何人不能交头

接耳，不准借助教辅资料，只是将疑惑和想法简单记录，然后再组织学生小组合作学习，在组内交流自己的思路见解。这样展开合作交流，学生才能言之有物，“不愤不启，不悱不发”，在学生愤悱之时引导他们合作学习，才能有信息的传递，思维的碰撞，才会在交流中获得灵感和启迪。

为此，在语文教学中要寓独立思考于合作过程中，做到“动”“静”结合，“存异”与“求同”结合，从而达到语文课堂教学的最佳效果。

二、选题精当是提高小组合作学习有效性的关键

合作学习只是课堂教学中的一种新方式，并不适合所有的教学内容。有的内容则适合于自主探究、实践体验或教师讲解引导等。因此在采用合作学习时，教师要从学生的实际和教学的需要出发，紧扣课程标准，明确目的，精选问题，选择有价值的内容让学生合作交流。

三、师生合作是提高小组合作学习有效性的保障

新课程把教学过程看成师生交往、积极互动、共同发展的过程。学生个体在讨论时难免出错，这时，教师要积极参与到学习中去，及时发现学习存在的问题，给予正确的引导。在每一节课堂上，教师不可能参与每一个小组的讨论全过程，但可以有选择地分批、分层次地参与到一些小组讨论中，及时了解这个小组存在的问题，及时给予引导；鼓励个别后进生积极参与讨论，对于他们的点滴进步及时给予肯定；及时把握学生的思维动向，抓住闪光点，把课推向高潮。

（1）教师积极参与其中。在学生交流讨论时，教师不能只是旁观，更应该积极地参与其中，和学生一起学习探究，倾听每一位学生的心声，为学生的合作学习提供及时的帮助和指导。同时，教师也是一个学习者，学生知道的我们不一定知道，学生的疑问我们未必能解答，教师在参与中应放下“师道尊严”、“权威心理”，积极地与学生共同学习探讨，以达“教学相长”的目的。

（2）激励学生学习动机。苏赫姆林斯基说：“在人的心灵深处，都有一种根深蒂固的需要，就是希望自己是一个发现者、探索者，而在儿童的精神世界里，这种需要特别强烈。”教师在参与合作学习时，要注意保护儿童文化，呵护学生的想象精神，允许学生质疑，允许学生争论，也允许学生保留自己的意见。教师要以学习者的身份参与合作学习，使学生觉得教师是在和他们一起学习。

（3）与学生平等对话。人本主义教育家罗思杰认为：“成功的教学依赖于一

种安全的氛围。”没有一个民主的机制，没有一个平等和谐的氛围，就不可能有个体之间真正意义上的、积极的互相推动。新课程主张：“语文教学应在平等对话的过程中进行。”小组合作中，教师应积极创设和谐、宽松的课堂氛围，与学生平等对话，让学生感受到一种平等的氛围、一股以人为本的温馨气息，从而提高小组合作学习的有效性。

四、恰当的评价方式是提高小组合作学习有效性的动力

评价是合作学习中不容忽视、不可缺少的重要环节。实施有效的小组合作学习评价，不仅能促进学生更加有效地进行合作学习，而且有利于提高学生的合作意识和合作能力。因此，教师应该根据实际情况，采用多种恰当的评价方式。

（1）重视学习过程评价与学习结果评价相结合。关注小组合作学习的过程比关注结果更能提高学生的小组合作学习的有效性，因此，教师除了对小组学习结果进行恰如其分的评价外，更要注重对学习过程中学生的合作态度、合作方法、参与程度的评价，要更多地去关注学生的倾听、交流、协作情况，对表现突出的小组和个人及时给予充分肯定和生动有趣的奖励，达到以评促学的目的。

（2）注重自评、互评和师评相结合。尽可能地去发现每个学生在合作学习过程中的参与度、讨论中的情感态度以及交流的能力，尽力去捕捉每个成员的潜在优势，给予学生激励性的评价，在评价中及时引导学生进行反思，帮助学生寻找更高的发展目标。

（3）注重评价个体和评价小组相结合。教师既要重视对学生个体的评价，又要重视对合作小组的评价，在对小组进行评价时，要照顾面向组内的全体组员，做到点面结合，有的放矢。

总之，合作意味着人人参与，平等对话。对学生而言，合作是主体性的实现，创造性的解放；对教师而言，合作意味着角色转换，也意味着教学的高效率。课堂上，只要运用得当，引导得法，就能使学生间的合作学习的课堂成为他们发挥潜能、激发兴趣、培养能力的乐园，让语文课堂焕发出生命的活力。

做一朵自由行走的思想之花

——常州之行的感悟

冷爱霞

6月17日动身，21日返程，此次胶州名师高级研修班常州之行，前后5天时间，这种“放下学习来学习”的机会，很值得珍惜。

《我们一起“做”课程》、《学科教学知识PCK与教师专业发展》、《教科研：教师专业发展的原动力》、《名师工作室：师生共同成长的发动机》，四场报告，充满智慧，内涵深远，对不同学科、不同学段的学员都产生深深地吸引；参观百草园小学和华罗庚实验学校，置身其中，校容校貌、环境文化、思想渊源、研究实践，无不令人耳目一新，油然而生敬仰之情。

对“多彩课程”的深刻理解

江苏省常州市教育科学研究院副院长、江苏省特级教师潘小福，阐述了“什么是课程，为什么要做课程，怎么做课程，谁做课程”等问题，事例鲜活，在《春游中摘草莓的故事》中，让我们领悟了课程的实质与设置、文化与管理。三年级的学生，在“六一”儿童节组织去摘草莓，第一年活动，孩子们很兴奋，摘了很多草莓，踩坏很多秧苗，引起场主不满；第二年再去活动，学校要求每位孩子只摘五颗草莓，虽然孩子们都很珍惜，但是满地依然狼藉，因为他们“黑瞎子掰玉米”，越到最后，发现的草莓越大，便随手丢弃最初采摘的草莓，场主依然不满；第三年，学校改变了组织方式，以课程思想指导并组织此次活动，提前让孩子们回家种植草莓，经过一段时间，孩子们将自己劳动的成果，并不硕大的草莓带到班级分享，目的在于让他们体会种植之不易，懂得劳动成果之珍贵；集体活动之前，合理安排各学科教师做出具体要求：科学老师指导学生考察土壤，语文老师指导学生观察景物，数学老师指导学生搜集数据，美术老师要求学生画出草莓……结果呢？一次普通的游园活动，变成了一次全新的课程资源，这给我们深刻的启发——这就是学校课程！

学校将课程制定具体的目标，如音乐教师各有长项和短板，如果一个人负责一个级部各班的教学，自然会产生欠缺之憾。经过征求教师意见，逐步探索，新的课程诞生：教师分别发挥强项，跨级部任教一科，全体学生便会学到每位教师的长处，教学兴趣和效益便大增，教师积极性也加大。随着探索，并形成音乐学科的六项目标，即每学期人人有一次登台演唱机会，人人要跳一支舞曲，人人会一样器乐，人人会唱一首戏曲等，学生完成后还要颁发证书。于是学校处处皆舞台，人人是评委，下发海报，组织表演，观众评论等，便形成了课程一条线，极大丰富了校园文化，又提升了孩子们的参与意识。这样的课程，首先需要教育者时刻有课程意识，即“全人的教育”思想，“全新的资源”智慧，“多彩的实施”模式。

由此，我深深感悟到：教育改革就在于课程改革，需要我们将信仰、态度铭记在教育教学的具体影像里；课程管理需要我们有序进行，且由初始走向高级；形成课程文化，对心灵招兵买马，为学生健康而全面的成长奠基！

对“PCK”的探究期待

我很期待，很想了解什么是“学科教学知识 PCK”及“PCK”与教师专业发展之间有怎样的关系？江苏第二师范学院、江苏省教学科学学院院长陈国庆教授为我们进行了深入浅出的讲解。

他顺手拈去的例子，触动了很多学员内心。是啊，在中国小学教师重在“教识字”、“教孩子们怎样拼写”，而在西方教师则重在培养孩子习惯、生存能力等。其实，字只是工具，慢慢地就可以“会认、会读、会写、会用”，教学重心应该落在为孩子们未来生活打好基础。最触动我的是陈院长列举“毓”字，只知道读“Yù”是不够的，要知道其意义为“孕育，产生”，就是母亲生育子女，我们常见的成语“钟灵毓秀”的意义就触类旁通了，通常情况下，很多教师只是浅层次地教授，未做深度探究，也是我们做教师知识储备不够所致。再如，彳亍“chìchù”二字，我曾在一个学生习作中看到，后来向他询问，才知道其意。这次陈老师讲到其意义是“带岔道的斜路”，即十字路口。由这些例子，我们不能不去反思，一个教师的学科知识应该超出于课本，带给学生文化与思想，而不仅仅是为了考试，只教授表面的意思！

没有方法会超越知识本身，教师学科知识是创新教学方法的基础，的确如此。回来后，我在网上查找了相关资料，了解到更多关于 PCK 的知识，答疑解惑，丰富了对此研究的深入思考，不断满足着内心的需求。

我认识了首创的 PCK 这一概念的舒尔曼，懂得了 PCK 是学科教学知识或教学内容知识（Pedagogical Content Knowledge）的简称。PCK 知识指专业知识和教学内容的完善。舒尔曼认为 PCK 是指教师将学科内容转化和表征为有教学意义的形式、适合于不同能力和背景学生的能力，是综合了学科知识、教学和背景的知识而形成的知识，是教师特有的知识；包括表达思想的最好方式，最有用的类比、样例、图示、解释和演示等易于学生理解的表征方法；也包括教师有关学生对某一主题感到容易或困难的原因，学生的偏见和误解，消除误解的策略，特定的话题、问题、论点以怎样的方式组织表达调适使之适合于不同兴趣、能力和背景的学生，帮助或引导学生以个人有意义的方式理解内容的知识。

在分享中慢慢感悟，我逐步懂得了：学科知识是基础，教学实践是途径，个性经验是起点，知识特点是情境，其基本表征就是融合。知识无止境，对教师专业发展，又有了深层次的解读，并将付诸实践。

对工作室的发展共鸣

因为主持青岛市初中语文名师工作室，而且被邀请将在暑期与广东东莞市名师工作室一起研讨《如何有效地开展工作室活动》，尽管一年半的探索奉献中，已经有很多独特做法，但我还是很迫切地渴望倾听江苏省小学特级教师、常州市名师工作室领衔人、常州市金坛区朝阳小学蒋守成校长分享的《名师工作室：师生共同成长的发动机》。

一个人走得快，一群人走得远；一个人的力量是有限的，一个团队的力量是无限的。这个普通的道理，在蒋校长展示的图片下，鲜活起来，带给我很多回想，坚定了我们工作室快速成长的信念。我从蒋校长处感受到工作室激励方式很重要，比如，“团队价值追求”的理念，一是最大限度的替身成员的参与度；二是活动要有关联性和主体性，使研究产生持续的效益。具体做法值得学习：每次活动发言人不固定，现场抽签，这样的话，可以调动全体成员的思考积极性；这样的不确定性，会激发每位成员的参与兴趣，“身在其中，心在其中”，才会有收获。

启发最深的便是工作室的研究主题，我们工作室是语文学科，“6＋X”活动目标中，我将“以个性化阅读促进个性化写作教学研究”作为创新主题X，引领工作室开展研究。而蒋校长带数学团队，“主题课例”成为他们的研究内容，且已成系列，可细化为：一是思考题栏目，二是基于一个主题的拓展教学课例研究，三是进行主题拓展课程；同时，他们工作室学习方式也很多——解决问题式，课堂研讨式，线上学习式，展示和延展等。这些活动内容与方式，与我产生了心灵的共鸣，带给我诸多创新X的新思路。在接下去的聘期内，将落实并发展，获得最佳研究成果。

蒋校长的讲述内容与常州市教育科学研究院吴永才的《教科研：教师专业发展的原动力》，有异曲同工之妙，现状与分析，概念与界定，是实践与反思，经验与感受等，引发了我对教科研认识的深度共鸣。吴教授将“专业发展的原动力”归结于：热爱、学习、实践、研究、反思与追求；将教学设计中的“五线”融合概括为：知识线、问题线认知线、情境线与活动线；将教科研的三力凝练为：理解力，批判力和创造力……吴教授从理论上的阐述，正是蒋校长所进行的行为实践，均带给我们新的启迪。

我们有理由相信：一个梦想的团队，有一群怀揣共同梦想的人；有一个值得共同做的项目；有一定资金的持续投入；有一个好的实施路径；能将成果转化成生产力；能够持续研究不断发展；最终在成事中成人。

对校园文化的深思

文化是一种凝聚，文化是一种召唤，文化是一种传递。

置身百草园小学，沉浸南国的清新温润里，从宣传展牌，读出了学校的育人理念，“让每个生命拥有成长的幸福”，从一年级到六年级，在“春天主题”下，播种希望、绘画春天、特写春天……一个个过程，记录着孩子们与春天共成长的故事。生机盎然，色彩缤纷，诗意浓浓，诸如此类的形容词，在看孩子们作品时，一股脑儿涌入脑海！

华罗庚实验学校亦然，名人文化长廊，由楼前一直延伸至后楼，绕校园半圈，墨香悠悠，品格灼灼，潜移默化的育人氛围。在华罗庚博物馆，购买了《百年华罗庚》，开卷阅读，这位文明世界的数学家的事迹和人格魅力，闪烁着爱国主义的光芒，照亮着金坛学子的心灵世界，也感动着我，令我这样写道：自然环境，润物无声；社会熏染，大音希声。当我的步履踏上苏州这方水韵名城时，碧波绿树，小桥流水，悠悠竹林，丛丛春色，将一个“雅”字，推入我眼帘！当乘车进入苏州工业园区探寻教育踪迹时，心中再次被激荡起片片涟漪，开阔的道路，开放的园林，幽静的湖水，又将一个“厚”字，植入我心田！

那个清晨，往独墅湖学校听苏州教育学院博士生导师母小勇教授的报告。等待时光，漫步校园：独卧校门口内正中的巨石，其上红色大字雕刻的“独树一帜”的草书，室内二十余个孩子们稚气的脸庞……都在我心湖上投下静静的光影。在这一方风景苑里，一切都是愉悦的：聆听教师的字正腔圆，窃听孩子们的琅琅童音。天籁里充盈着轻松，没有丝毫的急功近利，整个庭院，更显优雅。成长就应该这样，只需慢慢等待，犹如等待楼宇间的那丛小红花，静静地开。

昨日江南情依然，今到常州，亲切如初。

让教育培训变得有思想、有灵魂、有力量，教师播种希望，引领未来。教育部基础教育司司长王定华在《"十三五"呼唤教育家》一文中，对教育家是这样界定的：一是要有纯粹的教育信仰；二是要有身后的人文素养；三是要有强烈的创新意识；四是要有成功的教育实践。愿我们向着这个目标努力！

在6月20日下午研修班分组研讨中，我们五组全体成员就常州之行的所学所悟进行了倾心交流与真诚分享，我也将研讨凝结成几句话，以表我心：研修于常州，读书在路上；教研生双翼，课程搭舞台；专家重引领，你我乐同行；沿途好风光，道旁满清香！揣感恩之心，做明白之师，坚守教育，憧憬诗与远方！

第五章 洗尽铅华见真醇 读书之美

读书不仅仅是为了上课，也不是为了附庸风雅，而是出自人的本性对知识的渴求，而是因为人的灵魂需要文化的浸润。读高品位的书，能提升思想境界，生成教育理想，启迪人生智慧，升华人文情怀，引领专业发展。如果读书磨砺了我们的底气，我们就会充盈着智慧和灵气，我们的课堂就会因书香而美丽。

读书是教师最基础最有成效的教育科研。教育科研不仅仅是课题研究，也不仅仅是撰写论文，更应该是在阅读中拥有科研的视野，更新科研的理念，创生科研的智慧，掌握科研的方法，解决教育的真问题。

用爱与责任点亮学生生命的天空

——读李镇西《我的教育心》有感

卢桂华

作为一名从教已十几年的“老教师”，当激情开始随年龄的增长逐渐褪去，当和学生的距离也如年龄差一样开始渐渐拉开，当我发现正慢慢淡出学生心目中好老师的形象，我内心开始恐慌。什么是好老师？怎样才能做最好的老师？这两年我不断拷问自己，也追寻着自己最初那个做最好的老师的梦想。

有幸的是，我遇到了李镇西《我的教育心》。这本书是李镇西老师25年教学经验和智慧的结晶。李老师将理性的思考、真实的教育情感和高超的教学艺术融入一个个发人深省、可读性极强的教育案例之中，让我感同身受，并惊叹折服的同时，也引发了我的深度思考。

一、用教育的细节去关爱学生的心灵，这是做最好老师的前提

回想这两年的工作，我有些头疼，我一直不怀疑自己的爱心，作为一名寄宿

制学校的班主任，我每天“朝六晚九”，我尽职尽责地上好每一堂课，我用严格的制度去规范着班级管理，可是学生反抗情绪却越来越严重。我不知道自己该做些什么？直到那一天，当我看到李镇西老师的这段话：“教育的爱，这不是为了达到某种教育目的而做出来的一种姿态；它是一种思想，一种情感，一种氛围……它自然而然地贯穿于教育的每一个环节，也不声不响地体现在教育的每一个细节，更潜移默化地浸润着每一个学生的心灵。”我一下子醒悟了。

一位教育家说过：“教师要学会爱，爱在细节，因为教育就是一堆细节。教师缺少的不是强力和果断，缺少的是教养和耐心，需要的是更多的等待和细心。”

于是，我的心静了下来，少了些训斥和责备，多了些关心和耐心。我每天细心的叮咛：“多穿衣服，多喝水，上下楼梯注意安全……”课间操时我和学生同跑同练，在休息时为他们倒好一杯水；在走上讲台的时候，先用微笑的眼光和每一位同学对视一下；当我检查寝室的时候，为他们轻轻掖好掉下来的被角；当我看到校服开裂时，用我笨拙的手工活为他们缝上；当看到他们迷茫时轻轻说一句鼓励的话；在他们偏离轨迹时，用一个纸条提醒一下……

然而，正是因为这些，学生们开始悄然发生变化。他们把这些细心地收进了作文、收进了日记，甚至写道：“卢老师把她家小弟弟的爱都给了我们……”“老师就是我们的妈妈，学校里的妈妈……”原来，孩子们是多么的易于感动，对于我，这又是多么高的赞誉啊。

我说每个同学准备一副手套跑操时戴，大休回来便看见一副副手套如花般在队伍中跳动；我说每天下午第三节后跑步增强体质，学生们下了课便自觉锻炼，不用监督。孩子们就是这样，他们以不打折扣的听话，来表达着她们对老师的爱。更让我感动的是，每天我到办公室，桌上早有一杯温热的开水在等待，那是我们班两个细心的小女生，默默做的。当她们的盖上保温杯的盖子时，心中充溢着的是一份怎样令人感动的温情啊！

真的如李镇西老师所说：老师真正的尊严，从某种意义上讲，并不是我们个人的主观感受，而是学生对我们的道德肯定、知识折服和感情依恋……当我们“无视”自己的尊严，而努力追求高尚的品德、出色的教育、真诚的感情，并随时注意维护、尊重学生的尊严时，学生会把他们全部的爱心和敬意奉献给我们——教育者的尊严是学生给的！

二、用精深的专业知识去吸引学生，这是做最好老师的根本

李镇西老师说“教育仅仅有爱是不够的”，他说：从教20余年，我可以这样说，我一直在不停地阅读，这已经成了我的生存方式之一——或者干脆说，“阅读欲”就是我的“生存欲”！这种“阅读欲”源于自身的危机感。学问的功底，学识的功底，使我如饥似渴地阅读。李镇西老师无疑也给我指出了一条提升教师专业水平的一条“捷径”。

是的，师者“传道、授业、解惑者也”，作为一名教师，必须有精深的专业知识。

总会想起刚毕业那几年。当年，我带着一脸稚气走进教师队伍，满腔热情地融入到与我年龄相仿的学生群中。年轻的心总是激情洋溢，我爱学生，学生也爱我，于是我和学生们打成一片，每天一起快乐地玩着，心安理得地接受着学生口中“好老师”的赞誉。可是不久便在阶段检测中摔了个大跟头，“高居榜尾”的成绩让我目瞪口呆。

来到教室看到黑板上学生们写的“老师我们一起努力”，我的泪水夺眶而出，我终于领悟到学生对一个“好老师”最基本的期盼是什么，也明白了为师者的责任，唯有不断充实自己，能“传道授业解惑”才是一名真正合格的教师。

是呀，当年的教训记忆犹新，李老师尚且不懈学习，难道现在的我不是更应该如此吗？好教师不仅要有精深的专业知识，更要有开阔的人文视野、深厚的教育理论功底。于是我重新审视自己的教学，我开始虚心请教，走进同行的课堂，阅读名师的札记，与窦桂梅、李镇西为友，和魏书生、余映潮谈心，走近语若天籁的先哲诗圣，开始了解最新科研动态，随着我教育笔记的增厚，我的课堂也越来越受学生欢迎。

三、用责任督促自己不断向前，这是做最好老师的动力

李镇西老师说：“教师要拥有一颗责任心：做最好的老师，关注孩子的成长，努力培养现代公民。”是的，做一个好老师首先要有爱，有精深的专业知识，更要有一份责任感。

是爱的力量创造了这个世界的美好，需要将来的公民带着爱带着责任心走向社会。我曾为学生贪玩而大动肝火；曾为学生大休未归而心焦如焚；曾为做通学生的思想工作而绞尽脑汁；也曾为学生的不理解而心酸流泪。我犹豫过，消沉过，迷茫过，有时候我问自己：这，都值得吗？每次都是含泪地点头，因为我知道

爱已经变成一种责任，让我无法回避。

如今，除了教师的身份，我也是一名学生家长。想起我儿子入园第一天幼儿园老师把哭闹的孩子搂在怀里，像对自己的孩子一样轻声细语地哄着，直到他破涕为笑；每天看着儿子点点滴滴的变化，听着他滔滔不绝地讲着幼儿园里老师带给他的或有趣或新奇的知识，心里充满了对老师的感激。我想，每天会有多少像我一样的母亲在牵挂着独自在校的孩子？每个周末会有多少个母亲期盼和她的孩子分享学校带给他们的快乐？抑或是焦虑孩子的止步不前？孩子们周而复始的求学之路，牵动的是多少带着期盼的母亲的心哪。当我想敷衍时，我就想：这个孩子的母亲应该也和我一样，希望孩子的老师能够爱他，对他负责；当他受委屈时，也希望老师能够像妈妈一样摸着他的头，安慰他吧。是这种责任感驱使我尽力把学生的每件小事做细、做好。

感谢李镇西老师的《做最好的老师》，在我人生最迷茫的时候给了我一个航标。冰心老人有一段话曾激励过无数的人为这个世界默默无闻、无怨无悔地奉献着自己，在这里我想改用一下："爱在左，责任（同情）在右，走在生命之路的两旁，随时撒种，随时开花，将这一径长途点缀得花香弥漫，使穿枝拂叶的行人，踏着荆棘，不觉得痛苦，有泪可落，却觉得幸福"。

也许我不能成为冰心笔下那个随时播种便能开花的人，也不能成为李镇西老师笔下"最好的老师"，那么在学生漫漫人生长途中，让我也做一颗星吧，带上我的爱与责任，用小小的光辉去点亮学生生命的天空，当孩子们孤单寂寞或是踌躇满志时，偶尔还会想起：在他们的夜空中，曾有这样一抹光亮陪着他们走过一程。

夜读《高凤翰诗集笺注》

冷爱霞

散步归来，忽而想起《高凤翰诗集笺注》了。在书架一个角落，我搜到了它——32 开的版本，薄薄的泛黄的纸张，密匝且不很清晰的文字。轻抚之，却勾起我心底最温暖最柔美的回忆。

最早接触此书，是一九九九年的事情。那时，我正在振华小学念山师大夜大，此书作为孙龙骅老师开设的一门选修课而走入我的生活。对于其喜爱，不仅因为高凤翰是我们胶州历史名人，更重要的是敬重孙老师的才学和谦和。

孙老师祖籍胶东，退休前任青岛大学师范学院中文系主任等职，为高凤翰诗歌做笺注，“春秋十易，甘苦一言难尽”，阅读“后记”，孙老师严谨的态度，高度的责任心，蕴含在字里行间，令我深深敬慕。

在这个静静的夜晚，再次翻开此书的环衬页，“冷爱霞同志雅正”几个大字赫然映入我眼帘，老师的签名亲切如初，老师的笑容浮现眼前。“99.5.14”，这个落款告诉我，时光已飞越了16个年头。孙老师那时虽已65岁，但精神矍铄，声音健朗。戴着大眼镜、白套袖的他，娓娓道来谈“清诗”，深情解读说“红楼”，入情入境讲述倾其心血研究的家乡名人——南阜先生高凤翰。那样的课堂，常常让我着迷，使我沉醉！

浸在回味的温馨里，重品诗文，高凤翰先生晚年写的《庭燕》，谆谆暖心。

借汝一枝宿，且偷今夕安。
依人远蛇鼠，选地近芝兰。
新屋扉常启，空梁隙正宽。
定巢如有意，来往莫辞难。

此诗原注写到：“晚坐庭隅，有燕来止于花上，羁孤漂泊，有足悲者，聊为小诗告之。”诗人晚年凄楚悲凉，见燕怜之，用心告之，对飞禽谈友情。借燕喻人，言择居交友，务必谨慎，言外之意，弦外之音，隐隐透出。

我想，这样的情怀该是诗人一生的体悟吧！细读笺注“前言”考证，心生无限感叹。

清朝康熙二十二年三月二十九日，高凤翰诞生于胶州三里河村。8岁读诗，他号为南阜；20、23、41、44岁四次赴乡试不中；46岁经胶州知县黄云瑞推荐，应“贤良方政科”特试入选；同年被雍正皇帝圆明园召见，受职修郎发安徽试用，开始了他时间不长，却屡遭挫折的仕宦生涯；54岁，受卢见曾案牵连下狱，出狱后，病废右臂，痛苦莫名；乾隆六年，59岁的他返回故里，结束了13年的江南漂泊生活；之后，又陷入了经济拮据、病困交加的绝境，乾隆十四年仲春卒于故里。

乾隆十四年，那个明媚的春天里，诗人却写下绝笔诗《题画牡丹后记怀罗朴园》：

岁在龙蛇劫数奇，辰宫才过巳宫悲。
欲知老骨填沟日，多在三春未尽时。

宦海浮沉、沧桑炎凉、病痹折磨、饥馑灾荒……他艰难地度过了67个春秋，不久人世的悲凉,“出师未捷”的遗憾,茫茫无尽的哀怨……在诗行里交织缠绵!

人生自古多磨难,南阜先生虽已离去,但他对生活的热爱、对艺术的追求、淡于名利、才华横溢的品格却永垂文史,亦轻轻拨动我心弦。

十几年前,我曾几次前往“高凤翰纪念馆”,瞻仰他的“诗、书、画、印、砚”,带我的学生去,也领我的儿子去,幽微难言的情感是孩子们难以理解的。而今,再读这些饱蘸生活情味的诗句,在伤悲之中不免又生敬仰。

余秋雨先生曾为中国历史上的文化名人画像,剖析其心理历程,从南阜身上观之,我约略懂得了:才学满腹,却屡试不第;身怀报国志,却只能孤聊悲叹;含冤返故里,也只能贫病中苟度余生……环境难,身体差,而他始终没有将著述放下,更令人敬重的是,右手残疾后,竟用左手刻印,作画,制砚,将朴素的生活观阐释得淋漓尽致!

南阜先生的儒雅、宽厚、博学给我们留下怎样的人生启迪?在感叹、仰慕、缅怀这位名家时,又有多少父母乐意和我当年一样,在闲暇之时,带着后辈前往观瞻?

今晚,再次翻动这本素颜简朴的书,我却分明感到其中的厚重分量。又恍然想起,许久未问候我的恩师了,诚愿老人家依然健硕如初识!感谢他和他的同人,为这些珍贵的诗歌做“笺注”,把诗歌的内涵和诗人的崇高品格留给后人,也把他们严谨的学术精神留给我们。近日,当我也可以给我的学生在我刚出版的专著《个性化写作:为生命放歌》签名时,越发理解了一位老师当年对我这个请他签名的学生的真情了。

犹记得孙老师一行前往南关三里河实地考察时,他惊异地发现:一块巨制砚台,竟盖在一位农民腌制咸菜的坛口上,这曾使我深深理解了余秋雨在《道士塔》中,对那个头裹布巾、腰缠草绳的农民的悲愤,对那个时代的悲哀……

欣喜的是,三里河文化已在《胶州史志》中沉淀,南阜先生更成为家乡人的骄傲。在这样一个春夏交接的宁静夜晚,我在灯光下默默祈福:愿南阜先生高贵的灵魂永安!

遐思之间,胶州名师(首席班主任)高研微信群里,窦国军老师又将《夜读》(适时把自己归零)传来以共享,静静读后,我按键回应——

今晚,正重读《高凤翰诗集笺注》,观古思今,感慨颇多:适时把自己归零,以平和的心态,让每一天都从头再来。年轻时带着遗憾读南阜,而今再读,心中涌动最多却是敬重:面对功利,淡然;面对生活,浩然;面对挫折,泰然……

夜读南阜，先生经历惨透纸背，但其品格却跃然纸上！

梭罗的魅力

徐艳

《瓦尔登湖》的大名听闻很久，以前曾经草草浏览，在今年暑假才尽情一读，没想到这次一读就陷进去了，天天拿着，爱不释手，见人就推荐，要大家作为行为指导，不管对方是我的同学同事，或者是才十几岁的小朋友。而且我自己的三观都有些许改变，本来要买的衣服不买了，本来想去的五A级景点也不去了，去郊野乡村另有别样滋味，更多的是在家门口溜溜达达，徜徉其中，怡然自得。从小学三年级读《三国演义》原著开始，不管是曹雪芹、施耐庵、冯梦龙、刘鹗或者萧红、老舍、孙犁、张爱玲，又或者刘绍棠、曹文轩、王安忆、毕淑敏，还有莎士比亚、屠格涅夫罗曼·罗兰、杰克伦敦，书也读过不少，可是像梭罗这样给我如此大影响的还真是绝无仅有。开学了，学生们问我假期干什么了，我说："读《瓦尔登湖》了！"

1845年，他在家乡瓦尔登湖畔盖了一所小木屋，住了两年。他用审美的眼光看待世界，眼睛看到的是美，耳朵听到的是音乐。他说："我们居住的这个充满新奇的世界与其说是令人便利，不如说是令人叹绝，他的动人之处远多于它的实用之处，人们应当欣赏它，赞美它，而不是使用它。让我们像大自然那样从容不迫地度过每一天，我喜欢给生活留出宽阔的余地。"

梭罗与动物极其亲近，简直到了不可思议的地步。鼹鼠在他的地窖里做窝，吃他的土豆，还用牛皮纸和毛织物给自己做了个舒适温暖的床铺。老鼠坐到他的手掌上一口一口吃面包，吃完后还像苍蝇那样把脸和爪子舔擦干净，然后扬长而去。野兔冬天把窝做在他屋子下面，只隔一层木板，每天早晨，主人翻身时野兔就急忙离开——嘭嘭嘭，匆忙之中，它把脑袋撞到地板上。这些幽默的描述是多么有趣，令人忍俊不禁。好多次我一边读，一边哈哈大笑，把家人吓一跳。动物也十分信任他，有一次他在村中花园里锄地时，一只麻雀飞到他肩上落下了，他觉得，即使戴上任何肩章都没有这样光荣。他还饶有兴味地观看红蚁王国和黑蚁王国的战争，它们紧紧抱住，一个钳住对方的前额，一个啃咬对手的触须，他还用显微镜观察到，受害者的眼睛呈现出暗红色，放射出只有战争才能激发出的凶狠光芒。一只获胜的黑蚁一拐一拐地走了，梭罗猜测它是否在军人荣誉院里度过余生。这场战争让梭罗联想到人类战争，激动和痛苦不已。不是怀有对万千生灵深深的热爱，不是具有悲天悯人的情怀，怎会有他那样炽热的语言，怎会有他那样凡人匪夷所思的举动。

为了改善伙食，梭罗曾经钓过鱼，而且技术精湛。可是，每一次钓鱼他都感觉自尊心下降，觉得不去捕鱼更好些。为了研究鸟类，他背过猎枪，但后来他把猎枪卖掉了。多年来他很少吃兽肉，因为不符合他的想象力。他告诫人们，不要胡乱任性杀害任何生物，射杀它们的父母，抛下幼雏成为猛禽的猎物，兔子在走投无路时会像小孩一样哭叫。是的，对动物不能太残忍！很早看过有些国家杀鱼时先给它喂上药丸，让鱼失去知觉，这样可以减少它的痛苦。可是，我们在市场上看到的都是从水里捞出来，直接当头一棍！它不疼吗？它只是不会说。母亲告诉我她曾经偶然看见过杀牛的场面，杀牛人抡起大锤朝着牛头咣咣咣，有时要砸好几锤，健壮的庞然大物终于昏倒在血泊里。锋利的刀子熟练地割下牛头，然后开膛破肚，肠子露出来，心还怦怦有力地跳着，腹腔里冒着热气，体液流满一地。我不信仰宗教，也并非提倡素食，只是，对待动物手段不能太残忍。

暑假里我回老家，傍晚在乡村小路上散步时，看见一只知了猴（蝉的幼虫）正在白杨树上慢慢爬着。自从读了法布尔的《蝉》，知道这些柔弱的生命在黑暗的地底下沉默等待好多年，然后一朝破壳成蝉，在阳光下快乐地歌唱两个月，我就对这些小小的生命充满了敬意和同情，总为它们祈祷，希望它们顺利地爬上树去唱歌。偏偏几个朋友在微信上炫耀他们某一个傍晚的丰厚收获，一瓶子的知了猴！一幅图片是在瓶子里密密麻麻挤成一团，一幅则已炸得金黄！唱歌的梦想破灭了，在黑暗中默默等待了至少三年，多的竟达十七年，却白等了。我家附近的一个小公园，每天有一群鸽子绕着湖边自由地飞翔。一天，有个鸟笼空了，一只无辜的灰鸽子被捉进了笼子，它从此离开父母，离开爱人，离开朋友，一个人被捉进了监狱，于是它成天悲痛地哀鸣着："咕咕，咕咕"。它的声音那么压抑，令人不忍再听。

读了《瓦尔登湖》，我对一些课文也产生了更深的理解。初中语文课本上的《斑羚飞渡》既是对斑羚智慧和勇气的赞美，也是对愚昧鲁莽残忍的猎人的指责。还有《华南虎》这首诗，被囚禁在笼子里供人们观赏取乐的老虎是多么痛苦，令人感慨唏嘘。这些观点，对于学生们是最好的教育，爱护动物，保护它们免于伤害，孩子们内心深处的善良会被点燃。这些年吃货几乎成为一个褒义词，特别是咱们国家的人们就没有不敢吃的，爬的飞的游的统统端上餐桌，成为舌尖上的美味。适当的美食可以，可是，国家保护的野生动物就不行了。

梭罗的生活十分惬意，夏天早晨起来先锄地，接着读书写字，然后去湖里洗澡，游会儿泳，洗去劳动的灰尘，也让读书的皱纹释然平滑。在天高气爽的秋日里，他坐在树桩上俯瞰着湖，泛舟湖上，随风飘荡，把船滑到湖心，仰面躺在座位上，半醒半睡，一直到小船碰到沙滩上才停下。冬天到了，第一片冰格外有趣，格外完美，它坚硬，黝黑，透明。梭罗平展身体躺在只有一英寸厚的冰上，从从容容地研究湖底，他时常投掷石头来研究冰的硬度，每年的结冰和解冻时间他都准确记录，这是一个有着孩童情趣的梭罗！他无拘无束，自由自在，我行我素，有极大的好奇心和行动的勇气。听到下雪的声音，他非常快活。连续一两个星期没有人走进他的小房子，他却自得其乐。再恶劣的天气也无法阻止他出门散步，踏着很深的积雪去和一颗山毛榉或者黄桦或者松林中的一棵老相识践约。他是大自然的一部分，在大自然中自由来去。现在一些人包括很多学生竟然四肢慵懒足不出户，与之形成鲜明对比。懒惰被美其名曰宅，甚至还有所谓的宅文化，这是不可思议的，也是不科学不健康的。

梭罗亲自种植黑麦，玉米，土豆，菜豆，豌豆，萝卜，并兴致勃勃地亲手烤制面包。对于体力劳动，多年来人们有些认识上的误区，甚至轻视蔑视，而在梭罗——这个哈佛大学毕业生身上，体力和脑力劳动得到了最完美的统一。他自己砍伐木材，亲手盖房子！当代作家韩少功说，我怀念劳动，我看不起不劳动的人，一个脱离了体力劳动的人，会有一种连根拔起没着没落的心慌，也许在物产供养链条的最末端一不小心就枯萎，成为生命实践的局外人和游离者。有一个科学幻想预言，将来人类可能长得像章鱼那样，一个发达的大脑，其他器官都退化成游须，这形象真令人恶心。韩少功说，他要亲手创造出植物动物和微生物，在生命之链最原始的地方接管我们的生活。他确实是一个身体力行的劳动者。

瓦尔登湖不会始终处在世外桃源，铁路修过来了，商人们取湖上的冰去，森林被大片砍伐。他说欧尼，感谢上帝，他们不能砍掉云朵！初中语文课本上的《罗布泊，消逝的仙湖》就沉痛地诉说了环境恶化的后果。严春友在《敬畏自然》中说，宇宙是一个大生命，而我只是这个大生命的一个组成部分。认识让我们爱护自然就像爱护自己的身体一样。

梭罗的魅力，还在于他的生活极其简朴。他说，我最大的本领是需要很少。他没有敛财的天赋，却知道怎样清贫而丝毫不显得粗鄙或肮脏。他说："即使富可敌国，我的目标和手段还是不变，别人以晚餐的奢靡为荣，而我以简朴为傲。”他不吃肉、不喝酒、不吸烟、不喝咖啡，好房子、漂亮家具，他都置之不理。奢侈品是他鄙弃的，旅行中他尽量避免乘坐火车，尽量步行。他在湖边建的小木屋总共花了 28 美元，严严实实，屋顶上有瓦，有阁楼和盥洗间，每侧有个窗和火炉。真像刘禹锡说的：“斯是陋室，惟吾德馨。”他对自己的开销详细记录，8 个月食物共花了 8.74 美元，8 个月的衣服花了 8.4075 美元，精确到小数点后 4 位，真佩服他。有一次他津津有味地吃了一碗马齿苋（咱们当地方言叫它蚂蚱菜），觉得美味得很，这就是他午餐的全部内容。他说，没有米、没有猪肉日子照样过得好好的，我们离朴素而又独立的生活太远了。如果所有人都生活得像我那么简朴，盗窃和抢劫的事便不会发生。

其实勤俭一直是中华民族的传统美德。《左传》说：“俭，德之功也，侈，恶之大也。”“节用于内，而树德于外。”诸葛亮在《诫子书》中说：“夫君子之行，静以修身，俭以养德。”司马光说：“取之有度，用之有节，则常足。”陆游说：“天下之事，常成于勤俭而败于奢靡。”《朱子治家格言》说：“一粥一饭，当思来之不易，半丝半缕，恒念物力维艰。”当年美国记者斯诺看到毛泽东等中央领导人吃的是粗糙的小米饭，穿的是用缴获的降落伞改制的背心，住的是简陋的窑洞，他感慨地称赞存在于共产党人身上的东方魔力，并判断这种力量是兴国之光。新中国成立后，毛主席依然保持艰苦朴素的作风，一件睡衣穿了 20 年。周总理请客是肉丸子炖白菜豆腐，几碟小咸菜，主食是烧饼。中学生们现在存在的一些虚荣，攀比，是十分肤浅的。平时同学们的笔，本子存在着多么严重的浪费啊！笔都成了一次性，不会去换笔芯，没有油了，完整的笔身被随手扔掉，本子的反面很少使用，房子豪华装修，车要比拼品牌，穿的想要名牌。其实日本丰田公司规定纸张的反面必须充分利用，去年中宣部提出节俭养德。国外也是如此。伟大的无产阶级领袖列宁 1918 年曾经遭过刺杀，大衣上留下了三个弹孔。伤愈出院后大家劝他另换件大衣，列宁谢绝了，他一直穿着这件大衣到 1924 年去世。英国女王伊丽莎白二世每天深夜亲自熄灭白金汉宫小厅堂和走廊的灯，皇家用的牙膏要挤得一点不剩。法国画家安格尔说，奢侈会破坏人们的心灵纯质，因为不幸的是，你获得愈多，就愈贪婪，而且确实感到总不能满足自己。与梭罗相比，那些拜金主义，互相攀比，虚荣奢侈是多么肤浅鄙陋啊！杰西利弗莫尔是 20 世纪初华尔街传奇人物，14 岁时在证券大厅赚了第一个 1000 美元，20 岁时赚了第一个 10000 美元。最辉煌的是 1925 年坐拥 2500 万美元。然而金钱来得容易去得也快，他一掷千金，置办豪宅、游艇甚至私人飞机，很快挥霍一空。后来他股票失利沦为乞丐，最后死在四处透风的公寓里，身后还欠下226万美元的巨额债务。

今天研究梭罗，具有很强的现实意义。梭罗这位哲学家现在拥有了越来越多的粉丝。某些人纸醉金迷，物欲横流，功利浮躁；很多人虚荣攀比，不顾长远，只顾眼前利益。环境污染严重，资源十分匮乏。第二个地球"开普勒2b"引起人们热烈关注，人们激动不已，各种媒体争相传播，正反映了一种生存的焦虑感。有人说，祸害了地球，还要再去祸害另外一颗星球吗？其实，与其移民到一颗相隔的星球上是一个遥远的梦，不如珍惜当下，珍惜拥有的，珍惜我们的地球。我们的生活可以更简单，更纯洁，更宁静，更从容。

像梭罗那样活着。

做"天使"的天使

——我读"雷夫"

法洪雪

初识"雷夫"，是因为读到一些语录，于是捧起《第56号教室的奇迹》，读出了新奇与震撼；2013年12月29日，青岛大剧院，雷夫的演讲会，我听到能与雷夫交流的岛城教师的激情澎湃；今日，我在自己平凡的农村教育岗位上与案头上的这本《第56号教室的奇迹》对话，也和内心的自己对话，探寻雷夫的秘密、教育的真谛。

那么，寻一个怎样的词组来形容我的阅读感受呢——爱？持恒？用心？充满激情？太多感受、太多反思，都不是一个词语所能概括。忽然，我看到了《第56号教室的奇迹》的副标题——让孩子变成爱学习的天使。

对啊，孩子是天使，雷夫呢？他是教出天使的天使老师，是"让孩子变成爱学习的天使"的天使老师，不是吗？

雷夫有一颗天使般的心——爱意无限

为了让自己的孩子们外出旅行的机会和资金，他去为别人看管过器材、去买过小报、去做过很多小杂工，尽管他后来说自己因为这样疲惫不堪而影响了带孩子旅行的效果，但是在那样的文字背后，我还是读到了雷夫作为一个普通教师的伟大。我们，这些孔夫子的后人，在传道授业解惑的同时，做到了像雷夫一样像个天使一样爱着我们讲台下的那群孩子了么？我们或者做不到如雷夫般付出，但是可以使自己的心柔软些、再柔软些，生发多一些天使般的爱。

且看他的那次"着火"吧，为了让一个不会做实验的孩子完成实验任务，雷夫"弯下腰来，靠近她的酒精灯灯芯。不知是什么原因，灯芯没有它原本应该的那样长——几乎都看不到了。我尽可能地靠近灯芯，试图用一根长长的火柴杆触到它。我距离火柴太近了，甚至都能感受到在试着点燃酒精灯时产生的火焰。我下决心一定要把灯点着。它真的点着了！"但是聚精会神的雷夫没有发现自己的头发也点着了，在全班孩子惊呼之后，雷夫作着这样的反思："我对自己说，如果我能如此投入教学，甚至连头发着火了都没有注意到，那么我前进的方向就是正确的。从那一刻起，我下定决心永远全心全意投入到教学中。"且看雷夫，如果没有一颗天使般的心啊，怎么能有这样的教育经历和教育反思呢？

反观我们自己，我们同样在一线奋斗的老师们，是否能这样捧着一颗心来呢？当学生不能自己完成任务的时候，我们有没有弯下腰来，像雷夫一样，为孩子提供帮助，与孩子一起经历失败与成功，沮丧与兴奋？那么，让我们在《第 56 号教室的奇迹》里去学习拥有一颗天使一样的爱孩子的心！

雷夫拥有天使般的"超能力"——用心去教

雷夫在"给我一些真相"中写道："访客在参观第 56 号教室之后，从未因孩子们的学术能力、我的授课风格，或是墙面装饰的巧思而感到惊喜。他们在离去时赞叹连连是另有原因的，这个原因就是我们的'班风'。我们班的孩子很沉静，而且文明、有礼到一个难以置信的程度。"

《时代周刊》这样评价雷夫："刚开始看到《第 56 号教室的奇迹》的故事，感觉更像一个童话，也许正因为是在平凡中所诞生的奇迹，才令人倍加感动。雷夫艾斯奎斯为他的学生们在贫民窟的教室里营造了一个快乐的天堂，而他用爱心和智慧所浇灌出的，必定是不平凡的结果。"

雷夫教孩子阅读，从做"你有没有偷着在桌子下看书"的调查到阅读方式的引领——他要培养"终身阅读的孩子"；雷夫教孩子写作，从写作到每周作文再到每月读书心得——他殚精竭虑；雷夫教孩子数学，从心算暖身到如何应对考试，——他巧妙地引导……

且看雷夫在考前和孩子的对话：

"雷夫：要是今天晚上遇到不懂的题目，该怎么办？遇到这种情况的时候你们会怎么做？

雷夫后面的引导语是：还有，我认为你们今天晚上应该熬夜准备到半夜。

全班：不对！

雷夫（假装很震惊的样子）：真的吗？为什么？

全班：我们要早点去睡觉，因为睡眠很重要。如果我们精神很好的话，明天就会考得比较好。”

雷夫让孩子知道读书时为自己，不是为别人；他让孩子明白能获得知识就是最好的奖赏；他努力践行的“六个阶段”使得每个孩子在第 56 号教师一年的教育受益一生！

同样作为一线教师的我，恰恰缺少了这些“超能力”：我没有很好地引导学生，反而用了极端严厉的方式要求学生；我没有巧妙迂回地让学生自己去寻找方法、理解学习和生活，反而用了强聒不舍、喋喋不休的方式进行所谓教育……我们为什么没有这些超能力呢？究其原因，还是缺了“天使”的爱意，而这些师爱，恰恰是使一位教师拥有这些超能力的前提啊！

一线的我们，去学做一个天使一样的老师吧，用爱学生的天使之心去获得一些教育教学上的超能力，去实践、去播撒、去训导、去引领，去做一个中国“雷夫”！

雷夫语录句句箴言——天使魔鬼一念间

读雷夫，可以读到如宗教般的句句箴言，他用他的文字告诫教师：天使魔鬼一念间，我们掌控着孩子的未来！

雷夫用信任取代恐惧，他告诉孩子“没写家庭作业吗？只要告诉我，我会接受你搞砸的事实。你打破东西了？这种事是难免的，我们可以好好处理。然而，要是你破坏了我对你的信任，规则也将随之改变。”

雷夫能做孩子们可靠的肩膀；雷夫懂得适时惩罚，而不损伤孩子求知的积极性；雷夫坚持教师应该是榜样，他认为要孩子做到的事情，自己要先做到。他说：“别想愚弄小孩，他们很聪明，一定会识破的。”

当我面对讲台下的孩子时，我就会时时想到雷夫说过的这些话，我时常想，这些孩子是成为爱学习的天使还是道德败坏的恶魔，就在于我们教育信念的一念之间，我们的一举一动、一言一行直接间接地影响到孩子的成长，我们不得不承认，我们这些做老师的人有多么重要！我们的教育心、教育理念就那样地与孩子的成长息息相关！

雷夫，成就了第 56 号教师的奇迹，他带出了一批批爱学习的天使，他是成就天使的天使。可是，我想我们每个老师何尝不可以当天使？

在掩上书页的时刻，我的心怀里翻江倒海：不是什么感动、震撼之类的字眼能概括我的复杂感受。我想到了那句最俗的形容教师的话——人类灵魂的工程师；想到了专家报告时提到的关于职业理想的那句话“如果爱，请深爱；若不爱，请离开”；更想到了同样作为一个教育者的我与雷夫的差距——我甚至做了雷夫书中所提到的那些反例里的违反教育规律的教师。

读雷夫，我读到了“天使”，也读到了我与天使教师的差距。从此，将《第56号教室的奇迹》放在案头，时时提醒自己：我也要做一个正在成长中的天使教师，并愿以我的成长来成就更多孩子的成长！

走近名师 感悟教育智慧

——读《为什么是他们——来自名师的教育智慧》有感

姜丽丽

与其说名师是一位老师，不如说名师是一本好书，一本只有认真思考，认真实践，用心体会才能读懂的书。走进名师，学习他们执着的教育理想，精湛的教育能力，博大的教育情怀！

有人说，名师之名，不在于名，而在于“明”，“明”就是智慧。手捧《为什么是他们——来自名师的教育智慧》一书，一个个熟悉的名字映入眼帘：于漪、魏书生、李镇西、李吉林、杨瑞清、窦桂梅、张思中……读完这本书，更觉它如一桌色香味俱佳的营养大餐，让人回味无穷，深深被名师们的教育智慧所感动。这智慧，是注重实践、潜心科研而形成的独特的教育理念；这智慧，是给他的孩子们以幸福和快乐；这智慧，更是他们执着的教育理想和信念！

一、名师之“明”，在于矢志不渝，执着于教育事业

工作20多年了，时常感觉力不从心，时常感觉身心疲惫，时常感觉惶惑不已，而《为什么是他们——来自名师的教育智慧》一书，对于思想有点懈怠的我来说无疑是一剂良药。

欣赏于于漪老师的“我做了一辈子教师，但一辈子还在学做教师”；佩服于钱梦龙老师的“我是一个精神上的长途跋涉者，我的脚下永远是起点”；感动于龚春燕老师的“此一生，当与教育不离不弃。任凭岁月更迭世事沧桑，任凭青春流逝

容颜衰老，我终会守住心中这盏希望之灯”。是啊，作为教师，能用自己的教育理想和信念固守教育这一片热土，这便是一种幸福！

作为这个时代教育的杰出领军人物——于漪老师，80多岁高龄却从未放慢过思考的脚步，从未停歇过执着的追求；作为情境教育的创始人，有着半个多世纪教师生涯的李吉林老师，始终怀揣着一颗赤子之心走过了美好的一程又一程……看到那些不懈追求的前辈们，不禁反思：自己虽然没有青年人的敏捷，但却有中年人的沉稳；虽然没有鸿鹄凌云之壮志，但也愿平平淡淡、从从容容，守着我挚爱的语文课堂，守着我挚爱的学生。我猛然醒悟：作为一名教师，永葆职业“青春活力”的秘诀只有一条，那就是终身学习，不断进取！因而，我必须踏踏实实珍视今天的每分每秒，做我喜欢做的事，喜欢我正在做的事情；静下心来教书，潜下心来育人；用优雅的教育塑造儒雅的灵魂，让孩子们因我的存在而感到幸福！

教育是一块没有最好只有更好的希望原野，作为教师没有任何理由停滞不前，成功没有捷径，唯有潜心向前！

二、名师之“明”，在于爱生如子，倾献悠悠慈母心

斯霞老师说：“一切成功的教育都必须基于爱，借助于爱，归结于爱。教师要发自内心地关爱学生，赏识学生。”面对连一支歌都不会唱的“小章帆”，斯霞老师不放弃，不抛弃，而是对他倾注更多的心血，与他父母进行更多的沟通交流，终使其“后来者居上”。面对粗心又幼稚的小康，斯霞老师把特别的爱给了特别的他，用别具一格的爱去“改造”他，一次，两次……十次，二十次，终于，小康“脱胎换骨”了！这是一颗有爱的心，它是如此馥郁芳香；这是一个有爱的人，她是如此圣洁高雅！无怪乎家长说：“把孩子交给斯老师，比搁在自己身旁还放心！”

记得有位名人说过，优生是人人可见、人人喜爱的风景，而所谓的差生可能是深埋在不毛之地的金矿，一名优秀老师的职责就是不仅要精心呵护风景，更要当好善于发现、开采金矿的矿工。斯霞老师无疑是一名优秀的“矿工”，对“深埋在不毛之地的金矿”，只有心痛，没有头痛；只有偏爱，没有偏见；用热爱、信念和智慧来化腐朽为神奇。

掩卷沉思，在教育实践中，面对天资聪慧，却贪玩好动的孩子，我们是否会想“朽木不可雕也”；面对反应迟钝，启而不发的孩子，我们是否会说“孺子不可教也”。虽然，我知道，我们很难达到斯霞老师的高度，但我们应该做到：对待孩子

像她那样满腔火热，无怨无悔，用“假如我是孩子”的童心去理解他们的“荒唐”，用“假如是我孩子”的爱心去宽容他们的过失，给每一棵草以开花的时间，给每个生命以平等的关爱，给每一个人以证明自己价值的机会！

让我们用自己的真诚与挚爱，激起学生的真诚与挚爱，让孩子饱尝学习的幸福，感受健康成长的快乐！

三、名师之“明”，在于勇于探索，不断超越自我

作为语文老师，很早就知道钱梦龙老师的“三主四式”语文导读法，赵谦翔老师的“绿色语文，诗意人生”，窦桂梅老师的“主题教育”，李吉林老师的“情景教学”……可是，面对语文教学这座巍峨耸立、高深莫测的大山总感觉有点遥不可及，二十个春秋过去了，回过头来一看，只留下一行浅浅的脚印。《为什么是他们——来自名师的教育智慧》一书，给我指明了前进的方向！

钱梦龙老师之所以占据中学语文独树一帜的地位，在于他的“把一堂堂语文课当作一件件艺术品来精雕细琢”，在于他“心中自有春无限，扑面何妨料峭风”。赵谦翔老师的绿色语文之所以常绿不衰，春满大地，那是因为他“衣带渐宽终不悔，为伊消得人憔悴。不管处于何种境况，不管语文教改的路途多么艰辛，他始终执着于自己钟爱的教育事业，执着于自己开创的绿色语文”。

在谈到教师成长时，窦桂梅老师感慨地说道：“强调教师的专业发展，首先的是教师要有自我专业追求。教师的自我专业追求如果内化为信念，就不会被消解，从而形成坚毅持恒的信念，追求就在自身的土壤中，一旦拥有它，生命的种子就会迸发无限潜能，生根、发芽、开花、结出丰硕的果实。”是呀，正是有了这种不懈的追求，她从一名普普通通的吉林实验小学教师成长为一代名师！

由此可见，思想是成就教师的根本，思想无禁区，思想有多远就会走多远。作为新时期的教师，我们首先应该是“新教育之梦”的探索者，能够“撑一支竹篙，向青草更青处漫溯”，抬高眼光，开阔视野，改进行动，使自己成为常换常新的活水，在教育这方沃土上，洋溢真情，奉献智慧，创造奇迹！

一个人能走多远，要看他和谁一起同行。在有名师相伴的路上，我充满了信心和希望。在基础教育广阔无垠的星空里，我虽只是一抹云彩，一缕荧光，但我愿意汲取更多的力量，更多的光明，在教育这条长河中放射自己的光芒！

寻找遗失的美好

——读《教育文摘》有感

李威

追寻名师的成长足迹，我感慨良多，也受益匪浅。

河南省优秀教师赵渝在他的文章《教出个性，赢得尊严》一文中把教学定位为是寻找自由的一种方式、享受幸福的一段旅程、增进智慧的一份秘籍。他在教学中肆意挥洒着自己的激情与智慧，和学生一起享受着幸福，那份自信、那份自得令人羡慕。仔细回想，自己的教学生涯中这样的投入、这样的充实和美好也曾经拥有过啊！那些充满温情的场景渐渐在脑海中浮现。

还记得刚踏上工作岗位我就担任班主任，毫无工作经验的我怀揣着满腔的热情把工作干得有声有色。那时候，我几乎把所有的时间和精力都投入到班级中。我和学生一起跑步、一起打扫卫生。体育比赛时我大声为他们呐喊助威，比赛失利时我们一起伤心落泪，然后再一起想办法如何奋起直追。周末我把大部分时间用在学生家访上，冬日的午后领着一大帮学生走街串巷，走进学生的生活，也走进学生的心里。那时候每天的生活确实忙忙碌碌，但内心里充满了力量，充满了对未来成功的期盼。我并没有多少经验，只知道用心灵沟通心灵、用心灵开启心灵。我们珍视每一份荣誉，每一次拼搏都希望能做到最好。为了激励大家的集体荣誉感，我们约定到初三毕业时把后墙的所有空间都贴满奖状，结果不到两年我们就做到了这一点。这届学生毕业五年了，今年放假他们来看我说："老师你是我们遇到的最好的班主任！"我听后很高兴但又觉惭愧：我有什么好呢？或许因为我充满激情，用心付出倾其所有吧！

我的语文课堂也常常充满欢声笑语。我精心备课努力挖掘教材的教育价值，激发学生对语文学习的兴趣，培养学生听说读写的能力。为了让学生爱上读书，我创设无负担阅读课，在舒缓的音乐和轻松的氛围中师生共同阅读，体验读书的快乐，享受一份心灵的愉悦。为了培养学生的读写能力，我进行了课前五分钟展示活动：讲成语故事、推荐一本好书、同题作文秀、我们的班级故事随笔展示、今天我来播新闻等活动，在丰富多彩的活动中，学生加强了交流、提高了能力、更融洽了关系。我愿意在学生的随笔本上跟学生笔谈交心，走进学生的心田，吐露心声交流思想，收获一份惬意。

这些温情而美好的记忆，多么的令人难忘啊。可现在的我却在忙碌的工作中渐渐迷失了自我。赵渝老师说:“你有没有想过，若抛开学校的检查和考核，抛开教参和资料，你在哪里?”这个问题令人深思。是啊，我在哪里呀？这些不就是我现在生活的全部吗?

现在的我更重视成绩，我学会了用更冷静更理智的眼光看待我的学生，我的课堂常常平平淡淡波澜不惊。虽然成绩一直不错，但我常常感到忙忙碌碌而身心疲惫，找不到往日的快乐和满足。日渐忙碌的工作、两点一线的生活空间迷失了我的双眼。捉襟见肘的知识储备、狭窄的阅读视野，使我常感思想苍白。我陷入了一种困顿的境地。

面对的还是那样纯洁天真的少年，可我却无法像以前那样激情满怀、倾心投入。在这样的情况下，我该如何打破僵局、突破重围，找回迷失的自我，重享教育的迷人魅力呢？“问渠那得清如许，为有源头活水来”，只有引一注活水，才能拂去心灵的尘埃，激起生命的智慧与灵性。我知道该是我下决心改变自己的时候了，该是潜心读书、静心思考、提升自己内涵的时候了。朱永新教授在他的《我的教育理想》一书中说:“勤于学习，充实自我，这是成为一名优秀教师的基础。一个理想的教师，一个要成为大家的教师，一个想成为教育家的教师，他必须从最基础的做起，扎扎实实多读一些书。”苏霍姆林斯基在任帕夫雷什中学校长时就规定教师必须读一些教育名著，说:“读书、读书、再读书——这是教师的教育素养这个品质要求的。”“教师最重要的任务是学习……一个知识面不广的教师，很难真正给学生以人格上的感召力。”我自己在教学中已深深体会到了不读书所带来的痛苦和无助。要挤时间读书，还要静下心来反思，通过反思认识自己教育教学活动的不足，找出新方法解决出现的问题，要做到这点需要克服自己的惰性，需要持之以恒的精神。

有人说:“不间断地学习充电”和“经常性地反思探索”是托起教师职业青春的双翅。有了这双“学习”和“思考”的翅膀，我便可在教育在天空中自由翱翔，重新体会到教育的幸福和美好。

兴趣永远是孩子主动学习的原动力

——读《成就每一个孩子》有感

曹正昌

最近，我拜读了第一位华人芬兰教育观察家——陈之华解码芬兰教育的《成就每一个孩子》一书，书中处处渗透了芬兰先进的教育理念。

芬兰教育理念以“创造力培养”和“尊重每个孩子”为最大特点，特别重视孩子创造性思维方式和创造力人格双重培养，根本目的是造就人格完善、具备终生学习能力的公民，这样才能形成世代良善的文化循环，最终成就国与民的共同繁盛。

我对书中感触最深的一句话是“那种因为发现、领悟后而产生的衷心喜悦，才是驱使孩子乐于主动学习的原动力”，从中我获得了深深的启迪：兴趣永远是孩子主动学习的原动力。

作为老师，培养孩子主动学习的兴趣，会影响到好多的家庭；作为家长，同样也不可忽视兴趣在每个孩子的成长过程中主动学习的重要意义。

古人曾说：“知之者不如好之者，好之者不如乐之者。”让孩子乐于学习必定会事半功倍。但在电视、电脑、玩具等极大地丰富了孩子的课余生活的今天，他们对于动画片、游戏的兴趣远远超过对经典的纸质书籍的兴趣。因此培养孩子的学习兴趣至关重要。

我曾经的做法之一是：常带孩子去书店，让他切身感受，翻读浏览，选择自己喜欢的买回来。其二，有时自己先悄悄读完适合孩子读的书，再选择他感兴趣的向孩子推荐，孩子往往乐于接受。其三，身体力行，言传身教。关上电视，离开网络，和孩子各读各的书，读到精彩之处，随时和孩子交流。其四，尊重孩子的学习感受。有时我们大人觉得很好的书，有的孩子不一定能读得进去。寒假时阅读《城南旧事》，儿子很不理解，英子到底是怎样的生活，兰姨娘是个什么人……我没有逼他去读完全书，我想让他在七年级学习完课文《爸爸的花儿落了》（《城南旧事》的节选）之后，再去阅读，可能会更有一番收获。

虽说“兴趣是最好的老师”，但也不能完全由着孩子的兴趣来，我们必须进行正确的引导。因为现在的书籍市场良莠不齐，“开卷有益”已经不是至理名言。

有一段时间，儿子疯狂地爱上了《阿衰》、《疯了，桂宝》……这些世俗的书迎合了孩子们的趣味，但是既无文化品位，又没审美价值，有些地方甚至可以说是对语言文字的亵渎，对孩子身心的健康成长极为不利。我也曾直接明确地要求不准再读，但当时儿子读得兴致盎然，很不情愿，并偷偷地借来读，也属无奈之举。我只能软处理，在儿子不知不觉间将这些书悄悄藏起来，远离儿子的视线，一段时间之后，儿子也就渐渐忘却了。但像《窗边的小豆豆》《精灵鼠小弟》《夏洛的网》《草房子》《随风而来的玛丽阿姨》《小学生魅力学习》《科学好好玩》等书籍，既有文学科学价值，又合乎孩子的学习口味，儿子百读而不厌，在不知不觉中对读书产生了浓厚的兴趣。

再好的书，如果不能运用正确的方法来读，也可能会成为过眼烟云，在孩子心中淡然飘过。我总结了这几个点：读一读、选一选、划一划、背一背、赏一赏、感一感、写一写。也就是好书美文要精读，精彩语段选出来，拿起笔来划一划，喜欢的语句背下来，生动之处赏析一下，读完全文谈感受，试着模仿写一写。也就是要将学习和积累结合，将学习和写作结合，这几方面都做到，对于孩子们来说虽然有一定难度，但循序渐进，慢慢尝试，对于孩子今后的学习会大有帮助。

爱因斯坦曾说过："兴趣是最好的老师。"这就是说一个人一旦对某事物有了浓厚的兴趣，就会主动去求知、去探索、去实践，并在求知、探索、实践中产生愉快的情绪和体验，所以古今中外的教育家无不重视兴趣在孩子智力开发中的作用。随着知识、经验、技能的不断丰富，孩子们已经不同程度地产生了表达自己对周围世界的认识和情感的要求，这就要求我们对孩子要因势利导，激发他们学习的兴趣，为促进他们的主动学习提供不竭的原动力。

让学生遇见最美的自己

——读《教师的五重境界》有感

薛洁

万玮老师是教育部国培计划首批班主任专家库成员。他幽默睿智，所写的著作与其自身的教育教学工作实践紧密结合，毫无高深理论的晦涩，既能给教学一线的教师带来具有实效性的指导，又能给人以思想上的震撼、理念上的冲击。因此我尤为偏爱万玮老师的教育著作。暑假里有幸拜读他撰写的《教师的五重境界》,令我耳目一新,感慨颇多。

书中将教师的职业发展分为五重境界,分别是教知识、教方法、教状态、教人生和教自己。第一阶段——教知识,是指教师非常注重知识落实,认真研究教材教法,精心设计课堂教学,一遇到学生考试成绩欠佳,便会花许多时间去练习、讲解。此阶段教师的着眼点主要在自己的教上。第二阶段——教方法,指教师开始尝试理解学生的学习过程,把自己放在学生的位置上,想象他们会遇到什么问题。在这个阶段,教师逐渐减少自己讲课的比重,留出更多的时间让学生去预习、探究、试错乃至请学生上台讲题。第三阶段——教状态,指教师开始用更多的时间去关注每一个学生的学习状态,判断哪些学生是真心喜爱学习、哪些是在被动应付、哪些学生悟性强、哪些学生虽然勤奋却学得吃力。教师执着于发掘学生学习的内驱力,而慢慢放弃外在的推、拉乃至拖、拽。第四阶段——教人生,指教师的教育视野从一味关注学生的学习成绩扩大到关注他们的兴趣、气质、品性,关注学生的成长发展过程。这个阶段教师才成为一名真正的教育工作者。第五阶段——教自己,教师的工作不仅是教书,还有育人。教育不是说教,而是影响,是感染,是熏陶,教师对学生提出的要求,自己做到了,才有可能要求学生去做。桃李不言,下自成蹊,教师教学生也就是教自己。

当然,这五重境界不是清晰划分开来的,也并无绝对的高下之分,只是代表了教师工作的五个不同方面。教给学生知识和技能,探索、掌握不同的教育方法是所有教师的基本功。与此同时心里面有对世界、对人生、对自己的理想,才会看到不同的教育气象,教师作为一名教育者才会达到一种大境界。

读完此书,我不禁开始审视自己所处的教育境界。曾几何时,初登三尺讲台的我,满怀激情,尽全力讲好每一堂课,生怕落漏任何一个知识点;课下检查背诵、默写,丝毫不敢松懈。单元测试结果出来后,学生成绩优异我就欢欣鼓舞,成绩不佳我就急火攻心,然后会使出浑身解数去补救,比如找学生谈心,与家长沟通,加大作业检查力度等。我每一天忙忙碌碌,有时学生还不买账。日子久了,我便忍不住抱怨:当老师真累啊!这种状态的我不正是处于教师五重境界中的第一阶段吗?学习是人一生要做的事情,教师应着眼于学生的长期发展,为一次两次的测验成绩而患得患失,岂不是太功利了。突然顿悟,教师应像农民侍弄庄稼一样,耐心地浇水、施肥,静等花开,让学生在教师的鼓励与引导中慢慢地成长,终究他们会遇到那个最美的自己。

后来,随着工作经验的积累,慢慢地我内心的焦躁开始平复下来。我开始认真反思、研究教学过程，同时学会细心观察学生，对学生取得的点滴进步及时进行鼓励，帮助他们保持一种积极向上的学习状态。我曾一度为自己的进步而沾沾自喜。但读了万玮老师的这本书后，我才突然意识到，我的一切努力总是离不开“分数”两字。无论是关注知识、方法还是状态，最终的目标还是指向学生的学习成绩。我关注的只是学生很小的一个方面，并没有真正探访到他们丰富的内心世界。

就比如说，最近我们班学生迷恋上了一款比较火的网络游戏，名字叫英雄联盟。我从他们课间里的谈话交流中听出了端倪，于是顺藤摸瓜，一一查明班中迷恋这一游戏的学生，然后逐一请到办公室里，各个击破，耐心地向他们讲解迷恋游戏的危害，苦口婆心地劝说他们放弃游戏，把精力放在学习上，回家要认真完成作业，然后多读课外书。然而游戏的吸引力是巨大的，很多学生回家后依然是草草完成作业，便沉浸在“英雄联盟”中了，其中还有为数不少的学习成绩优异的学生。我一看此情况，立即采取了果断措施，通过微信要求所有家长禁止学生写完作业后玩手机，如果发现自家手机、电脑上有英雄联盟游戏软件必须卸载。家长是极为配合的，这一措施很奏效。但是负面作用也出来了，很多孩子和家长因为这件事发生摩擦冲突。他们即使迫于家长威严，表面服从，心里抵触情绪也很强烈，他们并没有反思自己在这件事上有什么做得不对的地方，反而私下里悄悄议论到底是谁向老师告的密。我猛然发现自己这种处理方式是错误的。我本人对网络游戏是不感兴趣的，对英雄联盟这一款游戏更是一无所知。我根本就不了解这一游戏，又有什么资格对它评头论足呢？我所认为的肺腑之言在他们面前是苍白无力的，当初我为什么不先去了解一下这款游戏，调查一下学生如此迷恋它的原因是什么，真正去了解学生的喜好，切身体会他们的感受，再去有的放矢进行疏导，这样才会走进他们的内心世界啊！

美国最具影响力的首席心理治疗大师——维琴尼亚·萨提亚曾提出冰山理论，她说：“一个人的‘自我’就像一座冰山一样，我们能看到的只是表面很少的一部分——行为，而更大一部分的内在世界却藏在更深层次，不为人所见，恰如冰山。”学生是一个个鲜活的生命，他们的内心世界是无比丰富的。教师平日观察到的只是冰山一角，教师自以为一切都是为了学生好的，武断否定，粗暴打压，是不利于学生性格的发展、人格的形成的。教师要俯下身来，倾听他们内心的声音，激发学生内心的正能量，使他们自信、勇敢、快乐、向上，这样才能让学生在未来的成长路上遇到那个最美的自己。

教育是一门艺术，对其的探索、研究是无止境的。我们每个人处于不同的境界。有些人一辈子都不是一个合格的老师，有些人即便合格了，也只是一个匠人而已，而有些人将教育打磨成一件艺术品，富有情感、灵魂、风格、精神，这样的老师是灵动的，是充满活力的。因此教师教学生也是在教自己，教师不断提升自我的教育境界，不经意间，也会遇到那个最美丽的自己！

诚信一生走天下

——亲子共读《三国演义》有感

李素玲

向阳小学积极打造书香校园特色，书香也飘到我们家。儿子原来就特爱读书，兴趣浓厚。所以这次活动更是让他兴奋不已，那份热情洋溢真是让我看在眼里，喜在心上。尤其是《三国演义》，儿子更是情有独钟，俨然成了一个地地道道的小三国迷。其实《三国演义》亦曾经是我的心爱之书，在那个书籍相对匮乏的年代，我曾经是那么贪婪地拥有它。而现在，我们家有好几个版本的《三国演义》，茶余饭后，我和儿子都要每人拿上一本，畅游其中。

于是在随后的日子里，一个个栩栩如生的鲜活的人物就成了我和儿子茶余饭后的谈资，足智多谋的诸葛亮、忠心耿耿的关云长、博大精深的曹操……不同的是，如今和儿子一起读《三国演义》，它在我心中已经不单单是一本饱含人生哲理的鸿篇巨作，我对里面的人物有了更深刻的认识的同时，更添了一份责任在身。三国中人物繁多，性格迥异，如何抓住这有利契机，引导孩子闪亮做人，是我们为人父母义不容辞的责任。也许是母子心有灵犀，我们竟然不谋而合，在这部书中让我们感触最深的不是诸葛亮的料事如神，曹操的豪气盖天，而是关羽的义薄云天和吕布的唯利是图所形成的鲜明对比，同为三国中举足轻重的人物，却各自有着截然不同的处世原则和命运，让我们感慨不已。

论武功，吕布可谓胜出关羽许多，曾经的三英战吕布——关羽和刘备、张飞三兄弟齐上阵，竟然没有能够将吕布拿下，可见吕布的武功，确实非同一般；论外表，吕布更不在关羽之下，可是吕布为后人所不耻，而关羽却被后人敬若贤明，且一直被奉为忠义的象征。吕布在这场人格的较量中输得很惨，足以让我们每个人引以为戒。可见忠义诚信的重量之重。

综观吕布在三国中的表现，纯粹是一个唯利是图的世俗形象。他厚颜无耻，见利忘义，先是杀掉了与自己一齐起事、情同手足的兄弟朋友丁原，后来又为了争夺一个女人貂禅，背信弃义亲手杀了对己有知遇之恩的义父——董卓。正因为如此，吕布在品德上不讲诚信的缺陷，使他为世人所鄙弃，最终导致了吕布虽然空有一身的本领，却落的个四面树敌，众叛亲离的下场。吕布不信守诚信的坏名声，使他难以施展自己的才华，最后却落了个无家可归，投奔谁，谁都不肯收留他，就连广揽天下英才的曹操也不肯用他。

与吕布相比，关羽虽然在三国中本领不是第一，却受到了世人的敬重。他不但英武非凡，人格魅力震撼乾坤。“滚滚长江东逝水，浪花淘尽显英雄……”在儿子的歌声中，一次次再现关云长的光辉形象“神威能奋武，儒雅更知文。天日心如镜，春秋义薄云”。的确，关云长单刀赴会，水淹七军，刮骨疗伤，过五关斩六将……哪一样不将他的忠义之举，智勇非凡，展露无遗。其虎牢关的英勇，白门楼上的恩义，令赤兔马都为之殉命，何况人乎？当年其兵败身陷曹营，即使素以奸诈著称的曹操对他也是热情款待、再三挽留。曹操看重的就是关羽的忠义诚信。尽管曹操多次诱之于金钱、美女和宝马，并给予高官厚禄，却都没有动摇关羽信守承诺的意志。任凭曹操使尽了各种方式，他都没有背叛与刘备、张飞的桃园盟誓，即使在他离开曹营之际也没带走任何财物。尽管关羽在弃曹投刘时，曾经过五关斩六将，但是曹操还是十分敬重他的忠诚守信。尽管曹操知道关羽是与自己争夺天下的对手刘备的猛将，但是曹操只是让手下人阻拦挽留，并没有下令杀掉关羽。关羽的忠义诚信“走麦城”时更是表现得淋漓尽致。麦城之战是令人最痛心的一幕，关羽面临着生死抉择，以他的才能，一旦受降，富贵权力会一拥而至，但他本着“玉可碎不可损其白，竹可破不可毁其节”的做人原则，背负着忠君的沧桑，留给世人一个从容赴死的背影，赤诚，隽永……对此情节，儿子至今都唏嘘不已。我坚信关羽的人格魅力早已征服了他小小的心灵，诚信的影子会伴其一生。

这就是忠义诚信的分量，让我们叹为观止的同时并心痛着、敬仰着。正是关羽如此地讲诚信，而且可以为之付出一切代价的精神感动了所有的人，包括他的敌人——曹操。在关羽死后，曹操给予厚葬，并追封了关羽很高的爵位。

是啊，没有人拒绝自己被流芳百世，万人景仰。在现实生活中，即使我们不能聪慧如诸葛亮，不能忠义若关云长，但我们人人都可以从自我做起，引导我们的孩子从小做起，诚信一生走天下！

阅读 从我做起

——有感于崔校长日记之37则

冷爱霞

崔校长的教育日记，如一面面镜子，折射出育才教育方方面面的优点与不足，仔细阅读，总有很多触碰心灵的感点。当我翻到第37则时，被这则“谦虚接受他人的意见、建议并落实在行动上，这是一种美德”深深触动了。其中关于“学校图书漂流站名存实亡，没有让师生行动起来”这句话，引起了我的共鸣。尽管我入校时间短，但据我观察，的确如此。如何从自我做起，从每一位教师和学生的自我做起，采取合理的措施，让阅读成为生活常态，下阶段我将与各中心一起，将“图书漂流”工作落到实处。于是，我随感一篇表心声。

如果你是第一次走进育才学校，当你徜徉在安静的文化长廊时，你的目光一定会被图书漂流站那一排排整齐的图书所吸引。如果你驻足停留，顺手抽出一本熟悉的小说或者散文，轻轻翻拈几页，在淡淡的油墨香里，心也一定会安静下来。

初来育才，我就是这样被迷住的。之后，便成了一名真正的育才人。我曾设想，在一个阳光很暖的午后，坐在廊间藤椅上，喝一杯茶，沉浸在《金色花》里，变成泰戈尔笔下那个美丽、优雅而虔诚的妈妈。

然而，开学的两个周里，是因为手头事情太多，还是因为熟视无睹，当我真正融入这片书香地时，竟然与那熟识的书们日日擦肩，未曾去彼处翻动一本。在这样一个安静的清晨，我不由愧疚起来。

前几天干部会议上，崔校长那谆谆的话语再次萦绕耳畔：他希望校园里能听到孩子们生机勃勃的琅琅书声；希望平日里能看到老师们由阅读而迸发的创新思维款款智慧。榜样，就在身边！再忙，崔校长也会偷闲，沉浸在一本书中，享受里面的哲理故事，汲取有益营养，书写对教育的感悟，引领学校的昂首向前。

而我，既已有勇气选定了改变，加入到育才学校这个优秀团队，在这个充满希望的新环境里，在这春意盎然的校园里，我怎么可以因种种理由，而丢掉阅读里的自我本真呢！

人生本无乡，心安是归处。在喧嚣而忙碌的世界中，唯有书籍，才可以真正让人变得优雅、淡泊、大气，正如古语所言“腹有诗书气自华”。一个人的气质是由内而外的，一个博览群书的人，会如常青树一样，年年葱郁，岁岁花发。阅读，会使心态变得更好，使心灵的世界变得更大更阔。

“看书，从我做起；再忙，也要与初心相拥”，我轻轻告诉自己。

看于丹的《人间有味是清欢》的生活故事，再度体味珍重珍惜的分量；赏张晓风的散文，重新感受对财富与健康的态度；品张爱玲的随笔，重温文字里栽下的慈悲与懂得……

阅读，让心底溢满甘甜的琼浆。从此，我不仅要坚持自己读，也想和老师、家长们一起陪孩子们读。这是做教师的义务，更是责任！

曾对十几个初中学生做过一个简单的调查，我让喜欢读书并每天坚持半小时阅读的举手，只有两位没有举手；我倒过来问，家长每天坚持读书的请举手，结果却只有一位同学举了手。我问家长业余大多时间做什么？孩子们一片唏嘘，异口同声：玩手机、看朋友圈、看电视，玩电脑游戏！语气里含着气愤与轻蔑。孩子们为什么有这样的情绪呢？他们说，自己学习很累，家长只在乎他们的成绩，平时就知道让孩子学习，而他们却在玩！

所以，不仅应该让孩子读书，家长更应阅读，做好孩子的榜样！

就大处而言，阅读可以使国家立于世界强国之林。一个人的阅读史在某种程度上来说，就是一个人的成长史。中国是世界上阅读最少的国家，犹太人的阅读量是最大的，孩子从一出生就伴随着阅读，家里合适的位置全是书，所以，以色列是一个聪明的国家。小而言之，阅读使家庭充满温馨，使孩子沉浸书香，让书香润泽生命，让阅读丈量世界。心有多大，舞台就有多大！

记得作家毕淑敏曾说：“一个人一生三件事必须做，那就是读书、锻炼和旅行。”广义的读书包括各种学习，这是人生活之必需，学习改变命运就是这个道理；健康是享受幸福的前提，好的体魄才可以让我们每一天活力四射；而旅行呢，当站在高山之巅的时候，我们的心胸是宽广的，对着高山喊“我爱你”，山谷回音“我－爱－你——”烦恼，无影无踪。读万卷书，行万里路，这是社会人高质量生活之必需！

忽然记起《本领恐慌》《大成智慧》作者王小平的话语了，以此提醒自己：阅读，从自我开始，从今天的第一页翻开——

自己再累也要读书；

工作再忙也要谈书；

收入再少也要买书；
住处再挤也要藏书；
交情再浅也要送书；
最庸俗的人是不读书的人；
最吝啬的人是不买书的人；
最肤浅的人是不爱读书的人；
最可怜的人是与书无缘的人。
贫者因书而富；富者因书而贵。
书们，在那里，静静地，等你，也等我……

其实　我是一个文盲

法洪雪

刚刚的刚刚，我才知道自己是一个文盲。

关于书，我念了十几年，教了十几年，在别人或者肯定或者赞许的评价里，我曾经以为自己是一个“文人”了。甚至也曾一度自负地认为自己很会教文章，很会写东西。可是，刚刚的刚刚，我发现自己的浅薄了。

那是昨夜，是和很多夜晚一样的星空之夜。当我给孩子讲完了故事，并且讨论了好多关于大自然、关于数字、关于人文的“为什么”的知识之后，在被称赞了“妈妈怎么什么都知道”之后，在又一次自以为很“文化人”之后，他忽然指着天上的星星问我：“妈妈，那颗最亮的星星叫什么名字？”我抬头望去，那是？繁星遍布，我只知道一个北斗和北极星，恍惚间，是短暂的脑部空白，那片空白里赫然呈现的是我的无知。

夜深了，我还在注视那颗星——我依然不知道的那颗星星，不记得从哪里读到的一句话又在耳旁响起：“当你已知的越多，就会发现你的未知越多”。在这样的星光里，我想起刚刚读过的《静悄悄的革命》，想起读它时的晦涩难懂，想起皱起眉头都看不懂的情节；想起读了不到一半就匆匆放下《史记》，继而去寻找别的什么娱乐；想起胡适的那句关于读书的话“每天花一点时间看 10 页有用的书，每年可看 3600 多页书，30 年读 11 万页书。11 万页书足可以使你成为一个学者了”。

读书，为什么没有在我身上坚持下来？未知的知识，为什么一直心里保持未知？我知道作为宇宙间如此渺小的一员，我不可能事事洞察，但是我却可以借助书籍丰富自己的学识，让书籍帮助我远离低俗、无知和自大！

第二天清晨，我便查到了那颗星星的名字，是“金星”，也叫启明星，多么巧合，它启示我自知、明智、学会心灵清明！我很高兴自己不再夜郎自大，我很高兴把我已知的半径拓展了一个厘米，我很高兴发现自己未知的范围拓展了一个厘米圆环的面积，我很高兴我三十三岁以后的日子可以清楚自己想做什么事情、想读什么书……

三十而立，四十不惑……数着这样的年轮标签，我开始重新审视自己，承认自己如文盲般的浅薄，开始用读书丰富自己。是的，我是文盲，不过，我正行走在扫盲的路上！

适合是最好的教育

——读《教师的五重境界》有感

姜丽丽

知道万玮老师其人，源于他的《班主任兵法》。《班主任兵法》可以说是一本教育反思集，它记述了万老师在担任班主任期间与学生“斗智斗勇”的教育故事，一个个案例就像一篇篇章回“小小说”，故事情节跌宕起伏，充满智慧，读了让人回味无穷。一度很佩服这个只教了七年的年轻老师。如今再读万玮老师的《教师的五重境界》，更感觉他是一个大智慧之人，《班主任兵法》把“术”做到了一定的高度，《教师的五重境界》更关注教育之“道”。

掩卷沉思，不禁问自己，到底什么是有益的教育？到底怎样算成才？我们又将如何做教育？

教育，让人生更美好

“裸分”一节中万老师举了一个例子：有一位优秀的化学老师，当年所交的班级高考成绩非常好，在满分 100 分的情况下全班化学平均分竟然 90 分以上。一年后，孩子们去看望老师，老师突发奇想，让孩子们又做了当年那套高考题，没想到现在已上高等学府的大学生们，平均分只有 15 分左右。惊讶之余，老师进行了分析，结果发现，所得的 15 分基本与化学思想、方法有关，也就是说，只有化学思想、方法，经过学生自己的理解、消化，已内化成自己的东西，其他的早已遗忘。

这让我想起了卡耐基的话：一个人的成功，要靠15％的专业知识，而其他85％都是软科学本领。反观我们今天的学校教育，往往在用吃奶的力气去获取15％的专业知识，到头来师生所付出的大多是无效的；而把85％的软科学本领置之度外，孩子踏入社会突然发现自己立足社会的本领太少太少。

85％的软科学本领是什么？是情感、毅力、专注、合作、宽容、友爱、探究等素养，这才是真正的教育，是我们生命中不可缺少的素养。爱因斯坦曾说：什么是教育？把学校所教给你的东西全部忘掉之后，剩下的才是教育。剩下的是什么？是学科思想，是学科方法，是学科素养，是勇于探索，是集体奋斗，是利益共享，是能够给孩子们带来积极长远价值的教育。

孔子的理想教育状态是：莫春者，春服既成，冠者五六人，童子六七人，浴乎沂，风乎舞雩，咏而归。林语堂推崇的教育状态是：在牛津、在剑桥，那些老师怎么教学生？他们把学生叫来，一边抽着烟斗，一边天南海北地聊，学生被他们的烟和谈话熏着，就这样熏出来的。

“麦田守望者”的教育状态是：有很多小孩在麦田地玩游戏。有几千个小孩，没别的——没别的大人，我是说，除我之外。我就站在这破悬崖边上，我要做的，就是抓住每一个跑向悬崖的孩子——我是说他们不看方向的话，我就得从哪出来把他们抓住。

时至今日，这依然是许多教育者神往的教育境界。今天，我们需要怎样的教育？我想，好的教育应当培养人具有生活的智慧，使人能够理解生活的真实，逐步达致洞明世事、通达人情。好的教育应当使人拥有卓越的美德、健康的情感和完备的知识，应当培育对真理的热爱、对创造的永恒追求。好的教育，应当注重培育一种蕴含敬畏情感的超越精神，必须能够促成人们对美好未来的想象。教育，让人生更美好！

成功，每个人都有机会

万老师说：学校和老师眼中的好学生不一定是适应社会、为社会做出积极贡献的优秀公民。

每每参加学生聚会，都是感慨良多，昔日听话、勤奋、好学的孩子们，有些已泯然众人矣，或坐在角落里，无人交流；或拘谨刻板，畏首畏尾……而一些当年未被老师“看重”或屡屡惹老师生气的孩子，一个个混得风生水起，事业发展得有声有色，或独立创业，或怀揣一技，或出国闯荡……而且落落大方，为人处事无一处不妥帖。

细细想来，其实，现在很多优生，只是高分生而已。老实说，很多“优生”为了获取高分，他们也真是拼了，头悬梁，锥刺股，两耳不闻窗外事，读死书，死读书，分数就是命根子。除了分数，什么也提不起他们的兴趣。

很多老师也是如此，除了分数，无精打采。他们只教书不育人，甚至只教考试。有分数就是好学生，没有分数，就是差生。分数固然重要，没有分数，过不了今天，但是，只有分数，过不了明天。要知道，失去了广阔世界，没有了生活的源头活水，没有了丰富的精神生命的滋养，仅仅靠死读书来支撑一个人，其可持续性的发展潜能，可想而知。

何况，社会是多元的，多元化的社会需要多元化的人才。我曾教过这样一个学生，上课无精打采，作业时有不写，可唯独酷爱体育！区运会、市运会，短跑年年第一。后被高中破格录取，再后来成为某体校教练，每年输送体育生多多。这，让老师头痛的学生，按理说不是好学生，可他发挥自己的特长，为社会也做出了积极的贡献。

“龙生九子，各有不同”，人之间的个体差异就更大了。有的人专注书海，潜心研究，耐住学术的清冷，忍受孤独的倾轧，最终凭研究成果突出而震惊海外；有的人热心公益，参加实践，在恶劣的条件中坚守，在艰苦的境地里奉献，在实现社会价值的同时也成就了个人价值；有的人多才多艺，拿得起琴声悠扬，舞得出锦绣文章，也可为自己博得一片天地。

有道是“人人有才，人无全才，扬长避短，人人成才”。作为教师，我们必须树立正确的成才观，像万老师说的那样：不让学生的个性发展被“误伤”。相信多一把尺子衡量学生，就会多一批好学生。

潜能，需要时间空间来开发

教育的今天，孩子的明天。作为教师的我们是在做着今天的教育，但是我们一定要做积极向上的教育，做境界向上的教育，眼界向上的教育，用更长远的眼光，用心做好教育工作，为孩子的未来做准备！

为孩子的未来做准备，就是要构建多样化课程。每个学生都是独特的、唯一的，每个学生对教育的需求也极具个性。教育必须为每个学生提供尊重其个性、能够使其更好发展的有针对性的教育服务。当前，课程“菜谱”的创新空间最具可操作性的就是选修课的多样化，它能“保证人享有他们为充分发挥自己的才能和尽可能牢牢掌握自己的命运而需要的思想、判断、感情和想象方面的自由”，从而培养出个性鲜明的学生。

为孩子的未来做准备，就是要打造高效愉悦课堂。现在我们经常讲翻转课堂，但是翻转课堂翻转的不仅仅是时间，不仅仅是技术，更重要的是价值观的翻转。价值观的翻转体现的是尊重差异、释放潜能、学会合作。我们的课堂，要静下心来，创造适合学生的教育；要相信学生，充分挖掘他们的潜能；要引导学生学会合作，享受合作。

为孩子的未来做准备，就是要开展丰富多彩的活动。读万卷书不如行万里路，我们的教育，就是要积极探索能给孩子们带来长远的积极价值的教育，可以让孩子们走出教室，走出校园，感受教室外面世界的精彩，开阔学生的视野和见识。孤儿院、敬老院之行，孩子们感受到的是责任和担当；走进部队，孩子们感受到的是军纪的严明，自律意识的提高；远足，再长的路也阻止不了同学们前进的步伐，他们征服了自己。形象生动的教育情境中，孩子们学到的不仅是书本上的知识，更多的则是人生的体验与真实的感悟。

为孩子的未来做准备，就是要为学生搭建展示自我的舞台。入学季的军姿飒爽、读书节的灵动聪慧、体育节的洒脱拼搏、科技节的创新合作、英语节的幽默睿智、艺术节的奔放活泼、毕业季的温婉凝重……自信、阳光、向上已经给他们的人生打上了底色。心有多大，舞台就有多大；给我一份信任，我会还你一份惊喜！

最好的教育是什么？那就是适合学生的教育，让每个学生学有所获，让每个生命快乐成长！作为教育者，我们都应该有一份情怀，一份坚守，一种责任，一种担当！

李希贵《为了自由呼吸的教育》读书心得

李威

《为了自由呼吸的教育》一书字里行间充满着教育的智慧，李希贵老师用朴实的语言，用一个个生动的、亲历的教育故事，展现了他的心路历程，揭示了教育教学的本质规律。没有高深的“理论”“体系”“架构”，更没有居高临下的姿态。理论也好，理念也好，都不是游离于生活、教育、实践之外，而是水乳交融在具体的、感人的典型事例之中，易于理解感受深刻。

书中，李希贵老师强调，“表扬学生要铺张，批评学生要吝啬”。多么朴实的语言，将教育这个让人觉得漫无边际的概念，用寥寥数言解释得淋漓尽致，让我有茅塞顿开的感觉。

“我真正的学习生活是从读书开始的。我真正的教育人生也是从读书开始的。读书，使我顿悟了教育，也顿悟了人生。”李老师在书中强调了阅读对个人成长的重要性。他还引用苏霍姆林斯基的话说：“课外阅读，用形象的话来说，既是思考的大船借以航行的帆，也是鼓帆前进的风。没有阅读，就没有帆，也没有风。阅读就是独立地在知识的海洋里航行。”李老师还说：“教育是与读书联系在一起的，书籍是最重要的教育资源。一个学生在他相应的年龄段，如果没有读过适合他读的书，那是人生无法弥补的遗憾。”他的“每天十分钟”让阅读成了孩子们生命中的一部分，把学习的权利还给学生，让孩子们切实拥有了语文学习的自主权和阅读选择权，拓宽学生自由呼吸的空间！

李希贵老师的很多重要的管理思想对我的启发也很大。“让每一个人都感到自己重要”，“让教育从细节入手”，“管理管理，只有管没有理，是不能叫作管理的。每一个被管理者都是活生生的个体，你不把被管理者放在应有的位置上尊重他们，理解他们，甚至热爱他们，你的管理就不会有太大的成效”，“作为管理者，我们通常最关注的是制定各种‘规定’和严格贯彻这些‘规定’，却常常忽略了应该如何把这些‘规定’转化为学生的自觉行为，进而形成习惯”。想想我们平时的管理，在我们的制度中多数都是“不许”、“禁止”之类的话语，对于违反规定的学生，我们也多数是对他们进行严格地批评与惩戒，有时甚至是不问青红皂白，应该说我们的制度让孩子们没有了自由。如果我们能从细节入手，注重培养学生的自律，把“规定”转化为学生的自觉行为，没有那么多的“不许”与“禁止”，我们的校园不是更和谐吗？

我在本书中呼吸到了新鲜的空气，也看到了自由呼吸的教育，但我知道真正实现或拥有自由呼吸的教育是件不易做到的事，我会为自由呼吸的教育而努力。

做学生的知心人

——读李镇西的《心灵写诗——班主任日记》有感

曹正昌

李镇西，男，1958年生。1982年2月毕业于四川师范大学中文系，2003年6

月于苏州大学教育哲学博士毕业并获得博士学位。先后荣获“全国优秀语文教师”“成都市十大优秀青年”“成都市有突出贡献的优秀专家”“成都市教育专家”“四川省中学语文特级教师”“成都市首届十大教坛明星”“全国优秀教育工作者”“四川省教育系统优秀教育工作者”“成都市优秀教育工作者”等称号。享受成都市人民政府专家特殊津贴。2000年被提名为“全国十杰教师”,2007年被评为“2007十大感动四川年度人物”。

《心灵写诗——班主任日记》,以李镇西老师班主任教学生活为主线,记录其日常班主任生活及班上学生的行为和思想,全书以对学生成长的人格培养和爱心与民主教育为主线,真实记录一个优秀班级的成长历程。该书内容有冲突、有矛盾、有情节、有反思;其语言朴实、隽永,字里行间流露出对学生的爱,对高尚人格的追求。

我们来看看李镇西老师给他这本书写的自序中的一段话:我不止一次地庆幸我是一个教师,与青春同行使我的心永远年轻;因为我是语文教师,这使我能用一双“文学的耳朵”随时倾听“花开的声音”,并把这种世界上最美丽的声音用文字表达出来。所谓花开的声音,并不仅仅是学生青春绽放的乐章,也包括我生命流淌的旋律。

我庆幸我是一名教师,与青春同行使我的心永远年轻!天天能够听到花开的声音,那是学生青春绽放的乐章。这青春绽放的乐章伴随我的生命不断地向前流淌。尽管每天嗓子总是沙哑、尽管每天总是忙忙碌碌、尽管白发悄悄地染上鬓角与眉梢、尽管有数不尽的烦恼与困惑、尽管……但是,我们的心总是年轻的。这一点,在我们很多老师的身上也有体现,如王雅丽、张书太、高显慧、邢丹霞等。你跟他们在一起,谈得最多的是他们自己的学生,王雅丽老师只要是见着学生总是精神头十足,充满青春的活力。跟学生跑步,52岁的她跑1500米不成问题。只要一放假,你看她的精神头就不如上班,打麻将就总输钱。

我期望每位老师都有这样的心态,天天跟学生在一起就是与青春同行!每天都能听到花开的声音!那声音是如此的美妙,她将伴随你走过你的职业生涯,让你在此过程中总是享受年轻的快乐!

《第一天见面礼》

盼了一个暑假,我和没有见过面的学生今天终于见面了。四年之后,重新当上班主任,我激动得有点像刚刚参加工作的年轻人,甚至像刚刚上小学一年级的小朋友，呵呵！我特意把头发理了理，把皮鞋擦了擦，换上新衬衣，穿上新裤子，早早地来到了学校。

这是本书的第一篇日记，由此可以看出李老师的细心劲儿，喜欢做班主任工作的那种冲动，我想他这一暑假都在想象着这个班的学生是什么样子的，我将怎样带这个班，我将把学生培养成怎样的人。他可能有很多的想法要在这个班级实施。李老师的生命乐趣就在于此。你看：四年之后，重新当上班主任，我激动得有点儿像刚刚参加工作的年轻人。我看还不如改成初次相对像的毛头小伙。对方什么样？人家能否看上我？心里总有点儿忐忑不安。我们的老师，开学的头一天，第一节课，要跟学生重新见面，你若有这种感觉，我相信你会成为一名优秀的教师，因为你很在乎别人对你的看法，细微之处看成败。

第一天与学生见面，李老师都给学生准备了什么礼物呢？

（1）每位学生送一本书《爱心与教育》（李镇西自己写的书，主要是他的教育观念、教育思想及以往班主任管理的方法）并附上赠言。而且尽可能给每一个学生的赠言都不一样，如：相逢是缘，共同进步！很高兴成为你的朋友，让我们携手并肩，一起走向成熟和成功！让我们一起成长！童心永驻，青春万岁！真诚乃善，朴素即美……他还把某些学生的姓名嵌入题词，如：东方破晓，神州腾龙（杨小龙）。人生如兰，淡雅高洁！（朱雅兰）……

可见老师的良苦用心，为了第一次的见面，煞费苦心。由此也看出李老师对教师这一职业的酷爱。

（2）迎接新学生。

（3）集体谈话，先发送给学生的一本书，同时在书里夹着一封李老师给学生们的一封信。

（4）书发完了，学生安静地看信！（很有创意，一般来说班主任要讲话的。要讲很多很多的话，发表点儿感言啦、提点儿要求了、点名儿啦、可能还要批评一些你刚刚所看到的一些现象等）。

（5）黑板上写下一行大字：让人们因我的存在而感到幸福！

（6）“今天第一次见面，我们和张影吧！等三年毕业时我们拿着毕业照，对比今天的照片，你们会看到自己成长的轨迹。”

（7）编排座位方法：学生随意。原则：不影响他人，不影响自己，有利于学习，有利于团结。

（8）学生给老师写信的要求。明天的回信就是一篇随笔，写什么都行。不过老师建议最好有这样的内容：第一，给李老师对建议为你以前遇到过的好老师，他有什么优点值得李老师学习的。第二，给李老师出主意，你希望李老师怎样当班主任。第三，你愿意在哪些方面为集体效力。

(9) 开个“记者招待会”。就学生感兴趣的问题可以提问。

(10) 领教材的几位男生主动举手去领，李老师说：你看，我们因为这几位男生的存在而感到幸福！

(11) 学校要求第二天八点半集中对新生进行教育。各班先是八点在教室集中，班主任讲纪律要求。李老师没按照学校的要求做。他用激励的语言跟学生说：能不能创造一个奇迹，不到教室集中，直接到开会的地点做好。希望看到你们整齐的队列，班主任不在场你们也能自觉的做好。

我的感悟是：民主、科学、有方法；德育教育渗透在细节当中，点点滴滴自然流畅，毫无空洞的说教，让你在不知不觉中形成良好的行为习惯，做人准则等等。

正像李老师的副班主任说的那样，跟了李老师一天，受到了震撼。原以为开学的第一天上班无非是收费呀、编座呀、发教材呀、强调纪律呀……没想到还可以进行这么多的自然而然的教育！在第一天就要走进学生的心灵——真正做学生的知心人。

准确定位　快乐明哲

——读《做一个专业的班主任》有感

薛洁

北京教育科学院著名教育专家王晓春老师的《做一个专业的班主任》，此书劈头一个问题就是：“您喜欢做班主任吗？”这个问题直击我内心深处。我当班主任已经十余载，从初为人师的满腔热忱到现在的小有经验，整个过程中虽然收获了与学生共尝苦与乐的幸福，但也在各种压力下感到日渐疲惫与焦虑。每天太阳还未升起，就开始忙忙碌碌，风风火火，纪律、卫生、作业、课堂、公物、集体活动方方面面都要关注，遇到班中突发事件，还要与个性十足的学生斗智斗勇，一天下来身心俱疲，在周而复始的忙碌中我不由得问自己，作为一名班主任我究竟收获了什么，我有何进步？

《做一个专业的班主任》一书让我读来如醍醐灌顶，这本书中没有空话、大话、套话，而是王晓春老师四十年教育经验的总结，是中小学班主任专业成长的优秀读本。这本书告诉我们如今通常见到的终日急急挠挠、被动招架、焦头烂额的班主任确实当不得，要做，就该做一个快乐明哲的班主任。由此我对班主任角色有了一个更为全面、深入的认识。

首先，班主任应该是教育型的管理者。

该书中写道：对于学生来说，班主任首先是一个领导者、组织者、管理者。但班主任不是一般的管理者，他首先是一个教育者。她的工作对象不是成年人，而是少年儿童；她的任务不是短期的，而是长远的（百年树人）。管理学生并不简单，而是一门学问，认为管理就是紧盯着学生不放，或者是哄的学生听话都是不正确的，管理的目的不是让学生就范，而是使他们受到教育。

对于这一点我深有感触。就课堂纪律这一点来说吧。纪律是班风的重要方面，班主任没有不重视纪律管理的。从初一学生刚入校我便采取了一系列措施：带领学生学纪律常规；选举纪律班长；做执勤记录；找违纪学生谈话等。我在纪律管理方面耗费了很多精力，但课堂纪律却时好时坏。我渐渐发现自己抓纪律的方式存在问题，一味地“压”“管”，控制的多，引导的少。于是我开始转变工作思路。我开设了课堂纪律系列主题班会。在班会上，我问学生：同学们在课堂上不敢乱说话的原因是什么？可能是因为怕老师批评，或担心纪律委员把他的名字记下来告诉班主任。那么在电影院里看电影为什么也能不乱说话呢？学生回答说，这不是因为怕什么，而是因为他懂得尊重他人，不愿妨碍他人。我顺势引导学生：同样道理，自觉遵守纪律不仅仅是为了保障安静的学习环境，更是对他人的尊重，是一个人具有较高素养的体现。

设置这样的情境主要是为了提高学生对纪律的认识。但中学生毕竟处于好动的年龄，缺乏一定的自我约束能力。在纪律管理方面，更重要、更根本的问题是激发学生的自我管理能力。于是我开始采用小组合作自主管理法。组织学生进行民主讨论，共同起草小组管理细则，并把试用稿打印出来，在班中公示一周，向全体同学征集修改建议，然后打印实行稿。再将学生按学习层次，纪律表现划分小组，选举小组长，成立监督委员会，制定奖惩办法。前前后后用了一个月的时间。整个过程看似，但却是值得的。因为学生一起制订细则的过程本身就是一种学习，一种自我教育。最终取得的效果是令人满意的。很多自我约束能力差的学生有了很大转变。他们为了维护本小组的荣誉，努力克制着自己不回头，不说话，不做小动作。

相比于之前采用的宣布条令、监督、检查、批评的纪律管理方式，小组合作管理更能激发学生的自主性，更有利于学生的成长。通过自主管理，纪律不再是外加的东西，不再是悬在头上的宝剑，而是发自内心的需要。

第二，班主任应该是学生的学习指导者。

班主任不但是班级管理者，而且是知识传播者，对学生进行学习指导是班主任工作中的一项重要内容。

大家都说如今的班主任越来越难当了。不错，为什么越来越难当？原因之一是广泛的媒介传播打破了教师“知识垄断”的地位，学生从大众传播媒介获取大量知识，教师作为知识传播者的重要性被降低，班主任作为管理者的威信被降低，在这种情况下，班主任必须转变观念，转变角色，提高学习指导能力。

别看传媒来势汹汹，它有一个致命的弱点，只有单项传播，没有双向交流。班主任若能做学习指导者，而不是学习监督者，尽可能多地帮助学生找到学习的成功和自我实现的快乐，那么任何传媒都无法和班主任竞争的。

第三，班主任应该是学生平等的对话者。

一提到班主任与学生的对话，我们马上会想到“晓之以理，动之以情”的说服教育法。但是我们往往把说服看成教师对学生的单向“训导”，而不是双向交流，这种说服是不平等的对话。《做一个专业的班主任》一书中写道：做学生平等的对话者不仅仅是为了工作，每个人平时都应该视别人为平等的对话者，这才是合理的人际关系，这不是工作问题，而是人格问题，是现代人都应具备的价值观，人文精神。真正平等的对话双方都应该是开放的，都认真倾听对方的想法，都随时准备改变自己，每个人既想影响对方，也想接受对方的影响，如此心灵才有真正碰撞，为师者才能真正感受到育人的快乐。

记得我曾经遇到过这样一个学生：他长得比较胖，学习水平中等，从小调皮好动，他父亲的教育方式简单粗暴，经常因为他贪玩不爱学习打骂他。他上初二那一年突然开始拼命减肥，每天只吃很少一点东西，体重开始急速下降，170 cm的身高，体重却只有 45 kg 了，周围的亲戚朋友都劝他要注重健康，科学减肥，但却都无济于事。她的父母却焦急万分，向我求助。凭借多年的班主任经验我推断这是因为孩子进入青春期，过于注重自身形象，才会出现这样的状况。于是我把他请到办公室里，和他谈健康的重要性，讲内在美胜于外在美的道理，甚至我还从网上搜集了有关过度减肥导致厌食症的文字、图片给他看，告诉他过度减肥的危害，但换来的是他的沉默。他没有反驳我，但从他淡淡的神情中我感觉到自己并没有走进他的内心，一切都在隔靴搔痒。

后来这个孩子开始厌食，一吃东西就吐，整个人瘦得皮包骨头。她的父母只好强制他到医院治疗。他激烈反抗，咆哮如雷，整个人的情绪如决堤的洪水，他历数一件件父母打骂他的事情。从他的宣泄中，人们才恍然大悟，原来他之所以这样做，就是要以这样一种自我伤害的方式和粗暴打骂他的父母进行对抗。面对这件事情，我开始反思：我自觉地做学生的平等对话者了吗？没有，我只是把自己早就想好的话向学生宣讲，我并没有研究什么，假如我能分析问题，研究问题，耐心倾听，找到“病灶”可能事情就不会发展到这一步。

可见，班主任要真正进入“平等对话者”的角色，其实是很不容易的，他不但要有平等的意识，而且要有学习和探究的心态。

第四，班主任要做学习者。

学习者并不是班主任的标志性角色，所有的教师都应该做学习者。王晓春老师在书中说：教师这种职业最大的害处之一是使他习惯于教训别人，不是提高自己，不断强化教育者的身份，淡化学习者的身份，使“活到老，学到老”沦为一句虚伪的谦辞。教师不仅是教育者，更应是学习者。

首先，教师应该热爱所教学科，不断学习专业知识。

教师若对自己任教的学科兴趣盎然，能解其中味，讲起课来自然兴致勃勃，如数家珍，触类旁通。讲课对于教师本人是享受，学生自然会受到感染，容易形成兴趣。反之，教师对自己的学科说不上热爱，也没有很深的研究，就只能干巴巴地说，不能深入则无法浅出，于是教师的教学越发死板，越发枯燥，教师又乐从何来？

其次，教师应多学习教育教学的先进理念和方法。

教师不但是学习者，而且是引导学生学习的人。教师应该多学习心理学、教育学知识，积极探究先进的教育理念，学习科学的教学方法，具有设计学习情境，调动学生学习积极性的本领。

“学习者”是班主任的基础角色，是底色。一位班主任如果平日处于“非学习状态”，他的其他角色都演不好，他的生活会越来越单调，他的心灵会越来越干枯，他的心态会越来越疲劳、焦虑，他会感到自己机器化了，失去了生机，失去了快乐。

其实班主任的角色不止上述四种，但是我认为作为教育型的管理者、学习指导者、学生的平等对话者、学习者却是班主任角色的核心内容。作为班主任应该给自己准确定位，如果班主任连自己应该担任的角色都不清楚，在其位不知该谋何政，每天被动招架，焦头烂额，心情肯定好不了。班主任会觉得一天忙到晚，不知干了些什么。班主任只有克服盲目性，增强自觉性，明确现代教育对班主任的角色要求，将班主任工作作为一个教育专业进行学术研究，追究其理念，探索其规律，寻找其方法，才能真正成为快乐明哲的班主任。

让每个生命都绽放光彩

——读《学校在窗外》有感

卢桂华

初读这本书缘于对桌的介绍，拿到手里我就被封面深深震撼了：寂寞的墙壁，孤单的背影，看向窗外的该是一双怎样渴望的眼睛啊！迫不及待地打开书，发现作者开篇即用了日本作家诺奖获得者大江健三郎的回忆作引线，以故事为串联，以"孩子为了什么去学校"这个追问为引线，深入人存在于世界的原始取向，以非常流畅的笔调深入浅出地引导读者重新定位知识，重新认识学校并重建社会价值观，其间许多精辟的观点让我深深折服。后来，又在科研访学站重读这本书，再读时我迷恋于书中每个章节开篇的故事，那些小故事及由故事引申出的教育原理让我震撼，同时启发我进行深度思考。

一、我们的教育缺失了什么？

——由《夏先生的故事》想到的。

故事中的夏先生是一个彻底孤独的人，"一年四季，镇上的人都看他背着背包，拄着拐杖，独自大步地走着，从不停歇。他不工作，不与人交谈，更不打招呼。为了要与世界彻底决裂，悲剧性地终止他一切作为人存在的条件：创造、互动与维生"。

每次触摸这段文字，内心都激动不已，我从夏先生的故事中读出他用决裂来表达他的对社会的不满与反抗。而当我再一次走进故事凝神细思的时候，不断闪现在我眼前的是那些课堂中不认真听讲、爱搞小动作、常常犯错误、甚至沉默不语的孩子……他们为什么会有这样的表现，是缘于对班级、对学校、对老师的教学方式不满的反抗吗？这些不满与反抗是因为我们的教育缺失吗？我们的教育缺失了什么呢？黄武雄说："我从不追求'善'，我要的是'自由'。教育的核心目的是让学生学会独立思考。"是呀，哪里有压迫哪里就有反抗，是否我们对学生的要求过于严格？不准干这、不准干那，规矩太严、约束太多，让学生缺乏自由，让学生备受压抑所以才有了如上的反抗。而让学生忘情地投入学问，前提必须是先给学生自由，给学生时间与空间。唯有学生有了自由的时间、自由的想象，教师才能引导学生入门，并让学生沉浸在学问之中。而且，对于成长中的孩子我们要给他们犯错的机会，正如黄武雄所说："人生必须有出轨的经验，从不出轨的人，心智不会成熟。越早出轨，越有出轨去尝试错误的人，心智越成熟。从小一直品学兼优，到后来仍能开创格局的人事实上为数甚少。小时了了，大未必佳，就是这个意思。"而这出轨的经验也是需要自由来支持呀。读着这样的观点我想到了我们的教育教学，想到自己的孩子，于是我写下一篇名为《孩子我不想你总考一百分》的小文，表达我对刚上小学一年级的儿子三次均考双百的忧虑，对他无条件遵从老师意愿，唯老师之命是从的担心；同时也想到如果孩子学习不好，在现行教育制度下，他在班里能得到老师和同学认可吗？他又如何去获取自信呢？

我们的教育到底缺失了什么？是思想行为的自由和独立思考的能力。

二、我们应该给予孩子些什么？

——由《菲德列》的故事想到的。

在本书中作者还引用了李奥·李欧尼的《菲德烈》的故事，这个故事强调了创造的价值，告诉人们要打破传统，使创造活动从维生的现实中解放出来，提倡创造与维生的社会分工。当再一次回眸这些文字的时候，我想起了给孩子讲的王晓晴童话《想飞的小灰鼠》。故事中的两个主人公都是田鼠，他们有一个共同的特点就是——不愿苟且地活者，在用无边的想象追寻着自己理想的精神生活。于是，我想，我们的学校教育应该给予孩子些什么？

正如在本书中作者说：学校教育应做两件事——打开人的经验世界，发展人的抽象能力。一个孩子走进学校，最主要的是学会与世界真正联结，而联结的方法恰恰是打开经验世界，进一步发展与人、与自然、与社会的互动。可是，今日之学校教育，强化知识与技能其实更多的是为了应付考试而去学习，只是在为加强孩子的竞争力，为他们未来的出路服务，是一种追求短期和直接目标的实用主义的行为，已违背了学校教育的宗旨。"维生"、"互动"、"创造"是人存在的三个支架。是的，生存是人最基本的需要，只有寓创造于维生，生命才不致干枯；而创造的动力，则更依赖于人与世界的互动，但为维生而进行的互动，无法弥补人内心孤独的空虚。只有独立的互动，才会让人精神健全，人格独立。于是作者说：如果说学校教育还有第三件事该做，那么便是留白，留更多的时间与空间，让学生去创造、去冥思、去幻想、去尝试错误、去表达自己、去做各种创作。

那么，我们该给予孩子些什么呢？是否应该让孩子们在脚踏实地的同时，更多的仰望星空呢？

三、我们该怎样给予？

——由小莲娜的故事想到的。

读着读着，我不由浅笑了——小莲娜的月亮又长出来了。是呀，很多才高八斗学富五车的大臣无法解决的问题，被聪明的小丑谈笑间解决了。这个故事告诉我们，创造是人天生的能力，就像公主与小丑，他们的创造力没有被社会给予的套装知识所遮蔽。而我们，我们这些接受过良好专业训练的人们，却成了那个宫廷里的大臣和学士，做了知识搬运工。

不由想到了我们的教育教学，我们总觉得自己是“救世主”，给学生知识，给学生力量，给学生关爱，在学生面前我们永远是正义的、强大的，我们因学生的崇拜和尊敬满足。可是，学生却总是在说教中被动地接受知识。常常我们的精彩演讲换来学生的无动于衷。那么，我们是否该学学那个小丑，用换位思考来体验学生的心理，从而发挥学生的主观能动性，来给予学生最理想的教育？我想，当我们能够蹲下来站在学生的角度换位思考，以共生互学（互享）的师生关系和渗透自身的生命体验为前提来真诚的倾听他们内心深处的声音，能真正去关注知识经验、学生之间的关系时，我们一定会有意想不到的收获。

这个故事告诉我们，在教育教学中，我们要做个快乐的小丑，用换位思考来走近学生的心灵。

让我们一起创设可自由呼吸的教育空间，让教育回归本源；让我们进行换位思考，给予学生创造的源泉，实现他们人格的最大发展，让每个生命都绽放光彩。

自立是打开成功之门的钥匙

——读居里夫人的《写给女儿》有感

李素玲

打开成功之门的钥匙——自立。

我爱书,更爱读书,做一个快乐的读书人,是我一直以来的梦想。在吮吸着书香入梦的日子里,自己就如同站在巨人的肩膀上,博古通今,一览无余,那感觉真是如履春风,如沐甘霖,如品香茗。

而今,又有一位新朋友,走进我的阅读生活,那就是《青岛教育》的特刊《每周一读》。在一个又一个静谧的夜晚,伴着柔和的灯光,穿越时空,我和中外名家进行对话,感受着他们的睿智,领悟着教育的精髓。《写给女儿》就是其中耐人寻味的经典之一,这篇文章是两次诺贝尔奖获得者、著名的科学家居里夫人写给他的两个女儿的一封书信。居里夫人不仅是一个伟大的科学家,也是一位成功的教育者,她把追求事业和高尚品德的精神,影响并延伸到了自己的女儿身上。她用书信的形式,教育女儿们必须依靠自己的力量谋求生路,必须自强自立。

当时,我是一口气读完这篇文章,虽然没有流泪,可是我的心知道,展读这封书信,吸引我的似乎并不是它的文学价值有多高,而是在那细腻的笔触里,所体现出来的那种深厚、浓郁的情感力量,真的很伟大。字里行间中我们不仅看到了一颗伟大母亲的心,也感受到了一种源自高贵心灵的品格魅力,那就是人一定要自立。作为母亲,居里夫人就像一个睿智而善良的长者和朋友,在娓娓而谈中,她告诉女儿们:一个人不仅要自信,更重要的是自立。自立是一种理想的品格,它既是打开成功之门的钥匙,又是力量的源泉。依赖别人只能使自己变得懦弱,这样的人不可能获得别人的尊重,更不可能赢得精彩的人生,而无谓地等待运气和机遇,又会使人丧失斗志,全然没有了主动意识和进取精神,只有抛弃每一根拐杖,破釜沉舟,依靠自己,才能发挥出过去从未意识到的力量,赢得最后的胜利。

这是一位母亲对女儿的肺腑之言,谆谆教诲。那作为我们这些当老师的,又该怎样做呢？面对着那一群群或大或小的可爱的孩子们,在他们身上自立更是显得难能可贵。是啊,当今社会,环境的娇纵,生活的安逸,使得孩子们高居于

“金字塔”的顶端，沐浴着阳光，呼风唤雨。若我们通过努力能和他们一起学会自强自立，品味真正人生，作为老师——他们的大朋友，那种幸福感应该是天底下最美的享受。

至今还记得那个曾经孤单无依的孩子，那时我刚接了一个新班，时间不长我就发现了他——郭岩，当同学们在室内外快乐地嬉戏时，他却独自坐在一边儿木然地发呆，两只手紧紧地夹在两腿中间，面无表情地看着。每当把目光投向他，我的心里总有种隐隐作痛的感觉。从他那苍白的脸色中，从他那胆怯的目光里，我看到他就像一只孤雁，充满了畏惧和无奈。说实话，对他的教育，我真的不敢抱太大的幻想。然而我又坚信，他和别的孩子一样，他的内心深处也在呼唤着关爱，也向往着欢乐。忘记了是哪位名人说过：要想让一个人学会自立必须先让他建立自信。我决定在适当的时机里拉他一把试试。终于在一次活动课上，我安排学生分组做密令传递的游戏，大家欢呼着雀跃着。郭岩呢，还是和从前一样，坐在那儿静静地看。不同的是，我发现他的表情随着自己小组的失败与胜利，在急切和兴奋之间，细微地、不易察觉地变化着，这不正是他的闪光点吗？这不就是教育的契机吗？我灵机一动，紧急地叫了暂停。在同学们疑惑、期待的眼神里，我走到了郭岩身边，把瘦弱的他拉到了最前面，双手轻轻地按在他的肩上，对大家说：“下面我们全班一起来做这个游戏，好吗？欢迎郭岩同学做第一个传令人。”教师里静了下来，我弯下腰，凑近他的耳朵，缓慢而清晰地说：“你笑起来很好看，真希望你能成为我们的好弟弟。”密令刚一说完，郭岩的脸一下子红了，眼睛里闪烁着几许高兴的神色。而我呢，迎着他的目光，微笑地看着他，用力地点点头。此时，我在一阵酸楚中，看到了希望——一个老师的希望，也是一个孩子的希望。郭岩转过身，嘴凑近第二个同学耳边低语，第二个同学迅速地回过身去凑向第三个同学……游戏在快乐中进行着。在这期间，我的手始终握着郭岩的手，而且明显地感觉到那双小手在不自觉地颤抖。终于轮到最后一名同学了，我让她走到前面，同时把郭岩的小手交给他，让她紧紧地握着，然后面向大家，大声宣布密令，那位同学似乎明白了我的良苦用心，她友好而真诚地看了郭岩一眼，大声地说：“你笑起来很好看，真希望你能成为我们的好弟弟。”随后又特意地握紧了郭岩的手，两只手高高举起。教室里一阵短暂的静寂过后，随即响起了雷鸣般的掌声。我走上前去，拉着他们两个，用已经失真的声音，带着全班同学再次把密令诵读了一遍。同学们都一字一顿地读得格外响亮。而此时的郭岩眼里噙满了泪花。

从那以后，郭岩就像换了一个人，渐渐地合群了。同学们也对他百般呵护关爱，他那冰冻的小脸上，也开始洋溢着纯真的笑容。我给他买了一本有关自立的名人轶事的书，让他没事儿的时候翻翻看看。后来在假期的一天，我有事外出到了一个十字路口，不经意间一个熟悉的身影吸引了我的视线，是郭岩？我下了车子一看，果然是他，只见他抱着一摞《都市报》，在起劲地叫卖着。一看见我，他愣了一下，本能地叫了一声："李老师，我，我……"我笑着打断了他的话："这个报纸不错的，很多人都喜欢看，卖得还行吧。来，给我拿十份。""李老师，你要这么多干吗，一份就够看的了，我送你。""不，我们家人都爱看，我想顺便给他们捎一份。"说实话，当时我也说不上是为什么，反正心里酸酸的。回到家以后，我的心再也不能静下来了，怎么回事呢？是他生活过于拮据，还是碰到什么过不去的坎了？最后我决定去看看他。于是，我就敲开了他家的门，结果还真是让我大吃一惊：屋里虽然算不上窗明几净，可也是摆放得井然有序。全然不是以前的脏乱不堪了。郭岩不好意思地搓着手说："李老师，平时学校、老师、同学们都那么帮助我，我真的很感激。看了你给我买的书，我很受启发。那么多人的遭遇比我还惨，他们都那么坚强，为什么我就不能自立呢？所以我就……不过，李老师你放心，我只是上午出去，下午在家写作业休息，累不着的。"从他的眉宇间、话语中、眼神里，我读出了自信自强自立。我释然了，临走的时候我在书的扉页上给他留下了一段话：滴自己的汗，吃自己的饭，自己的事情自己干，靠人靠天靠祖宗，都不是英雄好汉。在回去的路上，我情不自禁地在心里默念着居里夫人在《写给女儿》中的一段话：孩子，一旦你不再需要别人的援助，自强自立起来，你就踏上了成功之路。一旦你抛弃所有外来的帮助，你就会发挥出过去从未意识到的力量。郭岩，你做到了，老师真为你高兴。当天晚上我就写了一篇教育日记，题目就是《他不再是一只孤"雁"》。

说到这里，我想起了亚里士多德，他曾经问他的学生：如何使一块肥沃的土地不长杂草？最终给出的答案是：方法只有一个——种上庄稼。我想，同样的道理，居里夫人的言传身教也让自立自强的种子生长在了女儿的心田，成为她们一生宝贵的财富。

进入二十一世纪的今天，再次捧读《写给女儿》这封信，我又汲取了更多的营养，有了更高更深的认识：自立是一种自我生存的意识和能力，也是现代人追求的心理品质；一个人的自立精神和一个人的社会责任是连在一起的。人来到这个世界上，就是为了造就自己，帮助别人，扮演一个别人替代不了的角色。这样一来，自立精神就使我们拥有了一个负责任的人生，我们也就因此获得了生命的意义。

老师们，我们都知道，当今社会的规则是能者上、平者让、庸者下。生活在这样一个时代，我们不仅要学会生存，更重要的是学会竞争，而自强自立则是在竞争中所必须具备的条件和素质。有了它，才能把握机遇，成就自己；有了它，才能有所作为，回报社会。无形中，这也给我们这些为人父母的，做老师的，提出了更高的教育要求：让孩子多磨砺，有意识地实施点挫折教育，培养他们独立自主的能力和健康的心理，让自强自立的种子植根在孩子稚嫩的心田，并且能够根深、枝繁、叶茂、果香。

在这里，有几句话想和领导、老师们共勉：

麦要磨才会有面，玉要琢才能成器。

每一只漂亮的蝴蝶，都是自己冲破了束缚它的茧变成的。

自立是我们应该遵循的价值取向，是每一个志存高远者必备的品质。

最后，祝愿在座的领导、老师们，祝愿我们的学生，祝愿我们每一个人都能自强自立，用这把钥匙打开成功之门！

生活才是精彩的课堂

冷爱霞

寒假前，崔校长让我推荐一本书给教师阅读，我便想到了它——吴菲老师的《课堂上究竟发生了什么》，此书没有学科学段限制，没有新教师与老教师之别，只要用心读之，均会有自己独特的感悟所获。我曾带领我们青岛市初中语文名师工作室成员诵读过，效果不错。书中鲜活的事例，灵动的教学方法，关注学生思维发展的教学思想，便会清晰地映射到心里，不论哪一点都产生一股引力，让人觉得震撼。

对我而言，一遍遍地翻看此书，已经成为自我反思的媒介，成为自身寻求新方法，延展新思维的依托。坐在灯光下，跟吴老师进行心与心的对话，很是亲切。

引导学生关注未知的世界，避免学生当看客，最重要的是思维品质的培养，理解了学生的“不安分”是因为他们在“思想”，培养学生的阅读能力……不论是探寻课堂还是关照未来，读后，总觉得有那束思想的光，将心照亮。我不断提取与语文教学有关的信息，丰富自己的思想，与以往的教学对衔，与未来的教学碰撞。

共读同一本书，小学部和中学部教师的感悟点一定异彩纷呈。我很期待欣赏到年轻教师丰富多彩的感点，想看到每一个人不同的教育故事，即便只一个点，从中引发出对自己教育教学的思考，也将是一种大智慧。从这点出发，也将不会辜负学校购买此书的初衷以及我推荐此书的目的。

思考当下教学，最值得我关注的还是“属于教师自己的‘课本’”，即教材问题。吴老师这样说——课堂要交给学生的，是思维方法，如果以教知识为务，那就没完没了，学生永无毕业之日。正如叶圣陶先生所说的“课本只是个例子”，而且，课本还应该是个好例子。

二十世纪八十年代，吴老师就和同事编写阅读讲义，把经典美文推荐给学生，把优秀读本带进课堂。这是很令人敬重的举措！记得梁实秋先生笔下的徐锦澄先生，教课也是这样，在那个年代，徐先生就自编讲义，用自己朋友的文章为学生上课，用最先进的思想点燃学生的心灯。每每阅读到此，总会被徐先生的那句“昨天我还和他吃过饭呢”所逗乐。在学生一阵唏嘘里，老师自身的形象忽然高大起来——学生的意思是，这么“高大上”文章的作者，竟然是自己其貌不扬的徐老师的朋友，而且还亲密到一起吃饭！刹那间，一切变得亲近起来，贴心起来，学生对老师的看法也刮目。这个小情节对我而言，已成为一种思考，即“如何产生影响力”“如何实施生活化教育”的智慧。

记得去年暑期，著名动物小说家沈石溪老师在胶州多所学校讲学，中午我去胶州新华书店，正巧，他被邀到书店签书，书店负责人海琴女士，热诚引荐，急切地让我和沈老师相见。于是，我便有了一次近距离接触全国知名作家的机会。我有幸与生活化十足的沈老师合影留念，他手中拿着我的《个性化写作：为学生的生命放歌》写作专著，而我也捧着他赠予的《一只猎雕的遭遇》，我们便有了互赠书籍的经历。也许有一天，学习沈老师被编入初中课本的《斑羚飞度》一课，我把这张珍贵的照片展示给学生，也会引发他们的唏嘘声吧！

课堂是学生思维发展的根基，课堂又是学生情感迸发的源泉。我想说的是学科教材来自于生活，生活便是广阔的语文教材。这样的语文课堂才会更美妙精彩！

语文是神奇的，课堂是多彩的。我喜欢和孩子们一起朗诵诗词，一起阅读名著,周边作家的佳作亦常常成为课堂阅读的文本,学生在阅读中不自觉地就有了书写生活的欲望,学会了表情达意的方法。有了素材与方法,学生的学习空间就大了,有了兴趣与动力,学生的写作能力也就提高了。

阅读《课堂上究竟发生了什么》,思维又随之行了很远,很远……

第六章
守得云开见月明
收获之丰

水本无华，相荡乃成涟漪；石本无火，相激乃发灵光。工作室成立近三年来，根据青岛市教育局的安排部署，结合工作室的教研活动计划，以工作室为平台，以读书活动、业务学习、课题研究、听课研课等为载体，认真开展各项工作，并积极在实际工作中推广教改经验，积极发挥辐射带动作用。一个个平台，一步步成长，一次次分享，工作室九位成员心怀感恩、肩担责任，携手同样致力于教育事业的同仁，传播教育思想，引领青年教师走向专业成长，积极帮扶农村基层学校发展，缩小城乡教师教学水平差异，开拓出一方更为广阔的教育均衡发展的新天地！

工作室成员专业素质和能力提升

一、扎实地开展读书活动

工作室一直很重视教师的读书，用专项经费购置《课堂上究竟发生了什么》《教师的五重境界》、《个性化写作为生命放歌》、《惜福》等图书，内容涉及教育理论、教学实践、个人成长等多方面。每位学员坚持阅读，并认真撰写读书笔记。分散和集中相结合，举办读书沙龙，引领老师面对面的交流。老师们语言上交锋，思想上碰撞，加深了理解和认识，提高了水平。另外，注重发挥辐射引领：卢桂华在实验初中带领教师举行了教师读书沙龙，平时注重引领学生开展自主承办的读书活动，并开展“胶州市经典诵读展示会”，反响很好；李素玲在胶州六中分管语文教学工作，主持了学校的“共享书香、悦读成长”读书活动，成为学校的一个特色，在胶州市教育教学工作会议上得到领导的肯定和表扬。目前，读书已成为工作室每位成员的生活常态，不仅自己读，而且带动学校师生读，充分体现了语文学科特色，积极营建了书香校园，提升了师生的人文素养。

二、不懈地学习先进理念

“读万卷书，行万里路”，只读书而不行路，所得是很有限的。工作室三年来，多次组织工作室成员在市内和到外地学习。2014 至 2015 年李威、李素玲、法洪雪、卢桂华参加了国培计划；2014 年 11 月，主持人冷爱霞和法洪雪去深圳参加了第二届“未来教育家”论坛；2015 年 4 月，主持人冷爱霞和姜丽丽、卢桂华、曹正昌参加了首届未来教育家论坛；2015 年 7 月，李素玲去青海参加了第 17 届中国基础教育高层研讨会；2015 年 8 月，卢桂华赴上海华东师范大学参加了青岛市科研访学活动；2015 年 11 月，工作室全体成员赴厦门参加了未来教育家第 29 次年会；2016 年 10 月，工作室一行七人赴贵州关岭县民族寄宿制学校送教六天……通过不断学习与交流，提升了工作室成员的教育教学理念和个人素养。

具体实例见活动报道一至四。

三、有效地根植课堂研讨和提升

工作室注重课堂教学研讨。三年来，围绕工作室的课题“个性化教学”，工作室成员展开研究和实践并轮流出示研讨课，听评课，每人听课一百余节。例如，2015 年 5 月，李威执教了《写人叙事记叙文线索写作指导》，大家都围坐一团，进行说课评课，课后冷爱霞做了《个性化写作为生命放歌》的专题报告，对个性化写作进行了深入的阐释。再如，法洪雪参加了山东省优质课活动并获得了一等奖，研讨中全体成员教学水平不断提升；卢桂华参加了青岛市优质课比赛，获得良好成绩；李素玲出示了胶州市公开课，获得好评；冷爱霞多次出示了胶州市名师联家乡示范课、名师开放课等。不仅如此，曹正昌和姜丽丽、李威、徐艳等成员，深入一线，听评课中指导学校教师的教学实践，均取得了有效成果。值得一提的是胶州市教师进修学校，特邀冷爱霞、薛洁、卢桂华和法洪雪为胶州市初中语文骨干教师培训班按计划做专场培训，此活动提升了工作室声望，引领了胶州市语文教师走向教育幸福路。

具体实例见活动报道五。

四、科学地进行教学探索

工作室以“个性化阅读与写作研究”为主课题，指导日常工作，取得显著成效。首先，讲座交流。将课题的研究问题加以界定，将研究目标进一步明确。例如，全体成员前往李沧区参加教研活动时，主持人冷爱霞为全区语文教师举行了《文章的构思与立意》的报告交流，将课题研究前期成果进行分享。其次，课堂实践。上述活动还听取了李威老师的《写人叙事记叙文线索写作指导》公开课，进一步研究了课堂实施策略。再次，每位成员不断读书积累，丰富课题研究的理论高度，以科学的理念指导教学实践。工作室为成员购买图书数本，有针对性地丰富了成员的思想。此外，主持人冷爱霞于 2015 年 5 月出版了《个性化写作：为生命放歌》一书，这本由上海大学出版社出版发行的专著，凝聚了冷爱霞语文教学，特别是写作教学的智慧，受到了读者广泛赞誉。该成果不仅获得了首届青岛市基础教育优秀教学成果二等奖，也获得了青岛市第四届优秀课题成果三等奖。

日前，工作室已在“个性化阅读与写作研究”领域里不断探索，深化课题研究；在出示相关的名师开放课、示范课，参加优质课比赛等方面，给老师们以引领；同时，撰写相关案例和论文，分享成员所带学校、实验学校的成功经验；并且出版该课题相关的专著，形成系统的理论，指导今后的语文教学实践。

活动报道一

工作室成员与美国专家面对面

2015 年 10 月 16 日，青岛名师冷爱霞工作室的部分成员参加青岛名师主持人及工作室成员培训会议，观摩聆听了美国教育专家苏女士和麦克先生等加州某学区老师们精彩的讲座，了解了许多先进的教育理念，诸如学生自发调查研究加州干旱问题的应对措施，遵循沟通的四个阶段规律，即交流、合作、批判、发明创新，培养孩子多方面的能力等，以及美国课堂中常用的高科技 Sweet、Mooke 等。参会专家精彩的报告不时赢得入会老师们热烈的掌声。工作室的成员一致认为聆听此次讲座触动很大，获益匪浅。

见图 6-1。

图 6-1 美国专家与参加交流教师合影留念

活动报道二

冷爱霞名师工作室赴厦门参加中国教育学会第二十八次学术年会

2015 年 11 月 27 日至 29 日中国教育学会第二十八次学术年会在厦门隆重举行，冷爱霞青岛市名师工作室全体成员前往参加。通过聆听教育专家针对本次学术年会主题“核心素养与适合的教育”所做的报告，成员们既了解了教育部“以重大攻关课题立项形式，研制核心素养指标体系”的有关情况，又学到了很多一线教育教学改革经验，参加此次年会获益匪浅。

2015 年 11 月 28 日上午开幕式上，中国教育学会会长钟秉林致开幕词，受教育部刘利民副部长的委托，教育部基础二司司长郑富芝到会并讲话。郑司长明确指出提升基础教育质量的思路和重点。

开幕式之后，陶西平、张民生分别做了大会主旨报告。陶老就今后国际和国内教育目标的确定，教育目标的共同主题是提高教育质量，课程改革的定位、价值取向和构建等发表了自己的观点。张民生侧重国内教育改革，发表了对培养学生核心素养的观点。两位主旨报告人和参会代表进行了热烈的互动。

2015 年 11 月 28 日下午，与会代表对话清华附小校长窦桂梅、北京教科院基础教育研究中心小学数学室主任吴正宪等教育专家。会议同时有 10 个分论坛平行举行，即做适合的教育、国际视野与本土实践、核心素养的科学测量方法、语文核心素养、物理核心素养、培养核心素养的途径与方法、创客背景下青少年创新思维教育、教育质量监测与评价、教育家办学、乡村教师队伍建设。参会成员根据需求，预先制订学习计划，分小组行动，从而实现全面而又有效的学习。

2015 年 11 月 29 日上午，举行了集团化办学下教师专业化成长、构建移动学习环境、特色社团建设等 10 个微论坛，会场座无虚席。成员一致反映，微论坛接地气，对于我们的教育教学具有很强的指导性。

参加此次年会，我们理解了我国未来五年的教育发展目标，充分认识到研究、培养中小学生核心素养的重要性。在以后的教育教学中，我们将不断努力，深入探索将核心素养落实到课堂教学中的有效方式及相关评价体系。

见图 6-2 至图 6-7。

图 6-2　参会工作室全体成员留影

图 6-3　倾听专家报告

图 6-4　考察厦门第二实验小学分校

图 6-5　与厦门第二实验小学陈校长等领导一起交谈

图 6-6　参观厦门大学鲁迅博物馆

图 6-7　总结活动所得和研讨下阶段工作

活动报道三

冷爱霞初中语文名师工作室被邀与东莞名师考察团互动交流

2016 年 7 月 3 日上午，受青岛大学教师培训中心之邀，青岛市初中语文名师工作室主持人冷爱霞前往国际学术交流中心，与来自广东东莞市的名师工作室初中组主持人面对面互动交流，将岛城名师成长和工作室建设的成果做了重点分享，赢得广泛赞誉。

三个小时的时间里，冷老师以《翰墨杏坛梦，诗情人生路》为主题，以“名师成长、工作室建设、研究与成果”为主线，以生动的事例、鲜活的随笔、诗情的语言，分享了教师专业发展路径，梳理了工作室活动历程及研究成果等，突出了教师笔墨下成长的意义，展现了语文工作室的研究思想与诗意化特色。

此次活动，冷老师作为被邀名师工作室主持人之一，向初中学段不同学科的来宾传递了岛城教育部门对名师培养的高度重视及育人理念，赢得朋友们的真诚赞叹。在互动环节，东莞市名师工作室的优秀做法，也启发了今后的工作思路，这必将丰富并促进工作室工作的深入开展和进一步完善。

见图 6-8 至图 6-12。

图 6-8 受邀再回青岛大学

图 6-9 分享青岛初中语文工作室的特色成果

图 6-10 与东莞的各学科名师工作室主持人面对面倾心交流

图 6-11　与东莞市语文名师工作室主持人合影留念

图 6-12　与东莞市参加国培的成员合影留念

活动报道四

冷爱霞名师工作室赴贵州关岭县民族寄宿制中学开展教学活动

2016 年 10 月 23 日至 28 日，青岛市语文名师工作室主持人冷爱霞老师受邀携工作室成员奔赴贵州，在关岭县民族寄宿制中学开展了为期一周的教学交流活动。

工作室成员精心准备，为贵州大山里的孩子们，呈现了一堂堂妙趣横生的语文教学课，将学习方法、写作指导带给他们，激发了孩子们的学习兴趣。

法洪雪老师结合《泥人张》一文进行小说阅读教学，主问题一线串珠式的课堂模式别有匠心，风趣幽默的语言风格独具特色，法老师为关岭寄中师生带去了语文学习的快乐。李威老师的作文教学课——《让插叙为作文添彩》，将阅读与写作相渗透，作文教学与思维训练相融合，体现了以培养学生素养为核心的先进教学理念，令人感到耳目一新。

工作室主持人冷爱霞老师结合李老师的作文课为学生进行了《个性化写作：为生命放歌》的作文报告。冷老师热情洋溢，与贵州的孩子们亲切互动，在欢声笑语中阐述个性化写作的内涵，在美文欣赏中解读写作的五环节，讲座时间虽然只有两个小时，却点燃了学生个性化写作的信心与希望！曹正昌老师的《初中语文学习方法指导》课引导学生联系自身实际学习生活，并通过讲故事、做游戏等生动活泼的教学形式，重点阐释了"三高"语文学习法，即学而有趣（学得高兴）、学而有道（学得高效）、学而有成（学后有高素质），这堂课理论与实践相结合，深入浅出，愉悦高效。

除了为学生上课，工作室的老师还在课间走进教室，与学生进行交流，了解他们的学习生活；并且深入课堂听课，与关岭寄中的老师进行零距离接触，相互交流教育教学思想，共同探讨科学有效的教学方法。法老师为学生网购 10 册图书帮助他们拓宽阅读面；冷老师将自己编著出版的 100 册《个性化写作：为生命放歌》赠送给学校，引导孩子们热爱写作。

此次贵州之行，我们与关岭寄中热情、好客的老师们，与淳朴、善良的孩子们，建立了深厚的友情，增进了教育教学的交流。此次活动具有十分深远的意义。

见图 6-13 至图 6-18。

活动报道五

冷爱霞青岛名师工作室赴即墨举行语文教学研讨活动

2015 年 10 月 20 日上午，冷爱霞青岛市名师工作室携手胶州市卢桂华名师工作室的成员们，赴美丽的即墨市开发区中学，参加"青岛市、胶州市名师工作室语文阅读与写作教学研讨会"，活动丰富而充实。

图 6-13 工作室成员与关岭县民族寄宿制中学教师合影

图 6-14 刘兴龙校长介绍学校发展前景

图 6-15　工作室成员和关岭县民族寄宿制中学老师融为一体

即墨市开发区中学的青年教师宗卫卫出示了《台阶》一课，宗老师深入浅出的引导与讲解，为学生营造了感恩拳拳父爱的温馨情境；青岛市名师工作室成员卢桂华老师展示了精心打磨的《杨修之死》一课，卢老师巧妙的问题设计，行云流水般的诗意激发，引导学生或自读，朗读，或勾画评点，或小组讨论，层层铺垫，掀起师生交流、生生交流互动的高潮，赢得了听课人员的热烈掌声；青岛市名师工作室法洪雪老师对这两节课做了言简意赅的点评。

之后，冷爱霞老师做了“个性化写作：为生命放歌”之“以阅读促进写作教学探索”的专题报告，冷老师将潜心提炼出的“读——析——悟——察——练——评——改——赏”的“八环节作文教学法”做了具体分享。冷老师独树一帜的教学思路和信手拈来的美文佳作，展示了其长期积累、潜心研究的优秀品质，赢得听课老师们的广泛赞誉。

图 6-16　工作室成员指导学生阅读、个性化写作、学习方法等

图 6-17　淳朴、好学、自立的孩子们

图 6-18　将《个性化写作：为生命放歌》赠给学校师生

最后，即墨市语文教研员姜秋红老师对这两堂课做了高度评价，热诚感谢了冷老师的精心指导，并代表即墨市全体教师，期待与青岛市、胶州市名师工作室再次合作！即墨市开发区中学孙仁松校长也给予工作室美好的祝福，愿与工作室携手研究，共创佳绩，继续谱写青岛市语文新课程改革的绚丽华章！

见图 6-19 至图 6-25。

图 6-19　宗卫卫老师带领学生学习《台阶》

图 6-20　卢桂华老师出示《杨修之死》

图 6-21　师生听课现场

图 6-22　法红雪老师对两节课点评

图 6-23　冷爱霞老师做《以阅读促进写作教学探索》专题报告

图 6-24　姜秋红老师总结此次活动

图 6-25　工作室成员与姜秋红老师合影

发挥辐射作用助推教师共同成长

一、举行全市教师培训

为了更好地发挥辐射带动作用，培养青年教师，提升其整体教学水平。工作室先后多次开展全市性的教学研讨活动。

2015 年 8 月 26 日，应铺集之邀，工作室主持人带领工作室部分成员到铺集传经送宝，在多功能厅为铺集幼儿园、小学、初中全体教师举行了为期一天的集中培训，现场气氛热烈，掌声雷动。

工作室主持人冷爱霞老师结合自己的支教体验与带青岛市名师工作室团队的一些感受，让大家更好地了解了名师的成长之路，为大家树立了榜样。工作室三名成员也分享了自己的宝贵经验。薛洁围绕“如何激发学生学习的自主性”这个话题，结合自己在工作中的具体做法从“要我学、我要学、我会学”三个层面做了介绍；卢桂华以《读书，只为做更好的自己》为题，以自己的成长经历为主线，向老师们讲述了阅读在教师专业化成长中的重要作用，激励老师们用阅读点燃自己的教育激情；法洪雪结合自己“省课”获奖的心路历程，阐释了农村老师如何在研究中寻到乐趣。几位成员生动的语言，深情的讲述，使在场教师受益匪浅，大家纷纷表示向名师学习，走专业化发展之路。此次活动的举行，一方面给铺集教育注入了新活力，对促进城乡教育均衡发展起到了良好的推动作用；另一方面为工作室成员搭建了成长的舞台，促进了工作室成员的长足发展。这样的活动，已常态化，每位成员都在学校或者本区域发挥着积极的引领作用。

具体实例见活动报道六至八。

二、举行全市公益讲堂

工作室主持人多次举行公益讲堂活动。例如，冷爱霞潜心研究初中语文写作教学二十余年，在“生活化取材，个性化写作”方面做了大量的实践与研究。她的《个性化写作：为生命放歌》一书出版后，社会反响良好。2015 年 8 月 15 日上午，冷爱霞与其工作室成员卢桂华老师所主持的胶州市名师工作室部分成员，在胶州新华书店六楼会议室成功举办“个性化写作”暑期公益讲堂。书中所引学生的佳作，读来如汩汩泉水，透着一股纯朴、自然、清新之气。参加本次公益讲堂活动的学生大都是拜读了此书后，慕名而来。冷爱霞与学生亲切互动，结合书中的美文进行交流，解疑答难，指点迷津，轻松愉快，给学生带来全新的感受，点燃学生个性化写作、快乐写作的信心与希望。学生和家长乘兴而来，尽兴而归，感触良多，获益匪浅。胶州电视台“民生 20 分”进行了现场录像及采访。《青海湖》主编兰晋梅等社会人士热诚参加该项活动。该项活动结束时，学生意犹未尽，纷纷表示期待着下次讲堂早日到来。此次活动已在与会学生心中播下了写作兴趣的种子，为他们感悟生命成长、积极抒写生活，奠定了良好基础。工作室成员将每天一次活动加以总结，及时将重要活动做成简报，上报青岛市教育局等网络平台。

具体实例见活动报道九和十。

三、注重示范引领

法洪雪为曹县、青岛四十四中等学校举行示范课数场，李威举行了区公开课；曹正昌举行了青岛市名师开放课，在李沧区举行了题为《学生主体，自然分材》的专题讲座；李素玲举行了胶州市名师开放课；姜丽丽出示了青岛市公开课；主持人冷爱霞举行了胶州市“名师联家乡三个一”活动；薛洁为胶州市初中语文教师出示了写作公开课；徐艳在即墨二十八中出示了“和谐互助”示范课。这些活动均在全市范围带动青年教师成长，同时每年举行名师开放课一次，公开课两次。

具体实例见活动报道十一和十二。

四、发挥辐射带动作用

工作室的成员在各自的学校成立相应的工作室或与青年老师结成师徒，并签订师徒协议，把自己所学与徒弟共分享，并在实际的教育教学和班级管理中，给予徒弟更多的帮助，促进青年教师快速成长。

(1) 卢桂华

成立“胶州市初中语文名师工作室”任主持人，带领胶州市名师工作室成员开展“同课异构课例研究”及读书交流活动；在胶州市实验初中带领教师举行教师读书沙龙，平时注重引领学生开展自主承办的读书活动，并开展“胶州市经典诵读展示会”；负责所在学校教师教研工作，引领青年教师走专业化成长道路；作为主持人带领教师开展了全国“十二五”课题“基于翻转课堂理念的语文课堂教学设计的研究”，十三五期间，再次主持中国教育学会课题《整合理念下语文矢量阅读策略的研究》及青岛市教育科研规划课题《整合理念下语文矢量阅读策略的研究》；带动所在学校教师以课题研究为把手，开展教育教学研讨活动。

(2) 李威

在青岛市第二十七中学带领教师举行教师读书沙龙，带领所在学校名师工作室成员开展“同课异构课例研究”。

(3) 姜丽丽

主持山东省课题“校本课程开发的功能、策略和评价的研究”，顺利结题，直接推动了所在学校课程建设的进程；负责所在学校德育及班主任队伍建设；开设青年教师读书班，引领青年教师专业成长；带领全校师生开展为期一个月的读书节系列活动；带领语文教师加强课程整合，以提高学生的语文素养。

(4) 徐艳

在即墨开发区中学组织全校师生进行“经典诗文诵读”活动，用经典启迪心灵陶冶情操；带领青年教师潜心教研，苦练业务；指导青年教师宋文婕参加青岛市优质课比赛(获青岛市二等奖)；指导孙维红参加即墨市道德讲堂优质课比赛(获即墨市一等奖)。

(5) 曹正昌

在崂山四中主持“青年教师读书班”活动，结合教育教学实际，在研读教育专著的同时本着理论联系实际的精神，把班级管理、课堂教学等实际问题有机地融入到交流活动中，进行重点问题研讨和突破；负责教科研工作，深化所在学校“分才导学”教学模式研究，施行“预习导读评价单”“课堂探究评价单”“问题训练评价单”“学习反思与纠错记录单”四单制；负责所在学校的校本教材培训工作，形成青年教师、骨干教师、名师的阶梯式教师队伍培训体系。

(6) 法洪雪

在胶州市第八中学主持关于语文“趣读”教学法的研究，其教学法获得胶州市优秀教学法评选二等奖；负责所在学校教师教研工作，引领青年教师走专业化成长道路；应曹县教体局之邀前往曹县开展同课异构活动，并做专题讲座。

(7) 李素玲

在胶州市第六中学分管语文教学工作，主持所在学校的“共享书香、悦读成长”读书活动，成为学校的一个特色，在胶州市教育教学工作会议上得到领导的肯定和表扬；带领青年教师潜心教研，苦练业务，指导青年教师徐勇获胶州市优质课比赛一等奖。

五、注重网络辐射

工作室成员在崂山四中、崂山育才学校、李沧二十七中、黄岛十中、黄岛张家楼中学、即墨市开发区中学、即墨萃英中学、胶州七中、胶州二十九、胶州十九中中、胶州十八中、新华书店、英姿学校、洋河小学、铺集教育办、胶州市机关幼儿园、胶州三里河小学、胶州广州路小学、胶州向阳小学、胶州李哥庄小学和李哥庄妇联、胶州市妇联等举行公益讲堂 32 次，其活动情况均被青岛新闻网、教研网、教育局网站报道。

具体实例见活动报道十三至十七。

活动报道六

青岛市冷爱霞名师工作室团队为铺集教育办进行新学期教师全员培训

2015 年 8 月 26 日，应铺集教育办黄善勤主任之邀，青岛冷爱霞名师工作室主持人带领工作室部分成员到胶州铺集传经送宝，在铺集小学多功能厅为该镇幼儿园、小学、初中近 400 名教师举行了为期一天的集中培训。教育办田汝堂主任主持了会议，铺集中学和小学刘作星、巩振鹏校长和幼儿园范晓杰园长参加了报告会。活动现场掌声雷动，气氛热烈。

在 2013 年暑期，冷老师曾应铺集教育办黄主任之邀，为教师做了近 3 个小时的《研究中提升，笔尖上成长》的报告，引起极大反响。两年后，冷老师再一次来到这里，以《我的这两年》为题目，分享了近两年自己的支教体验与带青岛市名师工作室团队的感受。冷老师生动的事例、富有生活气息的话语，传递着丰厚的正能量，再次激发了老师们的教育热情。

工作室3名成员也分享了自己的宝贵经验。薛洁老师围绕“如何激发学生学习的自主性”这个话题，从“要我学、我要学、我会学”三个层面介绍了工作中的具体做法，通过感人的视频、漫画与典型事例，老师们学到了“做有教育智慧的班主任”的诸多妙招；卢桂华老师以《读书，只为做更好的自己》为题，以自己的成长经历为主线，向老师们讲述了阅读在教师专业化成长中的重要作用，激励老师们用阅读点燃自己的教育激情；法洪雪老师结合自己省课获奖的心路历程，阐释了农村老师如何在研究中寻到乐趣。几位老师生动的语言、深情的讲述，使在场教师受益匪浅。大家纷纷表示向名师学习，走专业化发展之路。

工作室团队举行此活动，一方面给铺集教育注入新活力，对促进城乡教育均衡发展起到了良好的推动作用；另一方面也为工作室成员搭建了成长的舞台，促进了工作室成员的长足发展。同时，铺集之行也让工作室成员目睹了铺集教育的崭新风貌，真切感受到农村教育的飞速发展！

见图6-26至图6-31。

活动报道七

青岛市名师工作室主持人冷爱霞老师举办“学法指导”名师讲堂

2016年1月9日上午，青岛市名师工作室主持人冷爱霞老师在胶州七中成功举办“学法指导”名师公益讲堂，许多学生、家长慕名而来。冷老师以幽默风趣的语言系统而生动地介绍了科学有效的学习方法，为与会学生、家长搭建了自主分享的平台，奉献了一场精彩纷呈的愉悦高效的学法盛宴。

冷老师首先和同学们进行了互动，一起分析了影响学习效率的诸多因素，即外部环境、内在情绪、学习方法、学习品质等，从而使学生明白积极主动、努力向上的学习态度是提高学习效率的前提。接着冷老师重点详细地介绍了七段学习法。该学习法包括制订计划、预习、上课、复习、作业、小结、实践活动七个环节。针对每个环节冷老师通过讲故事、编学法歌等活泼有趣的方式，进行深入浅出地讲解，学生无不被深深吸引，大家在快乐中领悟到七步学习法的精

图 6-26　田主任主持报告会

图 6-27　薛洁分享教育心得

图 6-28　冷爱霞倾心交流《我的这两年》

图 6-29　卢桂华分享读书历程

妙之处。此外，冷老师还为学生讲解了如何有效地做学习笔记、如何先密后疏复习知识、如何将分散学习和集中学习相结合等作法，并进行了科学分析，使学生受益匪浅。

11 点钟左右公益讲堂活动结束，学生纷纷表示想要在下一步的学习中尝试使用冷老师教给他们的学习方法。相信，本次公益讲堂将促使更多学生主动探

图 6-30　法洪雪分享获得省优质课一等奖的研究历程

图 6-31　参加暑期教师培训教师合影

索适合自己的学习方法，由“我要学”逐步提升到“我会学”的学习层次。

见图 6-32 至图 6-33。

图 6-32　参加组织讲堂教师合影

图 6-33　师生和家长积极互动现场

活动报道八

冷爱霞名师工作室应邀为市初中语文骨干教师进行系列培训

应青岛市中小学教师培训中心之邀，工作室主持人冷爱霞和成员姜丽丽老师为青岛市初中语文骨干教师开设名师课堂，与学员一起研讨教学策略和教师专业成长的路径，赢得领导、学员广泛赞誉。

2017年3月25日上午，姜丽丽老师为青岛市初中语文骨干教师做了题为《诗意整合，愉快成长——初中语文课程整合及教师专业成长》的讲座。讲座分为两部分：一部分关于语文课程整合的研究，一部分关于教师专业成长。对于语文课程整合，姜老师结合学校近几年在语文教学方面的探索和实践，从"打破单元教学，加强现有课文整合"，"充分利用校内外资源，多途径整合"及"以活动为载体，搭建展示平台"三方面和大家进行了交流。对于教师专业成长，姜老师结合自身成长经历，和大家重点交流了"阅读"、"反思"及"共同体"在教师成长中所发挥的作用。

这次讲座，让老师们认识到"教一本书，读一本书，背一本书，考一本书"的时代早已过去，孩子们语文素养的提高来自于海量的阅读。这次讲座，让老师们认识到阅读是专业成长的必由之路；反思让我们的教学更精彩。讲座结束后，学员们纷纷表示受益匪浅。"我从姜老师身上不但学到语文教学方面的知识，姜老师对教育理念、教育价值的认识也让我深受启发。"讲座结束后，青年教师王老师激动地说。

2017年3月29日下午，冷老师又应邀与朝阳中学七年级学生一起学习杨绛先生的《老王》一课。课上，冷老师引导学生"走近杨绛，认识老王，读懂老王，感悟真情"，百余名学员现场倾听，沉浸在文质兼美的课堂。课后，冷老师又与学员进行面对面交流，将语文教学设计、作文教学以及教师专业成长的路径做了分享。参训教师纷纷添加冷老师的微信，反馈学习感受，交流教育困惑。冷老师互动互答，进一步激发了学员的热情，增进了学员的教育情感。

南村中学的杨维峰老师这样反馈："听了今天的课，我收获很大。刚一开始，您就把我带入了所设置的感情氛围，我很快进入了本节状态，我觉得这是我们年轻老师所无法企及的，我现在有个问题就是，很难根据课文创设一些感情情景，冷老师能否指导一下？""我觉得把教学当生活，把无形化有形，把抽象化形象，就容易创设情境啦。文章是常人写的，情感也是人之常情嘛。"冷老师如此回答自己的教学体悟。莱西程秀梅老师留言："冷老师，您好！听了您的讲座，深深地被您打动了，佩服您的激情、您的亲和力、您的有心、您的微笑……您的内心是强大的，您的为人是睿智的，今后有问题向您请教，好吗？向您学习！""彼此欣赏与分享，让心更温暖更柔韧。"冷老师如此回复。

此次系列培训活动，青岛市中小学教师培训中心搭建了广阔的平台，既给岛城语文教师带来多元教学方式的思考，也为工作室成员带来新的提升。相信在这样的师训平台上，工作室成员会做得更好，自身也会成长得更快。

见图 6-34 至图 6-37。

图 6-34　姜丽丽为学员做培训

图 6-35　冷爱霞与学生一起学习

图 6-36　冷爱霞与学员一起交流

图 6-37　冷爱霞与学员合影留念

活动报道九

冷爱霞名师工作室走进胶州市十八中举办公益讲堂

日前，冷爱霞青岛市名师工作室走进胶州市第十八中学，举行了题为《个性化写作：为生命放歌》的语文学习专题讲堂，在师生中引起强烈反响。

整整一下午时间，在学校多媒体教室，冷老师和七年级、八年级 500 多学生进行了面对面的互动交流。依托期中检测作文，冷老师和与会者围绕《有种记忆叫温暖》的同题作文，进行了审题分析，读评赏析。“个性化写作”的诸多方法和技巧，使学生趣味丛生，获益匪浅。

互动交流中，冷老师带领学生回味生活，体悟真情，提炼主题，引导学会修改与欣赏文章，再次彰显了“个性化写作让学生的思维在创作天空中自由张扬，熠熠生辉”的主题。此次讲堂活动，激发了十八中学生的写作热情。不少学生诚邀冷老师签字，并与冷老师相约下一次笔墨传情。

工作室此行，一是响应胶州市组织部号召，完成名师对口支援农村教育的计划；二是应十八中姜新校长等领导的热诚邀请。愿这所“以养成教育著称”的学校，在语文教育的路途上，收获更加丰硕的成果！

见图 6-38 至图 6-41。

图 6-38　姜新等领导开启活动仪式

图 6-39　冷爱霞与学生互动现场

图 6-40　冷爱霞做专题指导现场

图 6-41　冷爱霞签字赠书鼓励学生现场

活动报道十

冷爱霞名师工作室暑期公益讲堂精彩纷呈，亲切互动，解疑答难，共享个性化写作之乐

2015 年 8 月 15 日上午，青岛市名师工作室主持人冷爱霞老师与本工作室成员卢桂华老师所主持的胶州市名师工作室部分成员，在胶州新华书店六楼会议室成功举办“个性化写作”暑期公益讲堂。学生和家长乘兴而来，尽兴而归，感触良多，获益匪浅。

冷老师潜心研究初中语文写作教学二十余年，在“生活化取材，个性化写作”方面做了大量的实践与研究，并由上海大学出版社出版了《个性化写作：为生命放歌》一书。书中所引学生的佳作，读来如汩汩泉水，透着一股纯朴、自然、清新之气。参加本次公益讲堂活动的学生大都是拜读了此书后，慕名而来。冷老师与学生亲切互动，结合书中的美文进行交流，解疑答难，指点迷津，轻松愉快，给学生带来了全新的感受，点燃了学生个性化写作、快乐写作的信心与希望。

此次活动得到了新华书店领导的大力支持。胶州电视台“民生 20 分”对此次活动进行了现场录像及采访。《青海湖》主编兰晋梅等社会人士热诚参加了此次活动。活动结束时，学生意犹未尽，纷纷表示期待着下次讲堂早日到来，此次活动已在与会学生心中播下了写作兴趣的种子，为他们感悟生命成长、积极抒写生活，奠定了良好基础。

见图 6-42 至图 6-47。

图 6-42　新华书店王主任讲话

图 6-43　冷爱霞与学生倾心交流一

图 6-44　冷爱霞与学生倾心交流二

图 6-45　冷爱霞赠送农村支教学生礼物

图 6-46　胶州电视台“民生 20 分”现场录像采访

图 6-47　参与活动的团队成员与社会热心人士留影

活动报道十一

名师联家乡活动成功举行

2016 年 12 月 4 日上午，青岛、胶州名师冷爱霞在胶州市第十九中学举行名师联家乡“三个一”活动公开课。她讲课的题目是作文技巧《写实事，书真情》。课堂上，冷老师娴熟的教学技巧，丰富的知识积累，真诚感人的教学态度，还有她对教育倾注的满腔热情，一次次地与参与听课的学生和老师产生了强烈的共鸣，掀起了一次又一次的情感高潮。虽然天气比较寒冷，但是课堂上热烈的教学气氛，却让大家感到无比的温暖。这天上午，冷老师的徒弟、十九中学语文老师雒宗珍也举行了作文技巧课《话题作文审题立意》，受到了听课老师的一致好评。

名师联家乡“三个一”活动，要求名师出一节示范课、做一堂报告、带好一名徒弟，是胶州市教体局提出的一项名师教学展示活动。冷爱霞老师来自胶州市第七中学，今年是她到胶州市第十九中学支教的第二年。她来到胶州市第十九中学后，充分发挥名师的带动和辐射作用，融身于周围的老师之中，带领大家积极探讨教育和教学艺术，受到了很多老师的崇拜和追随，雒宗珍老师就是其中之一。参加今天这次教研活动的主要有胶州市教体局语文教研员和胶州市部分学校的语文骨干教师。

见图 6-48 至图 6-50。

图 6-48　课堂教学现场

图 6-49　王联华老师和部分工作室成员合影

图 6-50　冷爱霞和所带徒弟雒宗珍合影

活动报道十二

冷爱霞名师工作室参加李沧区语文教研活动

2015 年 4 月 17 日下午，冷爱霞初中语文工作室全体成员汇聚青岛市第二十七中学，参加了李沧区以“作文高效教学策略研究”为主题的语文教研活动，听取了青岛市第四十九中学姜丽的《写人要抓住特点》和青岛市第二十七中学李威出示的《以物为线，巧构思》写作指导课。工作室主持人冷爱霞进行了《文章构思与主题升华》的专题讲座。李沧区教研员张合宝老师对此活动进行了总结，与会老师受益匪浅。

见图 6-51 至图 6-54。

活动报道十三

青岛市名师工作室公益讲堂活动在胶州七中成功举行

2016 年 1 月 18 日上午，在胶州七中多媒体教室里，来自七中及胶州其他学校的 200 多名学生和家长齐聚一堂，参加了青岛市初中语文名师工作室公益讲堂活动。

活动主讲人是全国语文教育名师、山东省特级教师、青岛名师、青岛市初中

图 6-51　冷爱霞工作室李威出示写作指导课

图 6-52　冷爱霞工作室成员深入课堂听课学习

图 6-53　主持人冷爱霞做“文章构思与主题升华”专题讲座

图 6-54　冷爱霞工作室全体成员进行个性化写作教学研讨

语文名师工作室主持人冷爱霞老师，冷老师以自己 24 年在写作教学方面的丰厚积淀，在两个小时的时间里，为与会人员奉献了一堂精彩纷呈的讲座——《个性化写作：为生命放歌》。

课堂内容丰富，条理清楚，既有理论指导，又有佳篇赏评。在十一个板块的师生互动交流中，冷老师将个性化写作的内涵、选材、立意、构思、细节、升华、语言等，进行了深入浅出、具体而微的阐释。所用例文，均为她往届学生的作品，在生活故事的分享中，给听众带来了心灵的启迪：写作，为生命而放歌！

此次公益讲堂活动的录像视频，将发布在“青岛新闻网”青岛名师公益讲堂栏目，与更多观众分享。这是青岛市教育局为首批青岛市名师工作室主持人提供的“推广先进的教学经验，发挥名师示范、引领、辐射作用”的平台，也是胶州七中多年语文研究成果的一个侧影。这必将对教师教学和学生学习产生积极而深远的影响。

见图 6-55 至图 6-57。

图 6-55　冷爱霞指导学生进行个性化写作现场一

图 6-56　冷爱霞指导学生进行个性化写作现场二

图 6-57　冷爱霞指导学生进行个性化写作现场三

活动报道十四

青岛市初中语文冷爱霞名师工作室赴即墨萃英中学举行记叙文写作专题研讨活动

2016 年 5 月 20 日下午，青岛市初中语名师工作室主持人冷爱霞老师携工作室成员走进即墨萃英中学，与即墨市初中教研室语文教研员姜秋红老师及萃英中学师生一起进行“记叙文写作专题”研讨。萃英中学报告厅内座无虚席，掌声不断，在热烈地互动中，大家共同分享了文学的魅力与写作的乐趣。

此次活动由工作室成员李威老师出示的作文指导课——《让插叙为作文添彩》开始，李老师巧设教学环节，循循善诱，以八年级课文《爸爸的花儿落了》为范本，引领学生体悟插叙的妙处，指导学生在写作中如何使用插叙。在读与写互动迁移中，学生扎实有效地学习了谋篇布局的方法与技巧。继而工作室成员法洪雪老师、萃英中学孙燕妮老师对本堂课进行了精彩的点评。

工作室主持人冷爱霞老师结合李老师的这堂课对学生进行了记叙文个性化写作的指导。冷老师结合所教学生的优秀习作，深入浅出地讲解阅读与写作的关系，有的放矢地指导选材与立意的技巧，生动形象地阐述刻画细节、巧妙构思的方法。精彩的互动吸引了在场的每一个人，大家静静聆听，会场上时时响起会心的笑声。在思想的碰撞与交流中，学生领悟到写作就在我们身边。

活动由萃英学校陈小青主任接洽并主持。精细而周到的筹划，热诚而务实的精神，深深感染了工作室成员。萃英中学的张岩校长、教研员姜秋红老师对此次活动的高度评价，也给工作室成员以真挚的激励。

学习与写作的意义在交流中得以彰显。正如冷老师所言："有时候，成长只是一瞬间的事；有时候，学会写作只是一个心灵的触动。"活动中一片片优美的例文，一次次巧妙的点拨，已经触动了萃英中学孩子的心灵，已经播撒下个性化写作的种子。相信这颗种子定会在萃英中学老师的呵护中生根、发芽、长成参天大树。

见图 6-58 至图 6-62。

图 6-58　工作室成员与萃英学校张岩校长、即墨市语文教研员姜秋红老师合影

图 6-59　工作室成员李威为学生指导——《让插叙为作文添彩》

图 6-60　主持人冷爱霞和八年级全体学生互动交流——《记叙文的选材与立意》

图 6-61　工作室成员法洪雪及萃英学校孙燕妮进行现场评课

图 6-62　张岩校长对此次活动做全面而深度的总结

活动报道十五

冷爱霞名师工作室赴英姿学校互动交流的新收获

胶州市英姿学校教师是一个年轻化的教育团队，他们具有先进的思想和执着追求的教育信念。2016 年 8 月 28 日上午，青岛市冷爱霞工作室的主持人受邀走进这所小学、初中一体化的学校，与学校领导老师进行了 3 个小时的互动交流。冷老师以《我的笔墨生活》为题目，将自己 25 年教育历程的感悟进行了分享，每一个重要事件，都留在了其笔墨下，生动的故事，清新的文字，使一桩桩过往故事历历在目，在场青年教师倍受鼓舞。写作会改变一个人的行走方式，记下随笔感悟，深度思考教育生活，会让教育路走得更坚实。

新学期开学后的这段时间里，不少教师和冷老师又进行了书面交流，畅谈学习感悟，深化了学习成果，并形成了自己独到的教育思考。笔者诚愿英姿学校的师生：英姿飒爽，走向七彩成功教育！

周栋栋老师这样写道——

听君一席话，胜读十年书。听完冷老师的报告，我想到了六个词：为人、从教、格局、自信、良知、生活。为人，当以正直为要，“养浩然正气，做清正之人”；从教，做个教师，做一个明白之师，做“有理想信念、有道德情操、有扎实知识、有仁爱之心”的好老师；格局，格局有多大，作为就会有多大，树立大的教育观，为中国而教，为教育而奋斗；自信，作为教师，要有教育自信，这来自于自己先进的教育信念、高尚的师德、扎实的教育功底和深厚的专业素养；良知，对得起教书育人的教育良心，不让自己留有遗憾；生活，幸福、乐观与充满着爱，过属于自己的充满正能量的诗意人生。俗话说：“站得高，方可看得远。”我想说：“人生遇到贵人，你的人生从此会与众不同。”希望在以后成长道路上，能多与冷老师这样的优秀者学习和交流。春来柳先知，带着微笑，迎接每一天；秋到叶落地，带着收获，充实每一天。

秦文霞老师则这样回复——

冷主任：好！

听你的报告，感触特别深。首先，觉得你心态特别好。其次，觉得如果谁能遇到你该是多么的幸运和幸福。作为一名老师，能和学生成为朋友，成为知己，也是一件很幸福的事。

回首走过的路，都已镌刻在人生旅途，不论成败，都是一种经历，都是一笔财富。失意过，欢笑过，那是曾经的足迹，代表的是过往，沉淀的是心情和回忆。但我们是要向前看的，只有坦然勇敢的走向前方，乐观积极的朝目标前行，生活才会谱出更美更有意义的篇章！

特别喜欢你说的“让写留下足迹，让写来改变你的行走方式”。真的“写”特别有意义，记得上学的时候特别喜欢写日记，它可以记录一个人的成长，可以释放一个人的心理压力。现在想想觉得记录一个生命的一步步成长是多么神奇的事情。现在，我的儿子从一年级我就开始锻炼他写日记，我希望自己和他一起坚持下去。

心若静，步步生莲！心若善，一切皆美！就让我用一颗感恩的心，一颗善良的心去爱我们美好的生活，爱我们可爱的学生。做一个心善之人，做一个正能量的人。

见图 6-63 至图 6-68。

图 6-63　冷爱霞和学校领导合影

图 6-64　冷爱霞暑期上课现场

图 6-65　老师们听课交流现场一

图 6-66　老师们听课交流现场二

图 6-67　冷爱霞与全体听课教师合影

图 6-68　冷爱霞和学校副校长宋嵘合影

活动报道十六

青岛市初中语文冷爱霞名师工作室走进李沧开设公益讲堂

2016年4月9日上午，在青岛二十七中多功能教室里，青岛市冷爱霞名师工作室成功举行了“阅读与快乐高效学习方法指导”专题讲堂，现场听课七年级学生受益颇多，会心的笑声和喝彩声不断传出。

此次讲堂由青岛市冷爱霞名师工作室成员、胶州市名师工作室主持人卢桂华老师的《我的阅读生涯》开始，卢老师从目前中学生读书存在的问题入手，结合自己的读书经历和学生交流了为什么读书、读什么书及怎样读书等问题，旁征博引，倡导同学们“亲近经典，拒绝庸俗”。

随后，青岛市名师工作室主持人冷爱霞老师在接下来的《如何快乐高效地学习》讲座中，更是根据学生的学习心理，巧妙而又系统的对“五动学习法”“先密后疏记忆法”“纠错法”等学习方法进行了细致地介绍。这既有理论高度又具实践意义，事例鲜活，生动有趣，学生收获良多，对初中学习方法有了更加深入地理解与应用。整个活动现场，既有主讲人精彩的讲述又有生动活泼的师生互动，气氛融洽，整个讲堂活动达到了高潮。

此次讲堂也吸引了许多李沧区其他学校的学生和家长的参与，来自六十一中的学生家长听后表示：此次讲座让自己的孩子掌握了有效的学习方法，开阔了阅读视野，收获非常大，非常高兴能及时参与此次活动，希望青岛市名师工作室的名师们多走进李沧，为家长和孩子带来更多更新的教育方法和教育理念。

这是冷爱霞语文名师工作室第二次走进李沧，两次活动为李沧区的师生带来了有效而宝贵的学习经验，相信，青岛市冷爱霞语文名师工作室各项工作的持续开展，必将为青岛市各区市的初中语文学科教学和研究建设做出更多更大的贡献。

见图6-69至图6-71。

图 6-69　卢桂华举行阅读指导

图 6-70　冷爱霞举行学法指导

图 6-71 工作室成员与学校教师合影

活动报道十七

青岛市冷爱霞名师工作室为李哥庄小学上好新学期第一课

2016 年 8 月 27 日上午，受胶州市李哥庄小学于林校长的热诚邀请，青岛市初中语文名师工作室主持人冷爱霞以《微笑着，做明白之师》为题目，向全校及本镇其他学校教师代表 100 余人做了教师成长专场报告，教育办领导也热情参加了此次活动。

冷老师以生活化的故事，诗意化的语言，结合自身成长经历，分享了教师专业成长的十点感悟：良好的心态是享受教育幸福的决定性因素，相信一切所遇都是最好的安排；常常清点行囊，规划成长路径，追寻诗与远方；孩子成就着教育的美好，善待孩子，孩子是我们生命中的贵人；守好心，走好路，不抱怨，不言弃，心若安，步步生莲，未来属于有正能量的人；你能走多远，要看你跟谁同行，坚守与选择很重要；助人助己，奉献与分享中，让人生变得更有价值；学历代表过去，财力代表现在，学习力代表未来，学习让人生积淀更厚实；教师专业化发展的主体是自己，土壤就在学校，离开实践与反思，任何人都不会有发展；善于积累，笔耕不辍，勤于思考，提炼升华，让人生开出绚丽的花；做个杂家，读书、旅游和锻炼，感受外面世界的精彩，放大教师的视界与格局！

此次报告着眼于教师从业心态、专业发展路径，为中青年教师增添了强大的成长动力。别开生面的新学期第一课，展现了学校领导“教育的核心在于促进教师专业发展，教育的目标是关爱孩子生命成长，让终生学习为教师专业成长插上强劲的翅膀”的育人理念。

此次活动拉开了新学期的帷幕，展示了学校教师昂扬的精神风貌和坚守教育的执着信念。这一课必将为学校蓬勃发展和教师专业提升，注入新的生机与活力！

见图 6-72 至图 6-75。

图 6-72　启动仪式

图 6-73　听课会场

图 6-74　互动现场

图 6-75　冷爱霞和于林校长、赵军副校长留影

所取得的可喜成绩

一、工作室主持人的成果

参与并组织成员参加有意义的研讨活动，完成讲堂 20 余场；出示示范课、名师开放课、公开课 11 次；主持的课题获奖中国教育学会成果 1 项，省级成果一等奖 1 项，参与的教学成果获得省研究成果奖 1 项；参加青岛市基础教育学科教学委员会相关活动数次，担任优质课比赛评委、研究课程改革报告、撰写全国优秀成果推荐报告、完成课程改革指导意见修订等；参与省远程研修，担任市级指导专家，作为优秀专家代表，做培训教师指导会议大会经验介绍，并指导教师参加 2015 年、2016 年远程研修的系列活动；获得青岛市特殊专家政府津贴、青岛市拔尖人才、胶州市名师、胶州市拔尖人才等称号。

二、工作室成员取得的荣誉

卢桂华被评选为“胶州市名师工作室主持人”；曹正昌、李素玲、卢桂华获得“青岛市中小学学科带头人”称号；冷爱霞、法洪雪、卢桂华获得“胶州最美教师”称号；冷爱霞和姜丽丽老师获得青岛市特殊专家政府津贴（全市各行各业共 38 人）；姜丽丽和李素玲被推为青岛市党代表；徐艳被评为即墨市优秀共产党员、即墨市中考优胜先进个人；法洪雪被推选为第三届齐鲁名师。

三、工作室成绩回眸

近三年，我们这样走过——这将是我们回眸过去的中间站，又将是我们走向远方的新起点。

1. 名师课堂方面

共举办名师课堂 40 次，具体为：

（1）2015 年 1 月 18 日，冷爱霞举行名师课堂《个性化写作：为生命放歌》（胶州七中）。

（2）2015 年 5 月 10 日，冷爱霞举行名师课堂《中考一模试卷分析》（胶州二十九中学）。

（3）2015 年 11 月 20 日，冷爱霞举行名师讲堂《如何改出好文章》（胶州十八中)。

(4) 2015 年 12 月 17 日,冷爱霞举行《个性化写作:为生命放歌》(黄岛区十中)。

(5) 2016 年 1 月 9 日,冷爱霞举行《如何科学高效地学习》(胶州七中)。

(6) 2016 年 1 月 21 日,冷爱霞举行《遇见更好的自己》(胶州七中)。

(7) 2016 年 3 月 30 日,冷爱霞举行《研究中走向专业成长》(为胶州市科研访学站做报告)。

(8) 2016 年 3 月 11 日,卢桂华在“青岛市中小学教师科研工作站第九期访学结业、第十期启动仪式暨专家报告会”上,做了题为《守望教育,回归本真》的经验交流(青岛枣山路小学)。

(9) 2016 年 3 月,李威在青岛市教研室组织的“初中地方与学校课程建设与实施意见”交流会上,做经验交流。

(10) 2016 年 3 月,在青岛市教研室组织的“初中地方与学校课程建设与实施意见”交流会上,李素玲做了“地校课程与语文学科教学的相互渗透之浅见”的交流。

(11) 2016 年 4 月 9 日,冷爱霞举行《如何快乐高效地学习》(李沧区二十七中)。

(12) 2016 年 4 月 9 日,卢桂华举行《读书,遇见更好的自己》(李沧区二十七中)。

(13) 2016 年 5 月 10 日,冷爱霞举行《中考作文写作技巧指导》(崂山育才学校)。

(14) 2016 年 5 月 10 日,曹正昌举行《中考阅读题答题技巧指导》(崂山育才学校)。

(15) 2016 年 5 月 13 日,冷爱霞举行《文章的选材与立意》(黄岛区张家楼中学)。

(16) 2016 年 5 月 20 日,冷爱霞举行《个性化写作:为生命放歌》(即墨市萃英中学)。

(17) 2016 年 5 月 26 日,卢桂华举行《越长大,越——》中考作文讲评课(胶州市第十七中学)。

(18) 2016 年 6 月 1 日,冷爱霞举行《研究中走向专业成长》(为胶州市进修学校骨干教师培训)。

(19) 2016 年 6 月 26 日，冷爱霞在胶州市妇女儿童活动中心举行《让孩子在笔墨下健康成长》公益讲堂。

(20) 2016 年 7 月 3 日，冷爱霞在青岛大学国际学术研究中心为广东东莞名师工作室一行举行《翰墨杏坛梦，诗情人生路》的名师讲堂。

(21) 2016 年 7 月 13 日，冷爱霞在胶州市妇女儿童中心举行《让孩子在笔墨下成长》(胶州市妇联公益讲堂)。

(22) 2016 年 8 月 2 日，冷爱霞为省远程研修青岛市专家指导研修做《为研修助力》报告。

(23) 2016 年 8 月 27 日，冷爱霞举行《做一名幸福的教师》(胶州市李哥庄小学)。

(24) 2016 年 9 月 20 日，卢桂华举行《教师专业成长路径探索》报告会(胶州市进修学校)。

(25) 2016 年 11 月 3 日，法洪雪举行《“趣读语文”教学法的实施路径》报告(胶州市进修学校)，同时出示示范课。

(26) 2016 年 11 月 4 日，冷爱霞在胶州市李哥庄办事处为机关干部和妇女主任举行《每天遇见一个更好的自己》公益讲堂。

(27) 2016 年 11 月 13 日，冷爱霞在胶州市三里河小学举行《亲子共读——为孩子的一生奠基》公益讲堂。

(28) 2016 年 11 月 19 日，在胶州三中教师之家，为胶州市机关幼儿园家长举行《亲子共读——与孩子一起快乐成长》名师讲堂。

(29) 2016 年 11 月 23 日，在胶州十八中媒体教室，为全体教师举行《教师专业成长》名师讲堂。

(30) 2016 年 11 月 27 日，在胶州市广州路小学举行《让孩子在笔墨下快乐成长》名师讲堂。

(31) 2016 年 11 月，徐艳举行《热爱生命》“和谐互助”示范课(即墨二十八中)。

(32) 2016 年 12 月 14 日，在青岛市教科研工作站“走进莱西暨以研究的方式提升育人品质主题研讨会”上，李素玲做了题为“趣读语文教学法的解读与探究”典型经验交流。

(33) 2017 年 2 月 18 日，法洪雪到菏泽曹县做公益讲堂:《教师专业成长路径》。

(34) 2017 年 2 月 19 日，法洪雪到菏泽曹县做公益讲堂：《“趣读语文”教学法的相关思考》。

(35) 2017 年 3 月 25 日，应青岛市中小学教师培训中心之邀，姜丽丽老师为青岛市初中语文骨干教师开设名师课堂。

(36) 2017 年 3 月 29 日，应青岛市中小学教师培训中心之邀，冷爱霞出示《老王》，为青岛市初中语文骨干教师开设名师课。

(37) 2017 年 3 月 28 日，冷爱霞为青岛市第三十三中学举行个性化写作中考作文专长指导。

(38) 2017 年 5 月 2 日，冷爱霞为青岛市第六十二中学举行中考答题专场指导。

(39) 2017 年 5 月 3 日，李威在青岛崂山区育才学校(初中部)二楼报告厅举行《中考阅读答题技巧指导》公益讲堂。

(40) 2017 年 5 月 3 日，李素玲在青岛崂山区育才学校(初中部)二楼报告厅举行《中考作文的提分策略点拨》。

2. 课题研究方面

共申请课题 12 项，并都全部顺利结题，具体为：

(1) 2015 年 1 月，冷爱霞主持省十二五课题“初中语文网络资源开发与应用”课题结题，并获得省级优秀成果一等奖。

(2) 2015 年 3 月，冷爱霞参与学校承担的“学法指导”教学成果获得省研究成果三等奖。

(3) 2016 年 1 月，冷爱霞的《个性化写作：为生命放歌》获得青岛市首届基础教育优秀教学成果二等奖；法洪雪的《“趣读”教学法》获得三等奖。

(4) 2016 年 3 月，姜丽丽主持山东省课题“校本课程开发的功能、策略和评价的研究”，并结题。

(5) 2016 年 3 月，曹正昌主持的青岛市教科所教师专项课题《个性化教育视域汇中的初中语文教学研究》通过结题答辩，顺利结题。

(6) 2016 年 5 月，姜丽丽主持区级课题“预防校园暴力的实践与研究”。

(7) 2016 年 6 月，冷爱霞的“个性化写作教学的有效尝试”获得青岛市第四届优秀课题研究成果三等奖。

(8) 2016 年 12 月，冷爱霞主持的中国教育学会课题《关于提升“学习层次”的策略研究》结题。

(9) 卢桂华主持全国“十二五”课题“基于翻转课堂理念的语文课堂教学设计的研究”。

(10) 李威主持李沧区区级课题《传统文化与学校德育课程建设》结题。

(11) 2016 年 12 月，卢桂华主持中国教育学会“十三五”课题《整合理念下语文矢量阅读策略的研究》。

(12) 2017 年 2 月，卢桂华主持青岛市教育科研“十三五”规划课题《整合理念下语文矢量阅读策略的研究》。

3. 优质课方面

共有 7 项优质课获奖，具体为：

(1) 2014 年 12 月，洪雪获得全省优质课比赛一等奖；

(2) 2015 年 3 月，法洪雪第十八届全国教育教学信息化大奖赛一等奖；

(3) 2015 年 1 月，法洪雪的《爸爸的花儿落了》获得 2014 全省信息技术与教学融合优质课评选一等奖；

(4) 2015 年 6 月，姜丽丽出示青岛市公开课；

(5) 2015 年 9 月，卢桂华获得青岛市优质课比赛二等奖；

(6) 2015 年 1 月，李素玲获得胶州市优质课比赛一等奖；

(7) 2016 年 6 月，李素玲的《乡愁》在青岛市“一师一优课”“一课一名师”活动中被评为市级优课。

4. 论文发表方面

(1) 2014 年 11 月，法洪雪撰写的论文《识得情愁面，伊人在水方》发表于《中学语文教学参考》(全国核心期刊)；

(2) 2015 年 10 月，法洪雪撰写的论文《对话桃花源，解密陶渊明》发表于《中学语文教学参考》(全国核心期刊)；

(3) 2015 年 8 月，法洪雪撰写的论文《真正的好课，从来没有定论》发表在《新课程研究》，被 2016 年人大复印材料索引；

(4) 2015 年 5 月，冷爱霞撰写的《在研究中成长》发表《教育文摘》；

(5) 2015 年 12 月，冷爱霞撰写的《冷爱霞：为生命放歌》发表在《青岛财经日报》名师名校长面对面栏目；

(6) 2015 年 1 月，冷爱霞撰写的《耕耘在城乡教育均衡发展的沃土上》发表在《胶州教体局新年特刊》；

(7) 2015 年 11 月，冷爱霞撰写的《教育，从尊重开始》发表在《青岛教育》；

(8) 2016 年 1 月～2 月，法洪雪撰写的《潜心悟爱，感悟成长》发表在《中学语文教学参考》；

(9) 2016 年 2 月，曹正昌撰写的《初中语文课堂教学的艺术性》发表于《语文教学通讯》；

(10) 2016 年 7 月，法洪雪撰写的《数字增加父亲的高度》发表在《中学语文教学参考》；

(11) 2016 年 10 月，薛洁撰写的《我对自己有三问》发表在《胶州教育》；

(12) 2016 年 4 月，徐艳撰写的《因为我是教师》发表在《即墨教育》；

(13) 2016 年 9 月，卢桂华撰写的《新师说》发表在《青岛教育》；

(14) 2016 年 4 月，卢桂华撰写的《创设可自由呼吸的教育空间》发表在《胶州教育》。

5. 专著出版方面

共出版专著 4 部，具体为：

(1) 2015 年 5 月，冷爱霞编著的《个性化写作：为生命放歌》由上海大学出版社出版发行；

(2) 2015 年 8 月，法洪雪、李素玲编著的《作文之舞》由辽宁出版社出版发行；

(3) 2014 年 12 月，薛洪全、冷爱霞编著的《感恩的心》由语文出版社出版发行；

(4) 2016 年 12 月，冷爱霞编著的《杏坛追梦》由上海大学出版社出版发行。

6. 送教方面

共送教 20 次，具体为：

(1) 2015 年 1 月，法洪雪到曹县一初送课 1 天(课题《爸爸的花落了》)；

(2) 2015 年 12 月 7 日，卢桂华到即墨开发区中学送课 1 天(课题《杨修之死》)；

(3) 2015 年 4 月 17 日，冷爱霞等工作室成员到青岛二十七中送课 1 天(课题《文章的构思与立意》)；

(4) 2015 年 8 月 15 日，冷爱霞等工作室成员到胶州新华书店送课半天(课题《暑期新华书店公益写作指导》)；

(5)～(8) 2015 年 8 月 26 日，冷爱霞和卢桂华、薛洁、法洪雪到铺集教育办送课 1 天，共 4 节课(课题《我的这两年》、《读书，只为遇见更好的自己》、《班级管理的艺术》、《我的成长路》)；

(9) 2015 年 8 月 29 日，冷爱霞到胶州英姿学校送课半天(课题《我的笔墨生活》)；

(10)～(11) 2015 年 12 月 9 日，冷爱霞和卢桂华、雒宗珍到胶州十八中送教半天(课题《个性化写作：为生命放歌》、《愚公移山》)；

(12) 2015 年 12 月 23 日，冷爱霞到黄岛十中送课半天(课题《个性化写作：选材与立意》)；

(13) 2016 年 3 月 15 日，徐艳到胶州实验中学举行九年级研讨课《中考议论文阅读指导》；

(14) 2016 年 3 月 15 日，冷爱霞等工作室成员在胶州实验初中出示《语言实际运用》九年级研讨课；

(15) 2016 年 5 月 20 日，李威到即墨萃英中学出示写作教学课《记叙顺序——插叙》；

(16) 2016 年 5 月 21 日，冷爱霞到即墨萃英中学出示写作指导报告《个性化写作：为生命放歌》；

(17) 2016 年 10 月 24 日，法洪雪到贵州安顺市关岭县民族学校送课《泥人张》；

(18) 2016 年 10 月 24 日，冷爱霞到贵州安顺市关岭县民族学校送课《个性化写作：为生命放歌》；

(19) 2016 年 10 月 25 日，李威到贵州安顺市关岭县民族学校送课《插叙——开小差》；

(20) 2016 年 10 月 25 日，曹正昌到贵州安顺市关岭县民族学校送课《学法指导》。

7. 科研活动方面

共进行科研活动 100 多次。有代表的科研活动列举如下：

(1) 2014 年 12 月，冷爱霞工作室举行《胶州市名师联家乡》研讨活动(胶州十九中)；

(2) 2014 年 12 月，冷爱霞工作室举行《崂山区语文教研活动暨青岛市学科教学委员会》研讨活动(崂山四中)；

(3) 2015 年 4 月，冷爱霞工作室举行李沧区公开课《以物为线巧构思》，全体成员听课并研讨(青岛二十七中)；

(4) 2015年5月，冷爱霞工作室举行胶州市散文教学研讨活动，部分成员参加听课研讨(胶州六中)；

(5) 2015年11月，冷爱霞工作室举行语文阅读与写作教学研讨活动，听取即墨开发区中学青年教师宗卫卫的课《台阶》，成员卢桂华送课《杨修之死》，法洪雪评课，冷爱霞进行写作教学指导讲座(即墨开发区中学)；

(6) 2015年6月，曹正昌举行题为《敬畏自然》的青岛市名师开放课；

(7) 2015年4月，徐艳出示公开课和示范课；

(8) 2015年至今，法洪雪带领胶州八中教师进行教学研讨，举行阅读专题活动8次(胶州八中)；

(9) 2015年6月，李素玲担任青岛市优质课比赛等评委，出示《济南的冬天》等胶州市公开课，进行教学研讨2次；

(10) 2015年7月22日，卢桂华工作室以《台阶》为载体进行小说教学研讨，三名成员以模拟讲课的形式出示研讨课；

(11) 2015年12月17日，卢桂华工作室开展文言文件教学研讨活动，两名成员出示研讨课，卢桂华举行《文言文我们何去何从》的讲座；

(12) 2015年10月21日，卢桂华带领胶州实验初中老师举行"大集备"教学研讨活动(胶州实验初中)；

(13) 2015年至2016年，卢桂华带领胶州市名师工作室暑期教师说课及新学期举行文言文教学研讨10次；

(14) 2016年5月，李素玲举行青岛市名师开放课；

(15) 2015年至2016年，冷爱霞带领胶州七中老师开展语文教研活动10余次(胶州七中)。

8. 荣誉方面

共获得荣誉15项，具体为：

(1) 2014年12月，冷爱霞被青岛市教育局授予青岛名师称号；

(2) 2015年5月，冷爱霞被评为青岛市家庭教育先进个人；

(3) 2015年10月，冷爱霞被评为胶州市拔尖人才；

(4) 2015年6月，冷爱霞获得"胶州最美教师"称号；

(5) 2016年，法洪雪、卢桂华获得"胶州最美教师"称号；

(6) 2015年11月，冷爱霞、李素玲、法洪雪被评为胶州名师；

(7) 2015年11月，卢桂华老被选拔为"胶州市名师工作室主持人"；

(8) 2016 年 5 月,曹正昌、李素玲、卢桂华被评为青岛市学科带头人；

(9) 2016 年 9 月,姜丽丽和冷爱霞被评为青岛市政府特殊津贴专家；

(10) 2016 年,姜丽丽被推选为青岛市党代表；

(11) 2016 年,李素玲被推选为青岛市党代表；

(12) 2016 年,法洪雪入选第三届“齐鲁名师”建设工程；

(13) 2016 年 7 月,徐艳被评为即墨市优秀共产党员；

(14) 2016 年 9 月,徐艳被评为即墨市中考优胜先进个人；

(15) 2016 年 12 月,冷爱霞被推选青岛市拔尖人才。

虽然工作室三年来取得了的可喜成绩,但是在接下来的宝贵时光里,全体工作室成员将不忘初心,锐意进取,再展风采,为城乡教育均衡发展,谱写新篇章！

后　　记

由《追求自觉、自主的专业成长》引发的教育思考

因为要离开培育我成长26年的胶州市第七中学，我便把自己在这里长期学习、教学和研究积累的一些探索和思考，梳理成了六个板块，试图留住一位教师专业发展的足迹，并著成了一本书，以此感念一直以来鼓励我成长的胶州七中薛洪全校长的一份引领与善待。我为这本书起了个名字：《杏坛追梦》。我把稿件发给青岛市教育科学研究院的于立平院长，请她为本书作序。不久，我很欣喜地接到于院长的序言，读罢，感慨万千。

在《杏坛追梦》序言中，于院长这样写道——

夜读冷爱霞老师的书稿《杏坛追梦》，深深地被她的勤奋、执着所打动，更有感于她26年如一日潜心教书育人的教育情怀和敬业精神。冷老师的教育故事启发我思考：名师之"名"到底应该名在哪里？什么是中小学教师专业发展之"本"？专家型教师成长，从无经验到走向"卓越"，什么因素使然？教师自主的专业发展需要怎样的内部动机和外部保障？

在文中，于院长以"教育信念是教师专业发展的内在动力、学习和研究是名师自主成长的必由之路、职场环境是教师专业成长的条件要素"三个标题对影响教师专业发展的因素做了真切阐述。这是一个教育专家对一名一直追随教育科研而成长的一线教师的中肯评价和真诚肯定，我倍加珍惜。

如今，我来到新的学校，有了新的团队，开始了新的生活与工作。说不上为什么，或许是不能辜负崔仁波校长的一片信任，或许是不想在引领教师成长过程中有所闪失和懈怠。因此，到崂山育才学校几个月来，我无论从语文教学、学校课程体系构建、"十三五"课题开题，还是教师专业成长的培训，都尽己之能，做到身正为范，以德引领，以勤促进步，期望有所成效。

我常常静心地想，如何能将所分管的教学研究、课程课题、教师培训等工作落地夯实，做出成果。

角色变了，工作思路亦该变化，在自觉、自主的专业成长中，更觉得一贯坚持的“三能力”和“三精神”之宝贵，这应是工作必不可缺少的条件和要素。具体阐述如下——

“三能力”包括沟通能力、执行能力和思考能力。

沟通能力。一个人要做好小事情，到做好大事业，沟通能力是前提也是保障。有人说：“你想成功，一定要让人舒服。”一个让人舒服的人，一定是具有正能量的人，本着为大局着想的胸怀，不拘小节，包容万物，达到真诚沟通。狭隘的思想，往往会让人觉得难以相处，无法交流。没有了沟通，工作便无法协调，一切进步便化为泡影。年长有经验的人要耐心地向年轻人询问，给予关心；年轻人要主动向年长者请教，让事情做到完满。有了这点，我们的事业才会蒸蒸日上，不可阻挡。

执行能力。正所谓，上通下达，令必行，行必果。一个单位是一个大团队，一个级部是一个中团队，一个教研组、备课组又是一个小团队。学校办学思想和教育方针要落实，德育、管理、教学策略要落实，这一切都必须依靠一支执行力强的高素质的先行者队伍。凡是确定的事情要落实，落实的事情要搞定。比如，一些常规的工作，布置过后，在时间节点内，务必完成，且保质保量。不会怎么办？可以问，可以商量，可以请教，但是不能不干，或者扯皮推诿。这需要一种“只为成功找方法，不为失败找理由”的意识保障和担当精神。

思考能力。记得帕斯卡尔《思想录》中有这样一句话“人是会思想的芦苇”。我们作为教育工作者，更需要一种独立思考的能力，不要人云亦云，而要敢于在所擅长领域独立思考，形成独到的见解，提出富有创意的思路，促进各项工作不断改进，从而让结果更加完美。一线教学这样，教育管理亦如此，科研工作更需要这种思考力。这次校本课程的区级交流，不正是源于一线教研人员的思考力吗？构建“一线四点六素养”民主教育课程体系，不是一个人所能想得出来的，也不是一蹴而就的，它是来自于实践，提炼升华而成的，而且，我们还将在后阶段科学论证，合理实施。这就要求每一个执行者除了干的意识，还必须有独立思考、独当一面的能力和素养。

“三种精神”包括奉献精神、务实精神和创新精神。

奉献精神。凡事没有绝对的公平，无偿的付出更是一种境界。有时，你需要当一个主角，而更多时候，就要有甘当配角的精神。这种精神就是奉献精神。群众的眼睛是雪亮的，默默地付出，必将迎来自身能力的提升，这就是自身能力的收获;默默的付出,也必将赢得同仁、家长和学生的认可,这何尝不是一种精神的收获!做一件事情,鲜花的背后,总有无数的挑灯夜战,抑或是绞尽脑汁的翻来覆去。但是,一旦成果浮出水面,我们所感受到的就是喜悦,就是奉献和收获后的欣慰了。

务实精神。一切虚假的总是苍白的,没有说服力的。务实和踏实,永远是工作的保障。于院长在《杏坛追梦》序言中这样写道——“冷老师在繁忙的教育教学工作之余,坚持笔耕不辍,不断将学到的东西付诸实践,又把实践中的感悟汇聚笔端,进行系统的经验总结和理性思考,形成了《个性化写作:为生命放歌》、《杏坛追梦》等一系列研究成果,这些成果也是冷老师 26 年自觉、自主专业发展的生动见证”。长期的实践让我深知,没有务实踏实,每天阅读与学习,笔耕不辍,孜孜以求,是很难以有所成功的。所以,务实,不叫苦叫累是干事的保障,是成功的重要保障。

创新精神。创新是一个民族进步的前提,对于个人亦是如此。于院长这样写道——“无论是担任学校教科室主任、参加名师前往农村支教活动,还是主持青岛市初中语文名师工作室,冷老师利用一切机会,把自己的经验和成果与同行们分享,为本校、本区域,尤其是农村学校的师生进行教学示范、辅导交流,面向青年教师开展传帮带、面向学生进行学法及心理指导、面向家长举行答疑解惑报告会。她的步履由城市到农村、由沿海到内陆、由国内到国外。在教育教学实践中,她潜心学习、执着探索、自主发展、走向卓越的心路历程,是胶州七中‘科研兴校’教育文化的见证,更是优秀教师专业成长的真实写照”。其实,我是在想办法去做,想办法将语文教学成果提炼得更好,将成果推广得更好。这么多年的学习与成长,永远都觉得自己的创新精神还不够,新事物永远都层出不穷。因此可以说,创新思路,无论对于年长者还是青年教师,都是进步的动力!

在这样一个寂静的中午,回味着今天上午在崂山育才学校小学部举行的中国教育学会“十三五”规划课题前期研究,再次想起于院长对一个一线教师的真诚鼓励,我感慨万千,写下上面的话,就算是对我们工作室全体同仁的勉励吧。

冷爱霞

2017 年 5 月